All Voices from the Island

島嶼湧現的聲音

煙囪之島

我們與石化共存的兩萬個日子

房慧真、何榮幸、林雨佑、蔣宜婷／著
余志偉、許震唐、林聰勝、吳逸驊／攝影

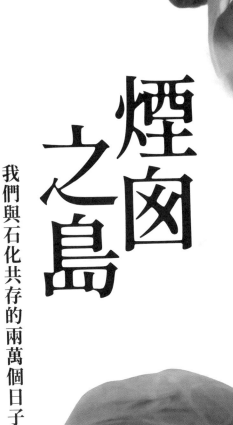

目次

PART 1
石化地帶：經濟產業與公民運動的崛興

PART 2

環境難民的誕生、科學戰爭與六輕二十年總體檢

序文　用一千天看見臺灣的石化傷痕

何榮幸｜報導者文化基金會創辦人、執行長

過去三年多，每一次跟南臺灣石化工廠附近的人們告別，心裡總有股難以言喻的淡淡哀傷。這片土地已經與石化工廠整整共存了近兩萬個日子，我們能做的，就是用一千多個日子見證這片土地承受的哀傷，以及發現在絕望中奮起的公民力量。

沒有這一千多個日子的南北穿梭，我們不會深刻看見這樣的對比與荒謬：

當大臺北都會區為了興建深澳電廠而掀起滿城風雨，最後終於迫使燃煤電廠提前胎死腹中——在雲林六輕營運二十年之後，與六輕僅有一水之隔的彰化大城鄉台西村，卻因為罹癌人數與日俱增而坐實了「癌症村」之名，而雲林台西鄉的七十四位受害居民，已經集體對六輕提出汙染傷害訴訟。

當各界關注距離六輕僅九百公尺的橋頭國小許厝分校國小學童是否遷校，導致學童在短短幾年內從分校到本校數度來回遷移——來到高雄南北石化工業區，許多居民與中油石化廠根本只有一牆之隔，他們在此世世代代與煙囪之毒共存，就算高雄氣爆後地下石化管線開始遷離市區，也遷不走住在石化工廠旁的環境難民們。

而當政府被迫於二十五年後兌現承諾，北高雄的高雄煉油廠（五輕）終於走入歷史，南高雄的中油新三輕卻早已取代五輕往前衝——北高雄堅持抗爭的後勁居民終於不再受苦，周遭房價開始應聲而漲，南高雄的大林蒲、林園等工業區居民卻依舊水深火熱，大風吹輪流成為石化汙染的受害者。

在這座空汙籠罩的煙囪之島，沒有人會是局外人。

一九六八年中油一輕完工投產至今，石化業一度是臺灣經濟起飛的火車頭，直到二〇一三年產值仍高達一．九二兆元，占整體製造業產值一三．八%，間接帶動其他產業產值七．二九兆元，從業總人數更超過三十萬人。然而，二〇一〇年六輕大火震驚臺灣社會，二〇一四年高雄氣爆後石化業形象更跌至谷底，變成人人喊打的過街老鼠。

殘酷的事實是：我們曾經有過選擇的機會。

一九八〇年代初期，如果臺灣走向當時行政院長孫運璿規劃的「不興建五輕，朝高值化轉型」之路，就不會有日後的諸多石化抗爭推擋，高汙染、高耗能的石化業不會持續擴張而嚴重影響土地、水、能源等重要資源分配，並且成為空汙重大固定汙染源。孫運璿中風後臺灣走上另一條路，四十年後的今天，政府喊出的「新四輕從長計議，高值化非做不可」似曾相識，這片土地卻已滿身傷痕，令人不勝唏噓。

這段與石化工廠共存的漫長歲月，臺灣究竟犧牲了什麼？我們是否在歷次重大事故中得到了足夠教訓？我們又該如何監督石化業與政府，並且積極發揮公民力量走向未來？這些，就是過去一千多個日子我們想要提出與回答的問題。

民間公共媒體的使命

回到二〇一五年秋天，《報導者》宣布成立後，我和同事們積極準備年底上線時推出的各項深度報導。當時我決定自己帶隊投入的議題，就是從五輕關廠出發的土地調查。

我是從二〇〇四年開始投入調查報導領域，自此記者生涯發生重要轉變，努力以調查報導為職志，並以環境、土地議題做為關懷焦點。在《中國時報》時期完成了〈休耕啟示錄〉、〈體檢公共建設〉等調查報導，並在二〇一〇年六輕大火後推出〈六輕燒出人民怒火　地方帶頭反彈〉專題；二〇一二年底擔任《天下雜誌》總主筆後，又陸續完成了〈我買了國家公園？！〉、〈雙北市違法住宅現形記〉、〈臺灣離島SOS〉等與環境價值、土地正義相關的調查報導。

政府長期崇尚開發主義，但環境與健康被破壞之後皆不可逆。在這樣的脈絡下，我期待《報導者》能夠秉持非營利媒體的公共性格，以關懷這片土地的永續發展為使命，因此鎖定二〇一五年底將正式關廠的五輕做為調查報導起點，並且提前向同事們宣告：五輕專題之後，我們繼續來檢視六輕。因為五輕即將走入歷史，六輕卻仍日正當中。

沒想到，這條路一走就是整整三年。《報導者》先在二〇一五年十二月刊登〈五輕關廠後：高雄不可承受之「輕」〉系列報導，繼而在二〇一八年一月推出〈六輕營運二十年：科學戰爭下的環境難民〉專題，同年七月推出〈六輕營運二十年〉報導二部曲，揭發台塑集團

「系統性造假」及進行六輕營運二十年總體檢。我們的腳步並沒有在體檢六輕後喊停，因為高雄石化地帶持續劇烈變動，召喚我們在二〇一九年一月起刊登〈高雄環境難民大風吹〉系列報導。

帶著跑馬拉松的心情，我們的田野調查、蹲點採訪從北高雄的後勁出發，期間來到雲林麥寮、台西、彰化大城，最後再回到南高雄的大林蒲、林園及北高雄的大社。在這段漫長的日子，臺北環保署、經濟部、台塑集團總部、環保團體辦公室、立委辦公室、臺大及政大學者研究室；桃園環保署環境檢驗所；臺中環保署環境督察總隊、勞動部職安署中區職業安全衛生中心、六輕包商辦公室、興大學者研究室；臺南成大學者研究室；高雄第三方檢測公司……處處都可看見我們的身影，老實說，三年後我們已疲憊不堪。

疲憊不堪但不敢言累，因為歡喜做、甘願受。創辦臺灣民間培育滋養而成的公共媒體，是我們自己選擇的道路，而這一千多個日子的奔波，只是我們的初步實踐而已。

在這層意義上，本書除了見證臺灣石化地帶變遷、呈現環境難民處境，也見證了《報導者》從草創至今的艱辛奮鬥歷程。

調查報導的艱難挑戰

然而，公共媒體的使命是一回事，調查報導的艱難是另一回事。

本書作者都沒有理工背景，一開始碰觸石化、空汙領域諸多專業技術與科學門檻時，難以進入狀況的困窘可想而知。各項圍繞於「六輕汙染未定論」的科學戰爭，讓我們更加焦慮及苦惱。

但《報導者》容許我們有各種做好功課、密集討論、循線追蹤、深入調查的空間，我自己二十多年記者生涯累積的人脈派上用場，許多重要學者專家、環保團體、政府官員的受訪，加上房慧真耗費無數心力的長期蹲點調查與資料整合解讀，林雨佑、蔣宜婷的深入田野採訪，讓我們逐漸培養撥開迷霧的視野與能力。

在累積五輕關廠報導的經驗後，我們在體檢六輕專題中首度嘗試「滾動式調查報導」。在第一階段報導推出時，預告將針對六輕「尚未被揭露的系統性、結構性問題」進行第二階段報導，並歡迎讀者提供各項線索。

在這個過程中，我們的確接獲若干爆料。甚至有六輕包商匿名向我們指控，六輕在官方入廠檢測汙染時，以各種方式「作弊」讓檢測結果全部正常。坦白說，這樣的指控很容易讓人「見獵心喜」，既然包商指控繪聲繪影，至少可以做為「合理懷疑」來質疑台塑集團作弊。

然而，在我們多方查證，仍然無法證實包商指控的「作弊」行徑存在後，我們毅然放棄這些充滿誘惑的爆料內容，回歸所有能夠查證的法院判決書、官方裁罰紀錄、官員具名指控及受訪，據此質疑台塑集團的空汙數據申報出現「系統性造假」，並且來到台塑集團總部進行長達三個半小時的訪問，讓台塑集團能夠針對各項指控進行完整回應。報導刊登之前，我們更不斷請專家學者反覆核實確保正確性，以及請律師檢視所有內容都基於公共利益與備全證據。

除了查證之艱難，如何讓讀者「有感」也是一大挑戰。六輕戒備森嚴，尋常人等根本無法入內一窺究竟，《報導者》年輕同事組成的多媒體團隊，以「衛星圖看六輕」方式立體呈現「石化帝國是如何煉成的」，並且用心製作六輕汙染動畫短片。這些努力讓本書相關報導除了榮獲卓越新聞獎調查報導獎、台達能源與氣候特別獎，更勇奪重要國際獎項SND（新聞數位設計競賽）銅牌獎。

儘管我們還有很多不足之處，但一直到本書出版前夕，我們仍不斷增補重要訪問及多元內容，讓本書最後得以呈現下列架構：從第一單元「石化地帶：經濟產業與公民運動的崛興」切入，進一步剖析第二單元「環境難民的誕生、科學戰爭與六輕二十年總體檢」，檢視仍在受苦的第三單元「南方，持續犧牲的體系」後，以第四單元「與石化共存的未來：產業轉型與新公民行動」照見前行希望。

向所有環境鬥士致敬

本書能夠出版，最應該感謝的是所有受訪者。尤其是反五輕運動健將們、彰化台西村許奕結先生一家、詹長權教授、莊秉潔教授、詹順貴律師、沈建全教授、杜文苓教授、施佳良研究員、林三加律師、蔡俊鴻教授、林進郎理事長、張子見教授、施月英理事長、李根政執行長、王敏玲副執行長、葉光芃理事長、許心欣執委、陳椒華理事長、吳晟老師、《報導者》

法律顧問翁國彥律師等人（請恕我們無法一一點名），沒有你們的大力協助，我們這群石化汙染門外漢不可能走到現在。

在立法、行政、企業部門，感謝立委李昆澤及前助理許易鼎、立委蘇治芬及前助理劉李俊達、立委劉建國、雲林縣環保局長張喬維、前雲林縣建設處長蘇孔志、經濟部次長曾文生、汎美檢驗公司董事長蔡宏榮，以及台塑集團安衛環中心副總經理吳宗進等人士的協助與受訪。

本書作者群中，房慧真從五輕、六輕專題到高雄環境難民報導無役不與，林雨佑常騎著重機前往中南部採訪，蔣宜婷在雲林法院觀察六輕公害訴訟進度，特約記者陳怡樺、葉瑜娟協助採訪，余志偉、吳逸驊、特約記者林聰勝的攝影作品，還有許震唐、柯金源的大力支持，在此一併致謝。

回到《報導者》，總編輯李雪莉、副總編輯楊惠君、數位部李法賢、陳貞樺、吳政達、黃禹禛、林珍娜、余崇任、社群部張詩芸、陳思樺等夥伴的並肩作戰，讓本書所有報導能夠精采呈現。春山出版社總編輯莊瑞琳、編輯王梵及設計陳永忻、黃暐鵬的用心及各項出版建議，則是讓此書更加多元完整的重要助力。

在「財團法人報導者文化基金會」第一屆董事長翁秀琪、第二屆董事長黃榮村及所有董監事的帶領下，我們已經出版了《血淚漁場》、《廢墟少年》及這本《煙囪之島》，分別在人權、教育及環境議題留下調查報導專書。而這一切更要感謝童子賢先生及所有捐款者的長期支持，讓我們得以在沒有後顧之憂的環境中全力做好報導。

本書出版前夕，高雄林園工業區在二月二十八日傍晚發生嚴重氣爆火警，台灣石化合成公司正丁烯製程廠房發生二死二傷悲劇，高雄環保局因而對台石化裁罰五百萬元。出版後不到一週，在即將二刷之前，雲林六輕園區台化芳香烴三廠則於四月七日下午發生氣爆火警事故，火勢延燒近二十六小時才撲滅，導致周遭居民人心惶惶，雲林環保局對六輕開罰五百萬元，縣長張麗善則抨擊六輕在上午九時半就已發現管線洩漏，但卻延遲到下午發生氣爆時才通報，並呼籲中央盡速成立國家級石化災害應變中心。過往種種石化工安意外的陰霾，再度籠罩臺灣上空。

臺灣這座「煙囪之島」，在「風險社會」概念下，究竟還要付出多少「犧牲的體系」，則是本書結語提出的反思。

最後，謹以此書向所有為這片土地、環境而奮鬥不懈的人們致敬。

PART 1

石化地帶：經濟產業與公民運動的崛興

第1章 石化脈絡史：一九八〇年，如果讓一切都停留在這裡

一九八〇年七月，行政院長孫運璿出席國家建設研究會，宣布關於石化業的新政策：正在興建中的四輕完工後，不再興建下一座輕油裂解廠，短期內不再擴充石化工業。同時間經濟部鬆綁管制，一九八〇年六月核准台塑、南亞、台化等私人企業到海外設廠，鼓勵石化業中游外移。上游的輕裂廠停止量的擴充，政府也鼓勵中游的塑膠加工業外移，這是八〇年代初期政府關於石化業的政策。

經濟學家瞿宛文寫於一九九四年的文章〈水資源與石化工業〉裡說：「十多年前不興建五輕的決定，在今日的氣氛中看來，幾近勇敢。事後來看至少它具有產業政策式的考量和作為。」

石化業曾有另一條路

一九七〇年代，石化業中游塑膠製品以及人造纖維原料的大量外銷，形塑臺灣出口導向的產業方向，帶來巨大的經濟產值，促進臺灣經濟的起飛。但七〇年代末發生第二次石油危機，油價飆漲，對仰賴原油進口做為原料的石化業影響甚鉅。日本決定將石化工業列入夕陽產業，臺灣地小人稠，自然資源有限，也決定不再發展高耗能高汙染的石化產業。

一九八二年行政院通過四年經建計畫，除了不興建五輕，更進一步定位石化業的基本原料以內需為主，不再追求外銷，也不只一味生產低附加價值的五大泛用塑膠[1]，而是投入更多研發經費，朝高值化（高附加價值的特用塑膠）轉型發展。

四十年前的一九八〇年代，林中有兩條路，其中一條是輕裂廠止於四輕，石化業往高值化發展，卻因不可預測的因素：一九八四年孫運璿中風而終止。繼任的閣揆是俞國華，先前擔任經建會主委時就主張石化業要繼續擴張，四輕完工（一九八四）之後又規劃興建五輕，同時在一九八六年開放民間興建輕裂廠，於是有了台塑六輕，於一九九八年投產。有六就有七，八也隨之而來。七輕、八輕（國光石化）如果不是環保抗爭的不斷推擋，石化就會插旗在臺南七股、彰化大城這兩處生態豐美的溼地，臺灣西海岸的輕裂廠將更為密集。

林中路選了另一條路，使得四十年後，六輕營運二十年的環境難民繼續生成，而石化高值化發展仍停留在起步階段，臺灣的石化業猶然以生產大宗泛用塑膠為主，四十年的時光，彷彿原地踏步地空轉。

冷戰美援背景

從一九八〇年代往回推，一九六八年興建於高雄煉油廠內的一輕完工，是為臺灣石化元年。高煉廠的

孫運璿先生，攝於一九八九年。一九八四年，孫運璿於行政院長任內腦溢血突發，不久即辭卸職務，淡出政壇。（攝影：柯金源）

前身是成立於一九四一年日治時期的海軍第六燃料廠，由印尼進口原油，再提煉出汽油、柴油及燃料油，有其戰備的軍事意義。二戰結束後，一九四六年資源委員會成立臺灣石油籌備處，同年中油成立，接手海軍第六燃料廠，更名為高雄煉油廠，建立在臺灣的煉油事業。

戰後臺灣，美援進駐，一九五三年經濟安定委員會成立，其中的工業委員會負責用美援來扶植本地工業，審核美援貸款計畫的懷特公司（J.G.White）建議臺灣發展PVC塑膠原料。美援計畫中最著名的例子，就是一九五四年成立的台塑，生產PVC（聚氯乙烯），雖然台塑是用電石法[2]生產PVC，而不是用輕油裂解出的石化原料VCM（氯乙烯單體）來生產。瞿宛文說：「算不上是石化工業的一部分，不過當然也為以後石化業的發展，走出了重要的一步。」[3]

興建一輕之前，五〇年代在美援的扶植下，臺灣已經先成立石化中游的中間原料產業，以電石法生產PVC的除了台塑，還有華夏、國泰、義芳三家塑膠原料廠。透過「限制塑膠製品進口」等關稅措施，促使中游PVC塑膠加工業的日益蓬勃，鋪墊下一階段一輕出現的

1 五大泛用塑膠指PE（聚乙烯）、PVC（聚氯乙烯）、PS（聚苯乙烯）、ABS（樹脂）、PP（聚丙烯）。

2 電石法：利用電石（碳化鈣），遇水生成乙炔，再將乙炔與氯化氫合成生產氯乙烯單體。氯乙烯單體（VCM）的另一種來源是石化業輕油裂解後所產生的原料乙烯。

3 瞿宛文，〈產業政策的示範效果——臺灣石化業的產生〉，收入《經濟成長的機制：以臺灣石化業與自行車業為例》（臺北：臺灣社會研究雜誌社，二〇〇二），頁六。

基礎。[5]

一九六一年，美援會工業發展小組來臺考察半年，並邀請史丹福研究所來臺研究投資環境與機會，建議發展石化工業，以促進外銷。一九六五年政府所推行的四年經濟建設計畫，石化業隨即被列入重點發展產業。

戰後冷戰氛圍下的美援背景，將石化業推銷到美國羽翼下的臺、日、韓，並不只有促進戰後東亞經濟的因素。六〇年代，美國本土的環保意識高漲，一九六二年，瑞秋．卡森出版《寂靜的春天》，控訴製造DDT殺蟲劑的化工廠，造成生態浩劫。一九六八年，聯合石油在加州聖塔芭芭海岸發生嚴重漏油事件，環境抗爭烽火連天，美國本土已不容汙染，臺灣成為美國化學工廠外移的選項之一。

一輕的興建，背後是美國資金的推力。一九六三年美商NDCC（National Distillers and Chemical Corporation）來臺設立辦事處，與中油達成協議，由中油興建

石化業上中下游定義[4]

	定義	產品	資本額	廠商性質
上游	輕油裂解，生產石化基本原料。	乙烯、丙烯、丁二烯、苯、甲苯、二甲苯等。	數十億至數百億元	一九八六年開放民營前由中油壟斷
中游	將上游產品做進一步加工處理，生產出石化中間原料，可做為產品直接外銷，或做為供應下游加工製成石化成品的原料。	PVC等塑膠原料；PTA等人造纖維原料；SBR等合用橡膠原料。	數千萬到數十億	台塑、奇美、中纖等名列五百大企業的財團
下游	中間原料經過加工，產製成石化成品。	紡織業、塑膠加工業、橡膠製品業等。	數十萬至數百萬	家庭工廠、中小企業

一輕，提供乙烯，讓NDCC在臺生產LDPE（低密度聚乙烯）中間原料。

一九六五年，NDCC在臺獨資成立台灣聚合化學品公司（簡稱台聚），中油得到美國進出口銀行五百萬美元的貸款得以興建一輕。一九六八年一輕完工投產，年產乙烯五．四萬噸，其中五分之三的產量提供給台聚LDPE廠，剩下五分之二的產量沒有著落。在一輕投產的同年，中油轉投資成立子公司「中國石油化學工業開發股份有限公司（簡稱中石化）」，與台塑等四家原先以電石法生產PVC的企業，在一九七〇年合資成立台灣氯乙烯公司（簡稱台氯），用VCM來生產PVC。

美商NDCC投資的台聚LDPE廠在一九六八年一輕完工後，同時開始運轉，在第二年就有盈餘，稅後純益率達到一三．六%，之後每年都維持在二〇%以上，瞿宛文說：「顯現了石化這種產業的獲利性，也示範了這種投資的可行性。」[6] NDCC在一九七一年又加碼，除了增資台聚近三億臺幣，並與美國、比利時兩家公司共同投資三億元臺幣，成立生產HDPE（高密度聚乙烯）的聯聚。

4 嚴格定義下的石化工業指上游加中游，不包含下游。參見瞿宛文，〈產業政策的示範效果──臺灣石化業的產生〉，收入《經濟成長的機制：以臺灣石化業與自行車業為例》，（臺北：臺灣社會研究雜誌社，二〇〇二），頁五。

5 蔡偉銑，〈臺灣石化工業發展過程的政治經濟分析〉，《東吳政治學報》第八期（一九九七年九月），頁一八二。

6 瞿宛文，〈產業政策的示範效果──臺灣石化業的產生〉，收入《經濟成長的機制：以臺灣石化業與自行車業為例》（臺北：臺灣社會研究雜誌社，二〇〇二），頁十。

美援計畫在一九六五年七月即結束，取而代之的是美國資本主義的大舉進入，以一輕的乙烯為原料，美商獨資成立的台聚獲得厚利，讓其他的美商石化公司Gulf（亞聚LDPE、華夏PVC）、Goodrich（台橡）、Amoco（中美和PTA）、Herculus（福聚PP、聯成PA）也前仆後繼來臺投資石化中間原料工業。[7]

一九六八年一輕完工後，中油在一九六九年十月馬上計劃興建二輕，一輕、二輕都有美國進出口銀行的貸款，貸款的條件根據當時媒體報導為：「貸款國所借款項，不得用來製造向美國輸出與美國製造品有競爭的商品」（《中央日報》一九五八年四月）；「必須以該銀行所提供的貸款，向美國購買該計畫所需的機器設備、技術服務與方法。」（《聯合報》一九七三年二月）

美國銀行出資興建輕裂廠，除了建廠的資金，從一輕到五輕，建廠的技術來源也都來自美方，中油須向美國公司購買設備，也保證投資臺灣石化廠的美商利益獨享，獨占或寡占市場。不僅如此，社會學者蔡偉銑提到，下游加工業產品與中游原料的外銷市場，幾乎全在美國，技術來源也大多仰賴美國懷特公司的顧問與技術引進，「顯見石化工業的高度依賴美國，凸顯出美國經由美援與美資，而左右臺灣經貿發展的現象。」[8]

十大建設與石油危機

進入七〇年代，一九七一年十月，臺灣退出聯合國，經歷了外交上的重大挫敗，當時國營的中台化工剛成立，經濟部、外交部要中台公司耗費四十五億跟西班牙買設備、採用荷商的製程、由德商設計，為了拉攏歐洲國家，外交考量下所建的工廠有如拼裝車，因為設計不當，建造完成後六、七年都未曾生產。臺灣的石化發展，始終免不了國際外交現實處境的政治考量。

七〇年代，同時也是當時的行政院長蔣經國推動十大建設的時候，十大建設包括石油化學工業，美援扶植以及美商民間資本進入後，中游加工業已是臺灣既有的石化工業基礎，所以政府著手實行「逆向整合計畫」，興建上游的輕裂廠，二輕在一九七〇年興建，一九七三年列入十大建設項目，一九七三年也開始規劃興建三、四輕。石化業是資本以及技術密集的重工業，上中下游體系龐大、不可割裂，蓋一座輕裂廠動輒上百億，中油在規劃上游的同時，也要確定輕裂廠所生產出的石化原料，在中游有廠商可以承接，因此與二輕、三輕同步進行的是中游大社、林園石化工業區的規劃興建。

一九七三年同時發生中東戰爭，引發第一次石油危機，國際原油價格高漲，二輕還沒完工，讓中游的中間原料業者因缺料而跳腳。台塑聯合二十多家石化民間業者，預計集資二百億，向政府申請要建造民營三輕，被經濟部長孫運璿否決，孫運璿遵照行政院長蔣經國的指示，維持石化上游只能國營的既定政策。

一九七五年二輕完工，乙烯的年產量可達到二十三萬噸，是一輕的四倍多，卻仍被中游

7 蔡偉銑，〈臺灣石化工業發展過程的政治經濟分析〉，《東吳政治學報》第八期（一九九七年九月），頁一八六。

8 蔡偉銑，〈臺灣石化工業發展過程的政治經濟分析〉，《東吳政治學報》第八期（一九九七年九月），頁二〇〇。

的石化業者覺得中油的規畫太保守，量依然太少。在台塑的強烈要求下，中油提高三輕建廠的效率，在一九七六年提前完工。三輕為求效率，規格完全比照二輕，同為年產乙烯二十三萬噸。然而一九七三年的石油危機導致中間原料廠商對投資卻步，使得一九七六年三輕完工時，其他中游廠商的建廠計畫沒跟上來，讓三輕整整閒置兩年，在一九七八年才投產。

鉅額投資的上游輕裂廠從籌備、建造到實際完工，往往橫跨五年以上，石化業容易受到國際油價波動而影響，國際油價又受到政治局勢、景氣變化所牽動。時常在景氣好的時候決定擴張產量，等數年之後輕裂廠建好，景氣卻變差，產能就發生過剩現象。中油因為三輕停擺吃了悶虧，一九七七年景氣復甦，台塑等八家民間業者聯名向經濟部要求，希望四輕盡速動工，然而中油有三輕前車之鑑，要中游業者先提出投資保證，中油才願意興建四輕。中游業者的領頭羊台塑，預先認領四輕一半的產能，中油在一九七八年才開始規劃四輕。[9]

黨國資本挹注中游產業

瞿宛文提到，臺灣石化業是一受到高度管制的產業，從一輕到五輕，都是由中油興建，每一個輕裂廠的配料，要給中游廠商多少比例，也都是國家政策性決定。

國家籌建上游的輕裂廠，與組織中游產業同時進行。中間原料廠的投資金額從數千萬到數十億，進入的門檻高，除了外資、民營大型企業有辦法投資，另外就是黨營企業。社會學者王振寰提到，隨著二輕、三輕所設立的中游石化廠，國家與黨營資本以轉投資的民營方式大舉進入，「此時新成立的廠商中，沒有完全國營的單位，國家資本是透過轉投資的方式進入石化業，高達一半的廠商屬於此類；其次，黨資本開始進入石化業，黨資本或由直屬國民黨財委會的中央投資公司直接持股，或經由中華開發信託公司持股。」[10]

一九七九年臺美斷交、加上兩伊戰爭導致的第二次石油危機，美國石化資本開始淡出臺灣，例如一九八一年UCC出讓東聯股份、Goodrich退出台橡，一九八二年Gulf由華夏撤資，美商資本進入臺灣石化的始祖NDCC也在一九八二年從台聚撤資。

美國資本脫手後所空出來的股份，大部分由中油、行政院開發基金、國民黨的中央投資公司、中華開發公司接手。根據王振寰的研究，國民黨資本直接投資的有東聯、中美和、台苯、永嘉、台石化，間接經由中華開發信託公司投資的有中橡、聯成，在七〇年代中後期，隨著二輕、三輕的完工，以及四輕的籌備，還有美資撤離，黨國的財金結構大舉進入石化中游產業。

黨國的財金結構包括中油，中油用稅後盈餘轉投資成立的石化中游公司，不但不像母公司中油因為是國營事業所以須受監督，且常優先承購中油所生產的石化原料，沒有缺料之慮。

八〇年代初期，國營、黨營資本開始進入中游的中間原料產業，國家因此為石化中游制定許多保護政策。一九八一年底，政府放棄原有依照中油成本的定價公式，而將原料價格比

9 薛化元、張怡敏、陳家豪、許志成，《臺灣石化業發展史》（臺北：財團法人現代財經基金會，二〇一七），頁九〇。
10 王振寰，〈國家機器與臺灣石化業的發展〉，收入《臺灣社會研究季刊社》第十八期（一九九五年二月），頁一七。

照美國價位，而美國的價格是全世界最低。依據瞿宛文的研究，在這之前，中油的價格都比美國價格平均高二三%，一九八二年之後，中油的價格平均低於美國價格四%，這其中巨大的落差，導致從一九八〇年到一九八八年，中油在石化原料生產上的虧損高達二百四十億元。[11] 進口替代虧損要從何補貼？中油的本業仍是生產油品，且在二〇〇〇年台塑進入國內油品市場前，中油是獨占事業，於是用油品的壟斷利潤來補貼石化方面的定價虧損。

國家對石化中游業者的補貼，一開始是因應一九七九年第二次石油危機的衝擊。瞿宛文認為，救火措施應該是短期作為，在危機結束後，政府並沒有將定價公式改回來，「起初是幫助這部門（中游）度過第二次石油危機，但在其後則主要是給予這部門額外的紅利，而不是繼續擴張成長的必要誘因。」[13]

一九八二年政府又制定另一個利於中游發展的政策：產銷協議制度。協議的內容為：下游優先向國內的中游廠商購買原料，如果國內原料不足時，下游可申請進口原

一九八九年官股及黨股持有石化中游廠商股權[12]

官股及黨股資本	石化中游廠商
中央投資公司	中美和（25%）、永嘉（49%）、東聯（25%）、台苯（30%）
行政院開發基金	東聯（18.5%）、中橡（12.7%）、聯成（20.9%）
中華開發信託	中橡（4.8%）、聯成（4.8%）
交通銀行	聯成（10.7%）
退輔會	台聚（2.5%）
中油	中美和（25%）、福聚（6%）、東聯（5.6%）、台石化（40%）、高塑（40%）

料，但須課以關稅。

中油寧願虧損，也要將原料降價補貼中游；另一方面，產銷協議制度，迫使下游要向中游購買原料，中游得到了上游降價的好處，卻沒有反應在價格上，與下游共享。八〇年代的石化產業結構，學者形容宛如一顆橄欖球的形狀，中間肥大，頭尾萎縮。對中游層層保護的結果，使得最下游的加工業在層層剝削下，出口時難以面對國際競爭。

技術官僚與黨國勢力的對壘

蔣經國在一九七八年繼任為總統，一路跟隨蔣經國的孫運璿則成為行政院長。經歷一九七九年第二次石油危機後，石化業景氣劇烈波動，一向關注高科技產業發展的孫運璿，已有決心要讓石化業到此為止，不再盲目發展。

孫運璿在經濟部長任內，一九七三年仿效韓國科技研究院，成立工研院，一九七四年，林森北路一間不起眼的小欣欣豆漿店，他和美國無線電公司（RCA）研究室主任潘文淵會談

11 瞿宛文，〈產業政策的示範效果——臺灣石化業的產生〉，收入《經濟成長的機制：以臺灣石化業與自行車業為例》（臺北：臺灣社會研究雜誌社，二〇〇二），頁五〇。

12 蔡偉銑，〈臺灣石化工業發展過程的政治經濟分析〉，《東吳政治學報》第八期（一九九七年九月），頁一七七。

13 瞿宛文，〈產業政策的示範效果——臺灣石化業的產生〉，收入《經濟成長的機制：以臺灣石化業與自行車業為例》（臺北：臺灣社會研究雜誌社，二〇〇二），頁五六。

一小時後，談定自RCA技術移轉，取得積體電路的技術，在瀰漫著油條香的豆漿店內，半導體的胚胎開始跳動。

來到一九八〇年，九月宏碁公司發表全球首部具有中文操作系統的終端機。年底，孫運璿排除重重阻力，向國防部借地興建的新竹科技園區，終於完工。研發的工研院有了，科學園區也落成了，萬事俱備，只欠東風，孫運璿多次勸進之後，終於打動張忠謀回臺，日後創辦台積電。

故事先停在這裡，在日後，半導體接棒六、七〇年代的石化業，主導臺灣產業發展至今，是大家都知道的事了。

如果一切都停在這裡，石化業止步於四輕，一九八〇年代初期主政的技術官僚：孫運璿、趙耀東、李國鼎，試圖將臺灣的產業升級，帶往資訊、電子、汽車業，並投入石化高值化。如果一切都停在這裡，那麼便沒有五輕、六輕的興建，也不會有日後七輕、八輕（國光石化）曠日費時的抗爭與推擋。

時間的齒輪往前轉動，卻在一九八四，指針不再往前走了。二月，孫運璿中風，從此淡出政治圈。五月改由俞國華組閣。俞國華曾負責國民黨的財務委員會，被認為是黨營事業的代表性人物。

王振寰說：「孫運璿為代表的科技官僚認為要以新的策略帶動新的發展，限制石化業的成長，這與國、黨營的石化資本利益相違背，因此與負責的國營事業系統的權力集團（以俞國華為代表）在利益和想法上相異。」[14]

八〇年代初期，黨營資本大舉轉投資石化業中游，黨國既得利益者當然不能讓輕裂廠的續建說停就停。孫運璿因病去職，就是讓石化業續命下去的最大轉機。

八〇年代中期之後，同時還有貿易自由化的趨勢，美國強力推動自由貿易，要求他國開放市場，臺幣面臨升值壓力，政府全面調降關稅，鬆綁各種貿易限制，石化業也面臨自由化開放。一九八六年一月，工業局宣布取消已實施四年的石化產銷協議，今後尊重市場機制。而台塑爭取多年，由民間興建的輕裂廠，終於有譜。

一九八五年，曾任高雄煉油廠廠長與中油總經理、董事長的李達海入閣，擔任經濟部長，對石化業是一大利多。隨即在一九八六年二月，行政院通過興建五輕的計畫；七月，經濟部同意讓六輕開放民營；九月，經濟部核准台塑所提出興建六輕的申請。

國營的中油五輕，和民營的台塑六輕，同時在一九八六年拍板定案，各有斬獲。五輕完工後，年產乙烯五十萬噸，將逐步取代高煉廠內老舊的一、二輕；六輕的第一套輕裂廠完工後，年產乙烯七十萬噸。加上林園的三輕（年產乙烯二十三萬噸）、四輕（年產乙烯三十八．五萬噸），臺灣在產量上將正式成為石化王國。

14 王振寰，〈國家機器與臺灣石化業的發展〉，收入《臺灣社會研究季刊社》第十八期（一九九五年二月），頁二六。

潘朵拉的盒子一旦打開

五輕、六輕雖然在一九八六年就籌劃興建，然而在八〇年代中期，同時也面臨政治上的鬆綁。一九八七年七月十五日解嚴，高雄煉油廠附近的後勁居民，在解嚴後的一個多禮拜發動圍廠，阻擋五輕興建，後勁反五輕運動長達三年，直到一九九〇年九月，以打擊環保流氓為訴求的新任行政院長郝柏村，以優勢警力強力鎮壓後勁，五輕才得以順利興建。

六輕所遇到的抗爭推擋也不遑多讓，一九八六年十月，台塑向經濟部提出在宜蘭利澤工業區興建六輕的計畫。一九八七年十一月，宜蘭環保聯盟在羅東成立，選出會長田秋堇，開始巡迴宜蘭各鄉鎮舉辦反對六輕設廠的說明會。宜蘭縣長陳定南也反對興建六輕，一九八七年十二月，陳定南和王永慶在華視的電視辯論會，成為歷史經

一九九〇年十二月一日，宜蘭立委陳定南帶領鄉親到經濟部陳情反對台塑六輕設廠。（攝影：柯金源）

典畫面，深植人心。

在宜蘭碰壁之後，一九八八年十一月，經濟部核准六輕於桃園縣觀音鄉設廠，桃園縣觀音鄉在一九八六年的鹿港反杜邦運動中，成了環境運動成功後的犧牲者，原本預定設址於彰濱工業區的杜邦二氧化鈦廠，轉而建廠於觀音鄉。一九八八年，彷彿歷史重演，宜蘭不要的六輕，又被丟過來要觀音鄉承受，這次再也吞不下去了，桃園反六輕的運動因此而起。地方上的抗爭，加上觀音工業區剩下能使用的土地過於零碎，台塑因此退回設廠計畫。

台塑六輕的僵局，和中油五輕彷彿難兄難弟，但也都同樣在一九九〇年獲得解決。一九九〇年九月十三日，行政院長郝柏村、經濟部長蕭萬長搭上直升機，在雲林沿海巡視六輕可能的建廠位址。一個禮拜後的九月二十一日，後勁反五輕的三年抗爭被排除，郝柏村宣布五輕開工。

相對於在高雄煉油廠內興建的五輕，六輕的建廠土地問題更為棘手，歷經了一九八六年宜蘭利澤，一九八八年桃園觀音均半途而廢，解嚴後的八〇年代末期，也是環境運動、勞工運動的高峰，對於新設廠的投資計畫十分不利。

一九九〇年元月，媒體報導王永慶曾去中國考察，在國內受阻的六輕建廠計畫，考慮要轉移到中國設廠，引發震撼。四月，王永慶發表萬言書，希望政府能核准廠商赴中國投資。經濟部早在一九八〇年即核准台塑赴美設廠，一九八九年台塑的德州石化廠也已動工。到海外設廠不是問題，但在一九九〇年總統李登輝的兩岸關係戒急用忍政策下，到中國投資仍是禁忌，在王永慶發表萬言書之後，經濟部隨即回應，不准到中國投資興建輕裂廠。六月，台塑公司又對政府下了最後通牒，如果在八月之前仍無法解決六輕在臺設廠問題，將轉而在廈門設廠，稱之為「海滄計畫」。

最後通牒果然有效，一九九〇年五月二十日之後，行政院長郝柏村上任，就是要解決棘手的五、六輕問題。一九九〇年底郝柏村宣示，六輕排除萬難一定要建。行政院提出的《促進產業升級條例》在立法院三讀通過後，一九九一年初施行，其中的租稅優惠讓六輕可免稅五年，專用港口開放六輕可興建專屬的麥寮工業港，此條例可說為六輕量身打造。一九九三年六月，行政院核定雲林離島石化專區，填海造陸二四〇〇公頃讓六輕使用。一九九四年，六輕正式動工，然而對於高耗能的石化業而言，水的取得是一大問題；一九九七年七月，在濁水溪的中游建集集攔河

一九九一年七月，台塑六輕設廠計畫受到部分雲林人放鞭炮熱烈歡迎。（攝影：柯金源）

堰，鋪設專管路直達六輕，解決了六輕用水問題。

在九〇年代石化中游廠商紛紛外移之際（一九九二年聯成印尼設廠、國喬泰國設廠、奇美於美國德州設ＡＢＳ廠等），台塑六輕塵埃落定，終止海滄計畫，根留臺灣，得到政府的各種禮遇優惠政策，遲來的果實特別甜美。

一九九四年，五輕完工投產，一九九八年底，六輕完工投產，六輕雖然晚了五輕快五年，然而六輕的啟動，彷彿打開潘朵拉的盒子，將石化業的巨靈放出，從此國營再也不是民營的對手。六輕在十年內建了三套輕油裂解廠，一九九八年第一套完工，年產乙烯七十萬噸；二〇〇〇年第二套完工，年產乙烯一三五萬噸；二〇〇八年第三套輕裂廠完工，年產乙烯近三百萬噸，光是第三座就超過中油從一輕到五輕的總和，遠遠將中油甩在後頭。

六、七〇年代，在臺灣發展石化業的初期，政府採取各種補貼及保護措施，瞿宛文認為，政府把石化業當成「幼稚工業」來對待。九〇年代之後，在去管制以及私有化潮流之下，「除了放任之外並沒有其他指導原則」，自由化之後，政府原本應該去除所有的補貼和優惠，「在地緣政治影響下，大陸牌讓石化的擴產得到諸多的補貼與優惠，離真正回歸市場甚遠。」瞿宛文並提到，石化業是重大投資案，需用到土地、港口、巨量的水資源以及能源，「石化業的擴產對於臺灣的資源分配必有重大影響以及排擠作用。」[15]

15 瞿宛文，〈全球化與自由化之後的臺灣石化業〉，收入《經濟成長的機制：以臺灣石化業與自行車業為例》，臺灣社會研究叢刊，二〇〇二年，頁九〇。

六輕營運十年後，台塑集團的年營收達兩兆臺幣。然而在銅板的另一面，六輕一日的用水量就高達三十五萬噸，不但與農田、民生爭水，濁水溪從中游就被截住，出海口變成一大片荒漠沙丘，冬季吹東北季風時，沙塵暴便肆虐濁水溪南岸。營運十年後，六輕在一年之內發生七次大火，引發嚴重工安事件。營運二十年後，周邊罹癌得病的環境難民無數，部分居民已對六輕正式提出告訴。

「今嘛你的身軀攏總好了，無傷無痕，無病無煞，親像少年時欲去打拚。」

一九八〇年，如果讓一切都停在這裡，潘朵拉的盒子不必打開，美杜莎的「石化」詛咒也不會成真。無傷無痕，無病無煞，婆娑之島，福爾摩沙。

（本文作者：房慧真）

第2章 反五輕與社會變革的年代

一九八七年解嚴前後的臺灣街頭，原先以壓路機層層輾平的土壤逐漸鬆動：工運、農運、民主與環境運動……臺灣抗爭史波瀾壯闊的一頁展開。發生於解嚴後一個禮拜的後勁反五輕，前承鹿港反杜邦，後啟高雄林園、大社事件。原本地域性的環境運動遭逢解嚴，全省大串聯，形成抗爭的共同體。

1 圍廠、街頭、烽火連天：反公害運動大串聯

一九八七年七月十五日，總統蔣經國宣布解嚴，一道無形的柵欄被收起，回頭看是鐵籠中的禁錮，往前看卻不一定是全然的自由。

解嚴前一個禮拜，在高雄煉油廠旁邊的後勁社區，零星幾位居民繞著村莊遊行，喊出「反對五輕，反對汙染」的口號。在六月，經行政院同意後，中油正式公布將在高煉廠內興建五輕，引起居民憤慨。高煉廠的前身是日治時代的海軍第六燃料廠，具有戰略功能，太平洋戰爭結束後，中油在一九四六年接手，國民政府遷臺後

陸續興建一輕（一九六八）、二輕（一九七五）。

偷溜的經濟部長啟動抗爭

後勁聚落位於高煉廠北邊，緊貼著高汙染的二輕以及氣味濃烈的硫磺工場，只有圍牆隔開。一九八三年，稔田里的一位阿婆在家裡點蚊香，因為室內油氣太重，引發嚴重氣爆。天降油雨也是常有的事，含油的黃色蒸氣，遇冷即凝成小水滴，從房屋、農田、魚池到庭埕上晾曬的衣服，到處油漬斑斑。至一九八七年，高煉廠的汙染已讓後勁人忍受二十年，新建五輕的消息一出，長期被當作二等公民對待的滿腹怨氣，加上正逢解嚴的破口，匯聚起來成了解嚴後臺灣公害抗爭史上最重要的運動。

七月二十四日，解嚴後一個禮拜，經濟部長李達海到高雄煉油廠視察。李達海曾經擔任高煉廠總廠長以及中油董事長，回「娘家」自然不陌生，也懂得遇到來陳情的民眾，要從哪一個側門溜走。這一溜，反而激怒了老鄰居，促成後勁人就地坐下不走。

圍廠的第一個晚上，中油無動於衷。抗爭主要參與者王信長原本只是把車子借給人發傳

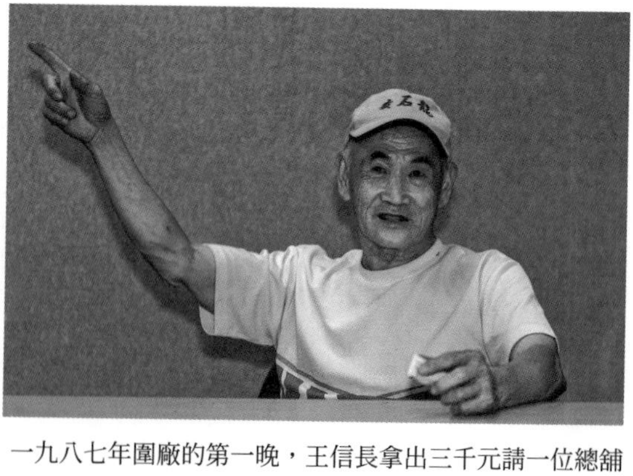

一九八七年圍廠的第一晚，王信長拿出三千元請一位總舖師現場煮鹹粥，鹹粥吃了，人留下來了，布條也拉起來了，抗爭正式開始，一圍就是三年兩個月。（攝影：林聰勝）

單，卻意外參與抗爭行動。眼看現場已經聚集了一、兩百人，晚餐時間到了，一下尿遁、一下飯遁，走了就不會再回來。維持現場人氣很重要，王信長靈機一動，拿出三千元請一位總舖師現場煮鹹粥，鹹粥吃了，人留下，布條也拉起來了，抗爭正式開始，一圍就是三年二個月。

西門對面的宏南社區是中油員工宿舍，而西門內是中油行政中心，高階主管每天上班一定要經過西門。王信長對他們嗆聲：「如果再抹黑後勁人是暴民、刁民，我們就把西門拆了去圍北門。」事實上，北門才是高煉廠進原料的重要出入口，圍西門的警告意味大過於實質意涵。當時高煉廠廠長怕抗爭者轉向圍北門，就跟警察說，讓民眾留在西門就好。這句話讓原本不合法的圍廠抗爭瞬間「就地合法」。

後勁舊部落世居當地者繁多，居民關係綿密。反五輕戰將李玉坤說，當時五個里一百零一鄰，每天每戶推出一個成員，所有的鄰里和家戶依照名單排好，後勁舊聚落全體動起來，社區自動自發按表操課。阿嬤牽孫子、叔叔帶姪子上街頭的抗爭景像，相當常見。

一開始圍廠容易，難的是如何持續下去。解嚴前後的

反五輕戰將李玉坤（攝影：林聰勝）

幾場環境抗爭，很盛行圍廠，一九八八年林園事件圍廠近一個月，一九九三年大社事件圍廠三天，都在地方民代的搓合下和廠商走上談判桌，以發放回饋金作終。

人聚集過來，搭棚守夜，埋鍋造飯，但如果只懂得傻傻圍廠，議題出不去後勁，無法引起社會廣大關注的話，對運動的幫助也很有限。

鹿港人能，後勁人也能

要撼動國家必建五輕的決策，後勁人要找幫手才行，有一個成功的案例近在眼前，那是在同年（一九八七）三月才抗爭成功的鹿港反杜邦運動。一九八六年政府預計引進美商杜邦公司，在彰濱工業區蓋二氧化鈦製造廠。由鹿港地方仕紳李棟樑、退休教師粘錫麟帶頭發起抗爭，是臺灣戒嚴時期規模最大的一場社會運動。

三十出頭的後勁青年蔡朝鵬、劉永鈴是抗爭主力，他們直接殺到鹿港找李棟樑請益。除此之外，蔡朝鵬從高中就開始讀黨外雜誌，也讀當年的禁書：李敖、柏楊、陳映真。他直接找到臺北的《人間》雜誌社，「陳映真派他的子弟兵到後勁住一段時間，綠色小組的李三沖也來了，後來粘錫麟老師也下來，他待最久，大概待了一年半吧。」

粘錫麟在鹿港反杜邦運動後，成立「綠色和平工作室」，四處支援各地的公害抗爭。聲援方式並非蜻蜓點水，他實際在後勁住下，深入瞭解風土民情，後勁反五輕到經濟部、立法院、行政院的陳情、請願、聲明稿，都出自他的手筆。

在後勁反五輕的行動設計，的確可以看到很多鹿港反杜邦的影子。兩者的抗爭時間雖然相差不到半年，但七一五將這兩個運動劃分為解嚴前與解嚴後，戒嚴時期，鹿港反杜邦最大膽的突破是在一九八六年十二月，三百位鹿港人包了幾輛遊覽車，表面上說要去臺北旅行，騙過情治單位，鹿港鄉親在總統府前下車，三百多人手裡拿著「怨」的牌子，在國家最高權力機構前表達訴求。

一九八七年十月二十日，輪到後勁人上場，連夜搭遊覽車北上，先去環保署陳情，接著轉往立法院抗議。四百多人身穿印有「我愛後勁，不要五輕」字樣的白色上衣，手裡拿著「怨」、「恨」的牌子，場景似曾相識。一來，那上衣承襲自「我愛鹿港，不要杜邦」。二則，後勁人在立法院前舉著「鹿港人能，後勁人也能」的牌子，為自己提升士氣，先前鹿港人拿的「怨」是黑底白字，到了後勁人手中的牌子是白底黑字，除了「怨」還加上「恨」。反杜邦是汙染來到之前的預防性抗爭，後勁是一輕、二輕到五輕層層累加的新仇舊恨，長年怨「恨」的意味綿長些。

除了走出去的抗爭手法向鹿港人學習，同時間在新竹水源里的李長榮圍廠抗爭，也和後勁的圍廠遙遙呼應。李長榮長期排放工業廢水到農業灌溉水道，屢罰不改，居民忍無可忍，在一九八七年初運來水泥和石塊，在李長榮化工的門口築起一道水泥牆，當時還處於戒嚴時期，輪流看守的都是上了年紀的阿公阿嬤，他們要年輕人不要出來，老命一條不怕被關，只怕子孫繼續受害。水源里反李長榮圍廠長達四百二十五天，最後抗爭成功，李長榮化工搬離。

後勁結合鹿港上街遊行與水源里定點圍廠兩種不同的抗爭方式，可說是前兩個環境運動的集大成。

一方有難，八方來援

鹿港反杜邦、水源里反李長榮、後勁反五輕，解嚴前後三場最重要的環境運動，粘錫麟無疑是穿針引線的關鍵人物，他帶著後勁人去新竹聲援，也帶水源里居民南下聲援。一九八七年十月四日是水源里民圍廠二百二十天，由新竹公害防治協會發起「聲援水源里民說明會」，鹿港以及後勁的夥伴們都來了。一九九〇年三月二十五日在後勁的「反五輕誓師大會」，則換成鹿港居民、水源里民來相挺。

在當時，各地自救會的串聯活動很頻繁，一九九〇年九月反五輕運動失敗後，粘錫麟、蔡朝鵬這些前抗爭者仍滾動著。一九九〇年十一月，宜蘭反六輕組織成立，應總幹事田秋堇之邀，後勁人包了五部遊覽車到羅東聲援，蔡朝鵬、粘錫麟和東海大學化學系教授林碧堯三個人一組，下鄉宣講三天三夜。蔡朝鵬說：「那時候全省跑，後來桃園反六輕我們也去。」

對外的串聯，一方有難，八方來援。

對內的凝聚實則不易，後勁反五輕歷時三年圍廠，運動有吸睛的高潮，也免不了有陷入疲態的低潮。蔡朝鵬說：「我們的運動是文場、武場交替，文場就是出去陳情，少數幾個人就可以，武場需要動員群眾，一文一武互相穿插，中間休息的時候就是對群眾的教育訓練。

我們去鹿港學群眾動員方式，怎麼做地方組織、宣傳教育。」

一開始，需要先借來東風，借力使力。鹿港香火鼎盛，反杜邦運動時有賴小型宮廟組織高度動員，才能在戒嚴時代把人催出來。祖先可上溯至明鄭時期的後勁也是個古老聚落，信仰「老祖」保生大帝。

抗爭需要一點神蹟。一九八七年六月中油公布五輕興建消息後，陸續有幾位民眾在廟裡問事時，擲出的筊黏在八仙桌的彩布上，在地方信仰代表有事情。蔡朝鵬判斷這是個可以借力的時機，廣播大肆宣傳後，里長議員都到了，幾個里長問：「有條件接受五輕，回饋地方」，都沒筊。蔡朝鵬接著問：「堅決反對到底，不能蓋五輕廠。」一連丟出三個聖筊，當天晚上，在鳳屏宮前成立反五輕自救會。

除了神蹟，抗爭還需要資金，地方上以供奉保生大帝的鳳屏宮為中心，和聖雲宮、福德祠、有應公、萬應公聯合成立「後勁廟產管理委員會」（簡稱廟管會），統籌管理五間廟的香油錢，如果抗爭資金能從中支應，就不用再去籌錢。蔡朝鵬說：「廟管會的人是親中油的包商，本來不願拿錢出來，我們利用受神蹟感染的民氣，一大群歐巴桑去主委家吆喝，讓廟方不得不來響應這場抗爭。」

一九八七年八月二十二日，廟管會撥款二百萬元支援反五輕運動，使得日後多次北上行動的遊覽車費有了著落。

在鹿港反杜邦運動，情治單位數度威脅帶頭的李棟樑，甚至拿林義雄母親、女兒遇害的林宅血案例子來威脅他。後勁反五輕吸收前人經驗，瞭解情治體系如何滲透分化，一開始成立自救會時，並沒有「會長」的設計，而是採二十一人的共識決，開會共同表決，讓壓力不會集中在單一個人身上，蔡朝鵬說：「一個人的領導會被收買恐嚇，集體領導就能避免。」

二十一人中有半數是堅決反對派，例如蔡朝鵬、劉永鈴等年輕人，也有折衷派的在地舊勢力，鷹派、鴿派都有，立場不一。蔡朝鵬說：「行動設計不會在開會表決時說，怕洩漏出去，而是我、劉永鈴和粘老師、綠色小組的李三沖討論出來。」

抗爭頭年的年終就遇到重大危機，一九八七年十二月三十一日，警察利用半夜拆除西門的圍堵物。民風剽悍的後勁人激不得的，搬來晦氣的四口棺材重新圍堵，加倍奉

鳳屏宮，在地信仰在後勁反五輕運動中是重要角色。（攝影：余志偉）

還，也因此激怒中油。一九八八年元旦凌晨，三千名鎮暴部隊出動準備清場，馬路兩邊封死，後勁人這裡只剩二、三十人守夜，武器只有宋江陣頭的刀劍，後勁人屈居絕對劣勢。

情治人員先來探虛實，蔡朝鵬已買好汽油，分裝在保力達B的瓶子中，現場瀰漫著濃重的汽油味，「我們的人跳到棺材上，一手拿汽油瓶，一手拿賴打（打火機），出征的宋江陣戰鼓也打下去了。」蔡朝鵬去守衛室和中油的高官談判，「我說鎮暴警察先退，隔天早上十點在鳳屏宮開協調會，要不然就是玉石俱焚，這邊都是汽油，裡面是化工廠，燒起來你們都要丟官了！」在此之前，蔡朝鵬已策劃「反間計」，他讓人一直去中油那裡放假消息，散播有幾個得癌症的人不怕死，想為家鄉做一點事，「我在公開演講時也說，已經募集了幾百萬要給烈士當安家費。」

虛張聲勢的策略得效，最後並沒有人自焚，也成功解除清場危機，後勁人得以繼續圍廠。一把怒火燃起了，又不能燒得太過猛烈，掌握抗爭的火候，是臺上拿麥克風的蔡朝鵬的主要工作，「要能搧動群眾的情緒，又適時澆熄他們，不要讓他們暴衝，這真的都是眉角。如果拿汽油衝進去燒起來，一定是後勁人遭殃呀。我們設計讓許多自救會的年輕人站在警察和民眾之間做分隔，不能一下就搧風點火燒光了。」

要適時拉住群眾，但也要讓群眾敢衝，一九八七年十月二十日後勁人到立法院抗議，有兩人被捕。蔡朝鵬說：「政府殺雞儆猴，後勁人會怕，我們必須要蒐集情報，研究對策。我演講的時候最後一定加一句：『如果行動有法律問題，我一律負全責』，讓群眾沒有後顧之憂。」

在電視只有老三臺的年代，抗爭者沒有自媒體可以發聲，後勁人敢衝敢嗆的剽悍形象，鋪天蓋地被主流媒體烙印上「暴民」的標籤，一九九〇年軍頭出身的郝柏村出任行政院長後，更是揚言要像掃黑一樣打擊後勁這些「環保流氓」。

除了串聯各地自救會，後勁人還需要尋找更多利於傳播的幫手才行。

環保流氓自修化學公式

名列環保流氓第一位的劉永鈴，初中畢業後就到外地當西裝學徒，學成後回鄉開「永鈴西裝店」，投入抗爭後，他索性改名為「反五輕西裝店」，從此原本用來裁布的剪刀，沒有再做過一套西裝，都拿來裁抗爭的布條。「反五輕西裝店」成了接待外賓的大本營，教授、記者、學生，來到後勁的第一站都是這裡。

劉永鈴說：「抗爭活動中，要小心被對方抹黑成『暴民』。久而久之，大眾對這個團體的印象不好，也不認同團體提出的訴求。」他的工作是對外的媒體窗口，當年天天剪報蒐集資料，以瞭解敵情，他深知媒體宣傳的重要性，「專家學者這些讀書人拿一支筆寫一寫，比我們上街頭打來打去被抓走，效果好太多了。讓專家學者的立場和我們一致，是抗爭中很重要的一環。」

當時已經有一群關心環境的學者願意挺身而出，例如施信民、張國龍、張曉春、柴松林等人。一九八七年二月，彰化縣公害防治協會在臺北濟南路的臺大校友會館舉辦「杜邦設廠問題研討會」，多位學者出席發言，將鹿港的議題帶到臺北，也和杜邦代表、環保署官員對話，引來更多鎂光燈。一個月後，杜邦公司宣布放棄在鹿港設廠，除了鹿港人自身的努力，學者的聲援也有很大的助力。一九八七年九月，同樣在臺大校友會館，反五輕自救會舉辦「反五輕座談會」，這些學者也到場相挺。

在林俊義、施信民等教授的幫忙下，僅有初中學歷的劉永鈴自修化學，將石化廠的專業術語轉譯成科普知識給所有的記者，二〇一五年底我們採訪劉永鈴，六十多歲的他說：「什麼英文啦！化學式啦！我都會，到現在還記得……」

大學教授本於良知，走出象牙塔為民眾發聲，學生也沒閒著，在鹿港反杜邦就有吳介民等臺大大新、大論社團的學生到鹿港做訪調，將「調查報告書」集結出版。後勁反五輕三年間，前來的學生社團南北都有，有輔大、成大學生組成的「關心後勁工作團」下鄉訪調，以及由邱毓斌、邱花妹等中興法商學生組成的「後勁反五輕工作隊」，將《土地劇場——溪裡

從西裝師傅變身反五輕戰將的劉永鈴
（攝影：林聰勝）

流阮的血》搬到後勁上演。

八〇年代的社運型媒體如自立報系、《人間》雜誌，和以錄影機記錄的綠色小組，並不把所謂的「客觀中立」掛在嘴邊，而是往往跳下去成為社運的一分子。綠色小組的李三沖在後勁蹲點，意外收了一個徒弟，那是領頭衝組的「白馬」李錦瓏，也因緣際會拿起攝影機，臺北有抗爭活動也衝上去拍。

抗爭到了後期，已顯疲態。北上抗爭，後勁圍廠，招式已快用盡，一九八八年八月底環保署通過五輕環評，更是雪上加霜，兩個月後，後勁出動五十人，頭綁反五輕布條，身穿寫有「絕食」、「等死」的喪衣，在臺北火車站前絕食四天三夜，冷漠的行人來來往往，都不曾為之駐足，絕食者數度被驅散。

燃燒塔上的最後一搏

一九九〇抗爭進入第三年，傳出五輕基地已偷偷動工，煉油廠的汙染更變本加厲，外界關注的氣氛也淡了，連絕食也沒用，該怎麼辦？後勁的年輕人決定要幹一票大的，蔡朝鵬說：「綠色和平有一個很有名的抗爭活動，抗議者潛入船舶上舉抗議布條，我們就學起來。」

一九九〇年三月二十五日在鳳屏宮前舉辦反五輕誓師大會，教授、學生團體、各地自救會都來了。下午三點半，現場有人大喊，劉永鈴和楊朝明把自己銬在燃燒塔上，掛上反五輕標語。參與行動設計的綠色小組，把新的武器用上：一臺無線電發射器。在後勁地區的民眾

一九九〇年三月二十五日，劉永鈴爬上燃燒塔舊照片。（攝影：林瑞慶）

只要打開家中電視，就可以看到實況轉播。

「我們沿路和警衛玩躲貓貓，從東門爬樹翻牆一路到燃燒塔下。爬上十七層樓高的燃燒塔時，我還回頭跟底下的警察說，不要跟上來，不然我就學小狗撒尿！結果，警察一個也沒敢上來，我們在上面待了兩個小時吧。我現在只記得，上面好冷！如果那時記得帶件外套，應該可以待更久……」劉永鈴促狹地笑著回憶。

這一攀，讓反五輕運動攀上了國際媒體，一戰成名。然而在北臺灣，同時間在中正紀念堂前有一群大學生靜坐，提出「解散國民大會」等訴求。媒體都往那裡去，是為野百合三月學運。後勁人攀爬燃燒塔，在國內並沒有引起太多波瀾，還因為在保守派眼中「過激」的舉動，在四月初，自救會的鴿派成員突然發動改選，對運動方式提出嚴厲批判，蔡朝鵬說：「改組後妥協派把他們的人灌進來，我和劉永鈴後來就索性退出，不去開會。」

鴿派鷹派分裂後，反五輕自救會決定舉辦公投，提出「堅持反五輕」以及「同意協商」兩案，在五月七日舉辦投票，這是臺灣第一次由民間發起的公投，地點就在鳳屏宮。鴿派原本想找臺階下，沒想到公投結果仍然有六成一的民眾「堅持反五輕」，然而經濟部長陳履安說，結果不具法律效力，只供參考。

內部分裂，又有新的外患要來，一九九〇年五月二十日，郝柏村上任行政院長，首要任務就是要處理五輕遲遲三年無法興建的燙手山芋。彷彿一臺坦克開來，輾過「反五輕西裝店」上頭始終掛著的標語「不妥協、不求償、不退縮」。一九九〇年九月二十一日，高雄煉油廠在二千五百名鎮暴警察戒護下，結束了從一九八七年七月開始的圍廠。

生長在左營的黃佳平，小時候跟著寫論文跑田野的爸爸進出後勁社區。二〇一二年黃佳平實際進入後勁中油遷廠促進會工作，他說：「後勁這些『暴民』很善良。有人生命彷彿就困在一九九〇年反五輕運動結束的那一刻；有人忍著叛徒的汙名默默地盼著煉油廠關門；有人拋棄了原來的人生規畫，就這樣盯著高煉廠一輩子。」

二〇一五年十一月，離政府承諾的二十五年後五輕關廠倒數最後一個月，後勁社會福利基金會大樓前，劉永鈴抽著菸，靠坐在椅子上休息。幾年前的小中風，讓他腿腳不方便，孤家寡人的他依然菸酒不離手。

抗爭失敗後，劉永鈴將西裝店再改名為「候淨西裝店」，靜靜候著遷廠時日到來，店維持不了多久，關門大吉。後勁溪旁一處小竹林，是劉永鈴一天的開始。清晨騎車巡一巡竹筍園，貨櫃搭成的小工寮，放置農作工具，地上散落一些保力達瓶。

二〇一六年十一月二十四日，五輕關廠後兩年，劉永鈴因罹患口腔癌，於高雄榮總安寧病房過世。年輕時那個英俊瀟灑的西裝師

高煉廠遷走之後，未來的後勁怎麼發展？
是一直存在黃佳平心中的問題。（攝影：林聰勝）

傳，在長達二十八年的抗爭中身心全副投入，終生未婚。劉永鈴病重時，地球公民基金會執行長李根政與副執行長王敏玲前去探望，問到對於多年來從事環境運動的感想，已幾乎無法言語的劉永鈴寫了兩個字給他們：「不盡」。

（本文作者：房慧真；共同採訪：陳怡樺）

二〇一五年五輕關廠晚會現場布置的老照片看板區（攝影：余志偉）

2 那些年，我們參與的失敗

從解嚴前的第一場大型抗爭：鹿港反杜邦開始，就可以看到大學生下鄉訪調的身影。後勁反五輕歷時三年，學生參與社會運動的方式也愈來愈多樣化，從柔性的訪調，到實際參與抗爭活動的設計、組織運作。運動失敗了，茫茫人海就此四散。如果時間拉長來看，曾經的信念，將會成為遠方的那抹綠光，以另一種形式呼應、冥合。

一九八六年邱毓斌從雄中畢業，考上當年的中興大學法商學院社會學系，負笈北上讀書，照例那個年代的大一男新生，都要在成功嶺受訓。這年秋天，在鹿港的反杜邦運動正如火如荼，在成功嶺的役男，不得不與之錯身而過。

錯過了一場，總會有下一場，此後的三、五年間，正是臺灣解嚴前後，社會運動風起雲湧的時代：一九八七年解嚴，一九八八年五二〇農運，一九八九年鄭南榕自焚，一九九〇年三月野百合學運，一九九一年有清大學生被捕的獨臺會案……這幾年入學的大學生，只要不是太冷漠，在「中正廟」(當年學生對中正紀念堂的稱呼)、立法院或者臺北車站靜坐或遊行的時間，多過於在教室裡聽講。

烽煙四起，學生趕場像在跑趴，但多集中在北部。一九八七年另有一場在南部的抗爭，高雄後勁居民為了抗議興建五輕，將高雄煉油廠西門圍起來，在此埋鍋造飯，從此開始長達三年的抗爭。

這年夏天，邱毓斌已度過一年大學新鮮人生活，他趁著暑假回家，在《自立晚報》當高雄駐地的實習記者，很自然地進入抗爭現場，「我一開始去跑新聞，後來劉永鈴問我要不要跟著他去噴漆，我覺得抗議比跑新聞好玩多了。我後來看我當時寫的新聞，簡直像抗爭文宣。」

邱毓斌、邱花妹——大學生的後勁啟示錄

二十幾年過去了，當年的學生如今是屏東大學社會發展學系助理教授，邱毓斌拿出手機，一一和我分享他翻拍的舊時報導。求學期間邱毓斌在臺北參加學生運動，寒暑假回高雄當實習記者，當時他一有空就開著爸爸的車，到後勁找抗爭健將劉永鈴泡茶。

當年抗爭，劉永鈴爬上燃燒塔一戰成名，他本來開一間「永鈴西服店」，抗爭後改為「反五輕西服店」，店鋪變成抗爭基地。時常劉永鈴忙不過來，邱毓斌還會幫忙接待由臺北南下的記者，開車帶他們去看後勁溪，看哪裡點蚊香會爆炸，一個小時的導覽，路線都是劉永鈴教他的，「最後我帶他們到後勁溪出海口，夕陽將海染成一片紅，白鷺鷥飛回紅樹林，很美，很壯觀，但也十足諷刺。」

一九八七年，來自臺南的邱花妹也進入中興大學法商學院社會系就讀，她是邱毓斌的學

妹，他們當時都參加中興法商青年社，以及一個地下社團「臺灣研究社」，社團一星期要開四次讀書會，人權、勞工、性別、原住民、臺灣史……什麼議題都有，那是一個頻繁上街，也頻繁弄地下社團，開讀書會的年代。

暑假結束，邱毓斌北上，將後勁的消息帶回校園，在學校辦講座與展覽。後勁民眾到臺北陳情抗議時，他也去一起靜坐，有次在臺北車站陪他們坐了四天，「很冷清，沒什麼人理他們。」一九八九年暑假，邱毓斌先帶著社團的學弟妹去後勁。一九九〇年寒假，「反五輕學生工作隊」成立，包括中興法商、清大、陽明醫學院等校的學生。

一九九〇年寒假，一次二十幾個大學生南下，都住在邱毓斌透天厝的家裡，邱爸爸的車照例借他們開去後勁，邱媽媽煮飯餵飽學生。邱毓斌的父母都是老師，原來家裡訂

反五輕時是大學生的邱毓斌、邱花妹，現已為在大學任教的老師。（攝影：林聰勝）

《聯合報》，只為了要看兒子的報導，就改訂《自立晚報》，邱毓斌笑稱：「久而久之他們就被洗腦了。我爸媽還去後勁看過，我妹也去後勁晚會拉胡琴。」邱家幾乎全家出動，在當時相當罕見。

另一個在臺南的邱家，卻為了邱花妹在過年期間要出門參加工作隊，很不平靜，邱花妹和父親激烈地大吵一架，從後門離開，「我爸叫我別碰政治，他說我們這些學生都被民進黨利用。」

學生進駐後勁，在廟口宣講或沿街廣播，邱毓斌開車，邱花妹要負責用臺語廣播，「鳳屏宮的『屏』我總唸不好」，許多在臺北讀書會朗朗上口的論述，到了後勁，換成臺語聲腔就窒礙難行，是學生下鄉的一大挑戰。還好有「土地劇場」能派上用場，學生架了戲臺演布袋戲，由一位有小劇場經驗的清大同學寫劇本，角色有地方阿婆，也有經濟部長。寫劇本的、做美工的、操耍戲偶的原班人馬，後來在隔年一九九一年的國民大會修憲風潮中，在萬華、士林夜市又搬演了幾次。

對邱花妹而言，從臺南到高雄大統百貨，是童年記憶之一，「坐火車到高雄，會先看到中油的燃燒塔，小時候被洗腦得很成功，儘管聞到臭味，仍然會覺得那是十大建設之一，很厲害、壯觀。從來不曉得煙囪底下的人是怎麼過活的，也不知道那個地方叫『後勁』。」

寒假結束，回到臺北校園，邱花妹在社團刊物中主編了一期《石化專刊》，不只談汙染，還分析石化業的黨國資本結構。邱毓斌更滿腦子都是後勁，覺得臺北人都不關心後勁，臺大的朋友找他去開會，談修憲、國民大會，「我一點興趣也沒有，我跟他們說，國民黨壞不是壞在那裡（憲法），是壞在後勁（石化業的經濟結構）。」

一九九〇年寒假過後不久，三月十六日爆發的三月學運，馬上像個漩渦似地將這群街頭學生全捲入，日後邱毓斌為人所熟知的角色，就是廣場上的學運糾察隊隊長。三月學運轟轟烈烈一陣，五月又因郝柏村要接掌行政院長，學生們上街反軍人干政，臺北的運動讓人抽不開身，無暇顧及後勁。邱花妹說：「那時候沒成功把郝柏村擋下來，結果這個人接下來就跑去後勁鎮壓，五輕動工，運動失敗。」

拿生命去拚的常民才是社會原動力

在煙囪底下過活的人，是邱毓斌口中的「常民百姓」，有血有肉地來到面前：西裝店師傅劉永鈴、開快餐店的蔡朝鵬、開美容院的劉月華（劉永鈴之姐），以及嚼檳榔、穿拖鞋，小學畢業就去做鐵工的李錦瓏（白馬）。

白馬原本在臺北做工，休假回後勁剛好碰到圍西門，從此就黏住了，三年來埋鍋造飯的每一頓飯都是他煮，釘旗子、搭帳棚，什麼都做。邱毓斌對此印象深刻：「他一隻眼睛瞎了，身材瘦小，但運動裡的苦力幾乎都是他在做。他看見我就握住我的手不講話，只是抽菸，始終默默在做。」

一九八八年，在高雄林園同時發生石化業汙染水源事件，居民抗爭二十幾天後，在縣政府、立委的協調下，發放賠償金了事。邱毓斌說：「在後勁沒有這些民代介入，完全靠常民百姓去抗爭，劉永鈴當時拒絕賠償金，他說：『我沒有要談賠償，但不是不要錢，而是你把汙染處理好，我們再來談錢。』」不談賠償，生計也顧不上，劉永鈴西服店裡的布料久久沒動過，蒙了一層灰，邱毓斌從來沒看過他做一件西裝，「我爸還叫我給他做一件西裝嘛，要不然他都沒收入。」為了抗爭，男廢耕，女廢織，劉永鈴的姊姊劉月華也將美容院收起來，因為客人常因她北上抗爭而撲空。

社運圈中，邱毓斌是許多人的老師，在《太陽不遠》的三一八學運紀錄片中，在香港雨傘運動的現場，都可以看到他的身影。老師的老師，卻沒有任何頭銜，也不是大學教授，邱毓斌最感謝的老師有兩位，一個是

李錦瓏（白馬）站在高雄五輕門口。近三十年來，白馬只做一件事，那就是後勁反五輕的志業。（攝影：林聰勝）

免費到各校教臺灣史的楊碧川，另一個就是劉永鈴，「我參與社會運動這麼久，這種來自常民百姓的付出，才是社會進步的原動力，他們幾乎是拿整個生命去拚。」

賴青松、朱美虹——從反五輕抗爭到有機小農

當時在南部，成功大學的學生也曾組成環保工作隊，是另一支聲援的學生隊伍。

賴青松一九八八年從建中畢業，因為不喜歡臺北，刻意將志願往南填，於是成為成大環工系的新生。賴青松還記得大一那年蔣經國去世，他加入環保社，頻繁地往後勁跑，也在劉永鈴的西服店集合，幫忙發傳單、搬桌椅、辦活動。他說自己不是那麼核心的學生，只要社團裡有人招就去，「那時有許多小道消息：黑道威脅、中油灑錢、調查局介入、警察上門。學生去發傳單，也傳說黑道要揍人。」黑道橫行，官方不但不處理，還將黑道的標籤往抗爭者身上貼，一九九〇年八月，當時的行政院長郝柏村訂定《檢肅流氓條例》，以此對付環保、社運「流氓」，讓五輕可以順利動工。

後勁的抗爭長達三年，到了賴青松大三，抗爭仍未結束，他還記得成大的學生去後勁，都是騎摩托車，兩人一臺出發，他常載的是後來的妻子朱美虹。一九九〇年朱美虹入學，讀成功大學歷史學系，也參加環保社，以及一些地下讀書會社團，跟著也影響過邱毓斌的楊碧川讀臺灣史，她常拿這些新知去課堂上嗆保守的老師，被師長視為頭痛人物，在異議者的眼中卻是塊瑰寶。她到後勁已經是抗爭的尾聲，參與有限，經過二十五年，經時光篩落的印象

已經十分稀薄，「我幾乎都快忘光光了，只記得那幾年抗議活動非常多。」賴青松附和：「野百合的時候我和成大同學北上靜坐，但看不懂在幹嘛，一個晚上就回來了。」

讀成大之前，朱美虹是個愛國的高中生，「以前我在家裡都叫爸媽不要聽臺語歌，結果我從臺南回去都在講臺語，我爸媽嚇壞了，怎麼我的轉變會那麼大。」從後勁回來後，環保意識開始扎根，朱美虹在成大校園裡推行環保餐具運動，她拖拉著好幾袋免洗餐具去跟校長吵架，要求學校的餐廳必須要提供環保餐具。

環工系的賴青松，在後勁學到了問卷調查的方法，轉而應用在臺南也飽受汙染的二仁溪上，「上游有五條支流，我們分組拍照記錄有多少工廠，也問當地居民看

如果當時六輕蓋在宜蘭，就不會有後來的小農賴青松。（攝影：吳逸驊）

過有人在偷放髒水嗎？他們都說不知道，因為才剛解嚴不久，人們高度警戒，即使你是學生，來『關心』都是很奇怪的。」

後勁是賴青松的第一個田野，第一個現場，儘管在環工系，常有帶老師或學長去外頭採樣的經歷，「去楠梓、仁武工業區，看到水很髒很臭，但你只要負責採樣就好，不曉得為什麼要來，那是沒頭沒尾，去脈絡的。在後勁你看到阿伯阿桑在那邊守西門，煮食，在那睏，曠日廢時的抗爭，看到一個完整的故事，你才會對這個地方有情感。」

他到臺南火車站前發傳單，被路人痛罵大學生懂個屁，臺灣就是靠這個，經濟倒了就沒工作沒飯吃。「為了經濟發展犧牲了土地和農業，人居住的環境居然可以如此惡劣。」後勁成了賴青松關懷環境的起點，二十歲的青年，在火車站前被人痛罵，深覺委屈，在當時他還不知道，日後他會頂著留日碩士的學歷，和妻子到宜蘭種田，成為臺灣有機小農的先驅及靈魂人物。

同時在一九九〇年，王永慶重提台塑六輕在宜

大學時代經歷過反五輕運動洗禮的賴青松、朱美虹
（攝影：吳逸驊）

蘭利澤的設廠計畫，被當時的立委陳定南以及宜蘭反六輕組織擋下。這麼遠，也這麼近，在高雄後勁聲援反五輕的賴青松，當然無法預知汙染紀事，不會知道在遠方的另一場反六輕戰事，在日後將會如此切身，如果宜蘭蓋了六輕，勢必不會有小農賴青松。

一九九〇年九月二十二日，郝柏村宣布五輕動工，在後勁的戰役失敗了，人們在當時這麼認為，因為沒有人相信「二十五年後關廠」的高官承諾，覺得那是一張空頭支票。

後勁：啟蒙工業汙染的心靈原鄉

誰能預料，空頭支票也有兌現的一天，遲來的正義，卻不是正義了。

邱毓斌和邱花妹夫婦，再次回到後勁，是抗爭二十週年的晚會。兩人都去英國讀了博士回來，定居高雄。晚會上邱毓斌逢人就問劉永鈴在哪裡，尋尋覓覓再見到他時，劉永鈴已經中風，垂垂老矣，「講到運動他的眼睛還是亮起來，我應該要陪他喝幾杯的，但我不會喝，他始終很記得我們兩個，他對我最熟，花妹的名字很好記，他都叫她『阿妹仔』，我們從英國讀書回來，結婚宴客在高雄，也沒請他……」

知識分子對抗爭者的愧疚，邱花妹也有，她說：「其實我們什麼都沒做，沒有真正和他們站在一起抗爭，回臺北很快就捲入其他運動，接著就是唸研究所。當年的運動雖然失敗，卻寫下臺灣環運史的許多驚人紀錄，後勁像是啟蒙我去瞭解工業汙染的心靈原鄉。」

邱花妹研究所畢業後，到《天下雜誌》當記者，開始關注九〇年代科學園區的汙染問題，例如台塑汞汙泥事件、RCA有機溶劑汙染地下水，以及工業廢棄物等議題。二〇〇〇年她到英國讀環境科學與社會研究所，回國後除了在大學開環境相關課程，也和李根政等人一同創立「地球公民基金會」，是第一個扎根南臺灣的環保團體。

邱毓斌長期研究工運，他總是看到工人和周邊環保抗爭居民的嚴重對立，少有的例外，就在後勁，「臺灣石油工會第一分會，本來被資方的人把持，一九八七年被勞工拿下來。當時工會的成員就暗中協助過後勁抗爭，彼此互通有無，因為大家反的都是威權統治，是一樣的東西。」

邱毓斌跟我說起一個場景，從前劉永鈴要發新聞稿，總是先影印，再騎摩托車到高雄報社一家一家送，「真的很像庄腳人進城，我跟他們說有一種機器叫傳真機，我帶你們去買。」當年邱毓斌二十出頭，劉永鈴三十四歲，正值壯年。劉永鈴當年爬上的燃燒塔，火焰已熄滅。漫長的戰役，終於有看到盡頭的一刻。

（本文作者：房慧真）

第3章 我在高雄煉油廠的日子：三位工人的命運交叉點

高雄煉油廠是臺灣石化業的萌芽地，也是黨國一體的事業表徵。高煉廠在後勁人眼中，如同《魔戒》中日夜噴火的邪惡炎魔，高煉廠內有電影院、溜冰場等先進設施，從來不對當地居民開放。階級並不只以圍牆劃分，圍牆內，外省籍的管理階層與本省籍的工人，待遇判若雲泥，交會於一九七九年的美麗島事件。二〇一五年底關廠前，三位昔日小工重回舊地，與四十多年前的年少青春，做一次最後的告別。

來到高雄煉油廠旁的國光中學，四十多年前，蔡滄波曾在此讀書。二〇一五年十月二十九日，五輕熄火關廠前兩天，他帶我們重遊舊地，「我常想起這裡的一草一木」，他邊說邊哽咽起來，始終講不完一句話。錄影器材還對著他，誰都不知道該拿這個尷尬時刻怎麼辦，教室裡突然唱起生日快樂歌，青春洋溢的高中生正在慶生，他們的光亮歡快，將蔡滄波推往黯淡的過去。

第一位考上臺大的煉油廠工人

一九七三年蔡滄波國中畢業，因家貧，經人介紹從雲林到高雄高工讀建教班，在高雄煉油廠裡半工半讀，不但免學費，每個月還有七百五十元的零用錢（當時的教師薪水一個月約三千元）。建教班跟國光中學借教室用，國光在往昔是私立學校，專門提供給煉油廠員工的子女就讀。建教班分儀器與管鉗科，跟國光的制服和師資都不同。蔡滄波帶我們東繞西拐找到往昔建教班教室，僻處國光校園一角，像是很懂得謹守本分。

在當時，建教生和預備升學的高中生在校園裡狹路相逢，其實沒有想像中的戲劇性衝突，只是淡淡地走過去，但知道彼此是很不同的。同齡的少年，如果穿上國光的制服，那麼父親可能是工程師，住在花木扶疏，擁有室內溫水游泳池、高爾夫球場的宏南宿舍區；如果穿上高工制服，那麼可能他家裡在雲林種田，家裡有七個兄弟姊妹，考上臺中一中卻擔心繳不出註冊費……

「以前我很羨慕國光的學生，他們的目標是考大學，我們只能做工。如果當工人，最多只能當上領班，一輩子如此。」蔡滄波如今是民視新聞部副理，他穿著襯衫西褲，趁著年底煉油廠關廠前回來，算是衣錦還鄉了。一向門禁森嚴的中油，特別派專車專人來接待這位嬌客，我們事先提出採訪申請，也沾了他的光，得以參觀包括五輕在內的各種中央控制室。蔡滄波也是第一次來，往昔煉油廠被視為軍事工業重地，門禁森嚴，連保警都禁止進入，而他只是小工，當然走不進管制區。他的工作在電話機房，得暇便自習讀書，廠內鼎盛時期有五千員工，共有二千五百支電話，紅藍交纏的電話線像是血管，疏通石化重工業的經濟命脈。

為了「蔡副理」的候鳥歸返，中油把昔日蔡滄波的同學都找來，建教班畢業後繼續留下工作，四十多年過去後，也屆臨退休年紀。老同學阿輝叫蔡滄波的小名「阿波」，用欽羨的眼光看著喝過洋墨水回來的友人，少年同學多不賤，工人服與襯衫西裝，表面看來涇渭分明，但當阿輝跟我講起阿波從前曾向他借摩托車去追女朋友：「我還記得阿波追的是張XX，是其他工廠的女工。」

阿波後來娶的當然不是張小姐，他成為煉油廠第一個考上臺大的工人，妻子是臺大政治系的學妹，日後以「瑪法達」的星座占卜聞名，蔡滄波常戲稱他家裡有位「女巫」，鯉魚躍龍門後，他娶了女巫，而非女工。

關廠前與蔡滄波一起重回現場的還有張金塗，頭銜是高雄高分檢主任檢察官，前民進黨主席信介仙的女婿。從前也讀建教班，晚蔡滄波一屆，小名阿塗，讀化工科。阿塗同樣來自雲林農家，比阿波家裡更窮，五歲以前，一家

國中畢業就來高煉廠半工半讀的蔡滄波，是第一個考上臺大的煉油廠工人。（攝影：余志偉）

人棲身於別人的茅屋裡，貧無立錐之地。考高中時，阿塗的報名費繳不出來，由老師代墊，老師同時還拿給他一張高雄高工的報名表，阿塗考上嘉義高中和師專正取，但赤貧的家裡沒有太多選擇，阿塗也背起行囊來到高雄。

煉油廠的生活宛如天堂

阿塗來自窮苦鄉下，到煉油廠裡算開了眼界，在雲林他連唱片都沒看過，在這裡他參加古典吉他社，享受各種運動設施：籃球、網球、桌球、保齡球、游泳……，因為家貧，營養不夠，阿塗本來長得瘦小，在這裡因為經常運動，他漸漸強壯起來。當時他還不會知道，此時打的底子，竟然會在日後起了保命的作用。二十年後他是檢察官，一九九五年因查緝毒品被黑道開了十二槍，性命垂危，因為讀建教班勤運動養成的身體底子，幫他熬過鬼門關。

蔡滄波（中）重回四十年前工作的電話機房（攝影：余志偉）

阿塗當兵時，聽見同鄉學長蔡滄波考上臺大政治系，引起很大的轟動。當時「全職」讀書的國光中學畢業生，一屆也才考上一個臺大生，阿波在吵雜的電話機房裡，靠著自習，居然考上臺大，這帶給建教生很大的激勵。阿塗當兵回來又回到煉油廠工作，他沒錢補習，連教科書都是和國中同學的弟弟借來，苦讀不到一年，他高中臺大法律系。

「那時候有別的工廠的工人，特別從很遠的地方騎腳踏車來問，是不是有中油工人考上臺大法律系。」張金塗笑得瞇起眼來，他穿著白襯衫西裝褲，在法院有自己的辦公室，身上早沒有工人的痕跡。槍擊案的後遺症還在，他走路微跛，無損剛正耿介氣質，唯有談起建教班時，他才流露出一點柔軟。

建教班頭兩年，自由自在，除了體育設施多，煉油廠的藝文風氣也濃厚，廠內還有自己

張金塗（右）受了蔡滄波的影響重新思考人生，雖然考上法律系也當上主任檢察官，但對當時一起工作的夥伴感情還是很好。（攝影：余志偉）

發行的刊物：《拾穗》雜誌，蔡滄波和張金塗都對此印象深刻，高工三年讀不了什麼教科書，卻在自由開放的氛圍下，讀了不少課外書。阿塗當時喜歡讀倪匡的科幻小說，也讀李敖、王曉波等思想性書籍，當時建教班同學還有讀黨外雜誌被教官沒收的。阿波喜讀翻譯自日本的商戰小說，當時他在圖書館遭遇了日後對他影響最大的一篇文章，是登在《大學雜誌》，由許信良、張俊宏等人合寫的〈臺灣社會力的分析〉，剖析當時的社會階層問題。

並非阿塗、阿波特別早慧，而是煉油廠的藝文環境使然。三年潛移默化的發展，讓這群小工自己長出課本上學不到的獨立思考能力，這也是為什麼在激烈競爭下靠自習就能考上臺大。重回現場的這一天，蔡滄波回到昔日苦讀的電話機房，當時他把考大學的課本都帶來，「我把歷史、地理課本當小說讀，讀得津津有味，但是如果我像國光的學生三年都在讀這個，可能就不會覺得有趣了。」張金塗說，「在煉油廠那幾年簡直像在『天堂』一樣。」

讀書衝破階級天花板

建教班畢業後，還須留下工作三年，才不用賠公費。成為正式工人的第一年，阿波最要好的國中同學已考上大學，寫信給他，信裡滿滿都是青春飛揚的新鮮人生活。蔡滄波說：「讀書是往上攀爬的最佳管道，只有靠讀書才能改變自身的命運。我的建教班同學，有很多當時都考上高中第一志願，我們的資質沒有不如國光的學生。從我考上之後，學弟們也開始『敢想』普通大學，人生也能有別種可能。」

十五歲的阿波，在煉油廠裡已經很能感覺到「階級」這回事。在昔日教室裡讓他講到哭的，是因為他回想起以前在週記裡寫過一個清潔工的故事。我們經過煉油廠外的一段圍牆，蔡滄波突然停了下來，若有所思，他還記得四十年前清掃馬路的清潔工，就是在這裡被車撞死，「我每天早上都看他在那裡掃地，那種低微的生命，沒有人會注意。」

十五歲的那個小工，始終還住在蔡滄波的心裡，搭上捷運，他又是一陣悲從中來，難掩心中的激動。煉油廠附近的這段捷運，是高雄捷運中少見的高架路段，蔡滄波家住臺北市中心，位於復興南路捷運高架橋旁，景物相似，「明明四十年前就離開了，卻是一樣的高架橋，彷彿繞了一大圈，又回到原點。」他對清潔工的憐惜，何嘗不是一名小工對清潔工同處低微的深刻共感。

讀化工科的阿塗，到了高三，就要開始輪三班制。早上八點到下午四點是日班，下午四點到晚上十二點是小夜班，晚上一、兩點接著再到早上八點是大夜班，每兩天就要換一個時段，幾乎全年無休。「對於未滿十八歲的『童工』，這是完全違法的，」日後成為檢察官的阿塗，很能精確地援引法條，但在當時他只能逆來順受。「會想讀法律，一來因為小時候家裡窮，強凌弱的事看太多；二來就是在煉油廠的童工經歷使然，當時還只是學生，卻做一般工人的工作，但領的完全不是一般工人的薪水！」

每兩天就要調一次生理時鐘，使得少年阿塗總是睡不好，失眠的毛病，在那時就種下遠因，難以入眠的毛病持續至今。回憶有苦也有樂，煉油廠的水不需自來水公司供給，而是自己有水處理廠。阿塗在水處理廠工作，廠裡的水經過石灰沉澱過濾，經動力鍋爐暖化後成蒸餾水，接著再提煉為實驗室用的純水，供應煉油廠的精密機械使用。廠裡用最純淨的水，廠外卻是飽受嚴重汙染的後勁溪滴滴悲鳴。

重回現場這一天，張金塗走到哪裡都有人喊他檢察官，彷彿廠裡出過這樣的一個人，是不得了的大事。煉油廠特別安排參觀水處理廠，重回舊地，張金塗說：「都變了，跟以前完全不一樣！」好不容易找到幾個以前就有的水栓，他忍不住上前試圖轉轉看，做做樣子讓我們拍照，「以前為了轉這個，腰常扭到，有時轉開沒握好，還會被撞傷。」

由於水廠有動力鍋爐，蒸氣可以回收，當阿塗的雲林老家還在燒柴，廠內就有源源不絕的熱水，工人自己焊接蒸氣管線，拿來煮飯，「生米十分鐘就熟！」張金塗眉飛色舞地說，

醒目的紅色水栓喚醒張金塗身體勞動的記憶（攝影：余志偉）

生活中充斥著實用的科學實驗，每當回雲林，他就覺得像是兩個截然不同的世界，判若雲泥。

同甘共苦的一群小工們，感情深厚，日後張金塗在槍擊案時身受重傷，是這些建教班的老同學自願排班照料他，而不是臺大法律系的同學，也不是司法特考同期的學員。老同學陪他下棋，故意都讓他贏，而每當這群工人有什麼法律問題，阿塗就成了最好的顧問。

工人小說家為卑微的生命發聲

阿波和阿塗在工廠時，都看過作家楊青矗的工人小說，張金塗說：「當時就知道工廠有這麼一個工人小說家，他那時寫這個算是黑五類，但非常貼近工人的生活。」蔡滄波和楊青矗的淵源更深，讀大二時蔡滄波在臺大成立勞工服務團，到新莊紡織工廠做訪調，也曾請楊青矗到社團演講。一九七八年楊青矗以中油工會成員的身分，出來競選工人團體立委（與區域立委不同，選舉後來因臺美斷交而中斷），蔡滄波還曾經為其助選。

楊青矗的父親是專屬於煉油廠的消防隊員，在楊青矗二十一歲時因搶救油輪爆炸而殉職，家中頓失所依，中油安排長子楊青矗進來工作，並非繼承父職，沒去危險的消防隊，而是安排在事務課，負責家具倉庫。能有專門一個放家具的倉庫，和中油的優厚的員工福利有關，不過僅限於主管階級，楊青矗曾在小說〈囿〉裡寫：「在公司裡，重視職員，不注重工人。職員待遇好，住的是高級宿舍，一切家具由公司供給，只差太太要自己娶。職員有股長、課長一直長上去的機會，工人永遠是工人。」

七十五歲的楊青矗站在從前他負責修繕家具的宏南宿舍前，如今已恍如隔世。宏南、宏毅宿舍群占地八十七公頃，兩年前已被高雄市文化局登錄為文化景觀。昔日宛如小別墅的氣派已難想像，如今長滿青苔，蕭索破敗。這天一大早，楊青矗拄著拐杖，由外傭和女兒陪同，從臺北坐高鐵南下，重回他在一九七九年因美麗島事件入獄後，就離開的工作崗位。

職務的緣故，使得他能進去宏南宿舍一探究竟，「那時候裡頭的家具，像沙發椅、彈簧床，都是外面沒有的，外面還在睡木板床。」陪同父親一起重返舊地的女兒楊士慧，她記得父親每次下班回家都會買剛出爐的「胖」（麵包）回來，廠內的福利社自己有麵包廠，「在這裡可以買到太陽餅，外面都沒有。」

當年別墅氣派的宿舍，如今只剩蕭索破敗。（攝影：林聰勝）

「外面都沒有」，是重返舊地的蔡滄波、張金塗以及楊青矗常掛在嘴邊的一句話，廠內的中山堂當時有設備最好的電影院，外面都沒有，張金塗津津樂道，「一個禮拜放三次電影，而且都是不一樣的片子，看一次五毛錢而已。」宏南宿舍區有保齡球館，蔡滄波說，「十二個球道，那時還沒有排球瓶的電動機器，所以在球道的盡頭有十二個boy，負責把球瓶擺好。除了保齡球館，還有冰宮，是真正的冰塊，要穿冰刀的那一種，帶外面的朋友來玩，很有面子。」外面沒有的，還有位於宏南社區的招待所，當時高雄市中心的飯店都不及這裡高級豪華，楊青矗說，「中央的官員來到高雄，往往都來住在這裡，還會派黑頭轎車給他們。」

楊青矗二十二歲進入煉油廠工作，他原來只有小學學歷，由於煉油廠的工作穩定，讓他可以白天工作，晚上讀書，取得高中補校文憑。從小因家貧而失學，但他大量閱讀，也試圖寫作，二十八歲時發表〈在室男〉一炮而紅。一九七〇年開始他發表一系列以煉油廠為背景的工人小說，原先登在兩大報副刊，但因為工人題材容易讓人扣上工農兵文學的紅帽子，《聯合報》登了一篇

楊青矗（左）回憶，廠內的福利社自己有麵包廠，「在這裡可以買到太陽餅，外面都沒有。」（攝影：林聰勝）

就不敢登，楊青矗說，「我還要寄第二篇過去，《聯合報》叫我不要寄了，還說警備總部要找我去說明。」

煉油廠是國營事業，當時公家機關都有情治單位，有廠內小警總之稱的「人事二課」常叫楊青矗不要發表，但楊青矗也沒因此被免職，小說不能登在副刊，但還能登在文學刊物上，仍然保有創作的空間。小說反映了煉油廠內部逢迎拍馬送紅包、靠關係才能升遷的生態，那是〈上等人〉；還有另一種是〈低等人〉，寫的是清潔工董粗樹的故事。

楊青矗在半屏山腳下，跟我們說起低等人董粗樹。董粗樹經年和垃圾混在一起，膚色混沌黑銹，像是永遠洗不乾淨，有一身和蟾蜍一樣的疙瘩皮，人見人嫌。清潔工不是編制內的正式員工，而是臨時工，因此粗樹沒有資格搭交通車，每天透早出門，單程要走兩個小時的路才能到工廠。

粗樹在高級主管的社區裡收垃圾，楊青矗藉由粗樹的眼，穿透以宏南社區為雛型的高等人住宅區，家家有女傭（彼時還沒輸入外傭，女傭大多是從鄉村出來幫傭的農家女孩），每家門前就是一個小花園，煉油廠還編制有園丁幫忙剪枝除草。先生去上班，太太在家裡沒事就約人來打麻將，此起彼落的洗牌聲就像條小溪，淙淙流過。

上等人悠閒度日，低等人卻要拖著疲憊的身軀，收工後再走兩小時的路回家，家裡還有一個九十二歲的瞎眼老父等他回去吃飯，白飯加鹽就是一餐。粗樹將滿六十五歲，將要被強制退休，但因為是臨時工，工作三十年卻沒有退休金。粗樹憂心沒有積蓄的將來，他設想了好幾種意外死法，最後慘死在車輪下。在解僱日的前幾天，終於「升為正工」，讓盲父獲得撫卹。

董粗樹的故事，確有所本，楊青矗說著說著身體開始抖動，眼角淌淚。他在《工廠人》裡寫了很多臨時工的故事，他自己不是，但他選擇用小說將其卑微的命運承接起來。從前他常來半屏山腳下的公園散步、構思小說題材，這裡幾乎不會有什麼人來，工廠的工人沒有閒情逸致來，工廠外的後勁居民想進來也不得其門而入。煉油廠圍起高牆後，後勁居民早不能直直走到半屏山下，孩提時期，他們的共同記憶是到山上割五節芒，曬乾後販售給農家，當成番茄攀爬的支架。後來煙囪架起，噴發烈焰，稻也不能種了，當然菅芒也割不了了。

後勁的孩子長大，成為憤怒的中年人，只因他們望向半屏山，一邊是排出惡臭的燃燒

楊青矗於關廠前重新踏進高廠園區，找尋回憶。（攝影：林聰勝）

塔，一邊是籠罩在粉塵中的水泥廠。

時間回到一九七九年十二月十日，國際人權日，在高雄發生美麗島事件。當時楊青矗已經在《美麗島》的高雄服務處幫忙編雜誌，山雨欲來，煉油廠怕他惹事，還特別把他支開，派車讓他去臺北出差，楊青矗說，「我叫司機趕回高雄，大街小巷已經開始封鎖了。」當時熱衷政治活動，在《美麗島》雜誌當志工的蔡滄波，因為準備研究所考試，因此沒有南下。張金塗在煉油廠工作一年半後先去當兵，那時他是憲兵，隨時待命要去處理「暴民」，但他知道事實並非像媒體報的那樣，他的許多煉油廠同事都在現場，跟他講事情不是那樣。

美麗島事件後，楊青矗被判刑四年，離開他工作十九年的煉油廠。蔡滄波逃過一劫，順利考上研究所及外交特考，後來出國讀書。張金塗當兵回來，繼續在煉油廠工作到不用賠公費後，靠自修考上臺大法律系，一時傳為佳話。

兩個建教班小工，一個工人作家，在命運的交叉點上從此錯開，動如參商。將近四十年後，他們仨約定在關廠前一起回來高雄煉油廠，巡舊景，探故人，與共同的年少青春，做一次最後的告別。

（本文作者：房慧真）

歷經人生歲月的淬鍊，青春時光的情誼更顯難得，左起張金塗、楊青矗、蔡滄波。（攝影：余志偉）

圖文輯

高雄廠煙下，中油工人阿昌的最後一天

攝影◎余志偉、林聰勝　文字◎房慧真、蔣宜婷

採訪◎房慧真、何榮幸、陳怡樺、蔣宜婷

二〇一五年十月底，高雄煉油廠停工前夕。
這是一篇透過真實素材所描摹出的虛擬人物——工人阿昌的故事。
阿昌並非真實人物，但從真實素材而來。
藉由現場目擊與拍攝、訪談多位中油不同世代員工綜合寫成的工人阿昌，
他的遭遇、回憶及情感，在灰濛的廠煙下，
顯影出一整代高廠工人的生命輪廓。

▲ 曾經廠區內工人、包商、協力廠商川流不息，在啟動關廠計畫後，工廠逐一停工，廠區人跡也大幅銳減。

阿昌和往常一樣，早上五點半起來，燒好一壺熱水，泡好麥片。他下意識地瞄了瞄日曆上的日期，十月三十號。在半年以前，他已經做了記號。

今天他工作的硫磺工場是最後一天運作。他在高雄煉油廠工作三十五年了，以為將在這裡退休、老死，沒想到會因為關廠提前離開。出門前，他的腳步顯得徬徨，踏出去之後會走向何方，他不知道。

▲ 在經濟起飛的年代，高廠就配備最先進的控制系統，二十年後也毫不遜色。

他所在的第七硫磺工場是高雄煉油廠最後熄燈的工場，工作採輪班制，二十四小時都需有工人輪守。硫磺工場長年發出惡臭，讓圍牆外的後勁居民抗議，阿昌待在有冷氣的控制室裡，渾然不覺。

阿昌去福利社買早餐時，遇到他的建教班老同學阿明。阿明所在的五輕工場，去年四月已停工，大部分人轉去大林蒲的大林廠，只剩下他一人留守，空空蕩蕩。

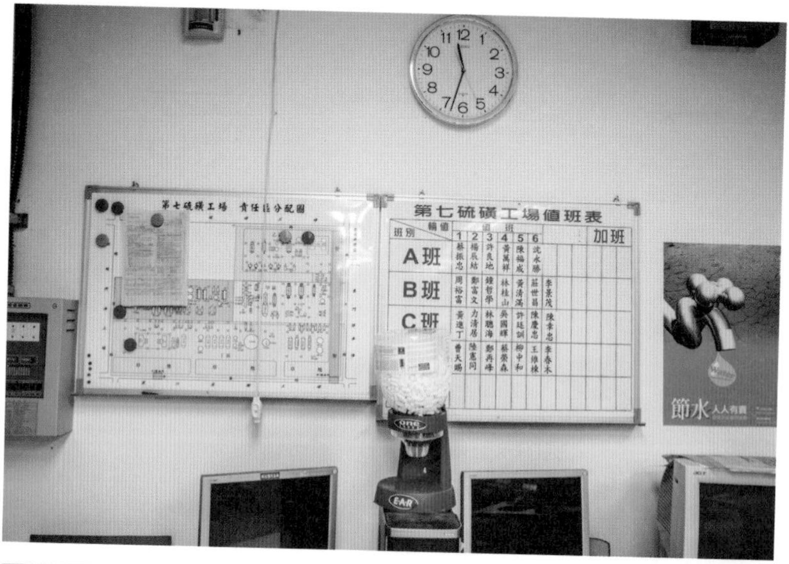
第七硫磺工場 責任區分配圖
第七硫磺工場值班表
加班
A班
B班
C班
節水 人人有責

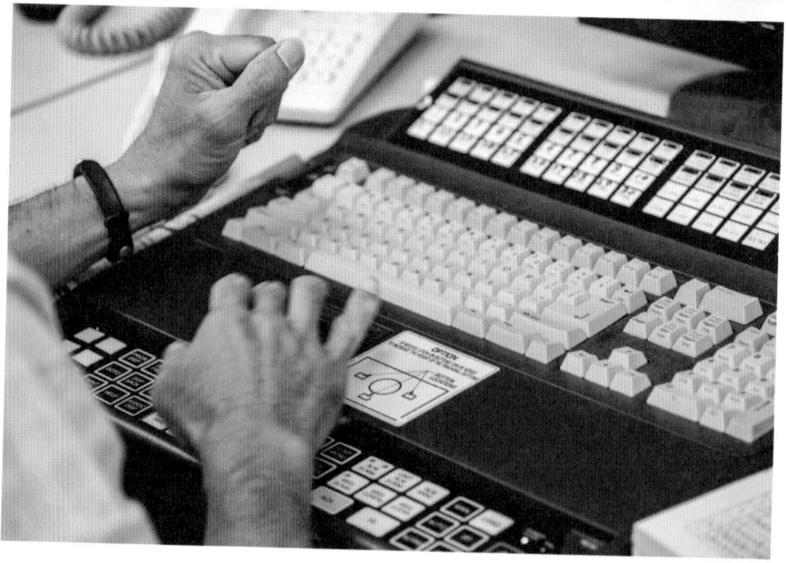
OPTION

阿昌以前不能體會阿明的感覺，現在他回到硫磺工場，關場前倒數計時，大家工作起來沒什麼勁，他終於能理解阿明的失落感。

最後一天特別焦躁，阿昌整個上午盯著觸控螢幕，忙著用無線電確認最後關閉管線的流程。在場裡工作不能抽菸，犯癮的時候他總是走到樓梯間看管線發呆，各種不同顏色的管線像纏繞的蟒蛇，他可以明確指出每條管線的作用，但他知道總有他看不到的東西。

去年初夏，氫氣外洩造成爆炸那天，他也是這樣站著。

突來的一陣晃動後，他聽到一聲巨響，無線電傳來嘈雜的對話，夾雜著消防隊由遠而近的鳴笛聲。

阿昌急忙跑進控制室時，來不及換成防塵的室內拖鞋，一雙泥腳踩進去，直到重油脫硫工場的火勢在一個半小時後受到控制，他才發現地上都是自己凌亂的腳印。

那天除了中油專屬的消防隊外，外面的消防車跟救護車都進來了。

這些年他很少想起這個故事：以前有一個老工人，某天巡視時，突然無預警地全身燃燒起來，因為氫氣是隱形的惡魔，無色無味，看不到，聞不到，無法預防。氫氣外洩只有晚上看得到，像一蓬一蓬淡藍色的鬼火。阿昌想起那個畫面時還會不寒而慄，他感覺，那好像是殉職同事的魂魄。

▲ 作家楊青矗的父親曾經是高廠消防隊員，這裡雖然不是父親隸屬的小隊，但仍然讓楊青矗勾起許多對父親的記憶。

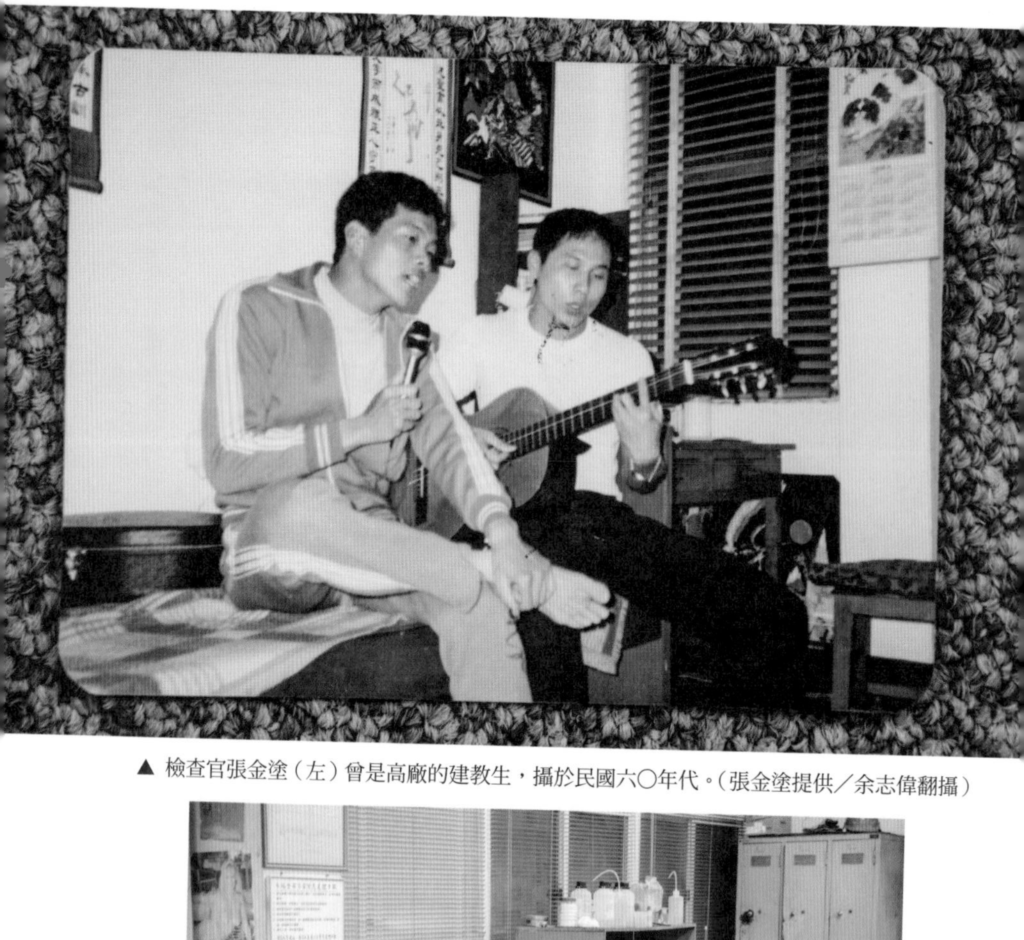

▲ 檢查官張金塗（左）曾是高廠的建教生，攝於民國六〇年代。（張金塗提供／余志偉翻攝）

阿昌十六、七歲讀建教班時，在公用水處理場工作，跟著輪班。雖然調了單位，但他還是習慣騎著腳踏車繞去看看，找老同學敘舊。以前公用水處理場有個比游泳池還大的水池，同學們都會在這裡游泳。

民國六〇年代，他雲林鄉下的家還在燒柴，廠裡就有動力工場，有巨大的鍋爐，將水暖化成蒸餾水，再提煉成實驗室所用的純水，以供煉油廠裡的精密機械使用。

那幾乎是最好的青春年代，高廠裡的一切都讓阿昌大開眼界。

廠裡還有自己的水廠，不需要經過自來水公司提供。廠裡的水經過石灰沉澱，硬度比外面的水低，水質良好，用來做中油冰棒，吃起來就是和外面的不一樣。

阿昌回憶起從前的歲月，有苦也有甜。小時候家裡窮，以前在家能燒柴來洗澡，是非常奢侈的事。在這裡因為將動力工廠鍋爐的蒸汽回收，工人們有源源不絕的熱水可以每天洗澡。用蒸氣來煮飯，不到十分鐘米就熟了，好像變魔術一樣。阿昌放假回雲林跟弟妹講，他們都覺得不可思議，像天堂一樣。

▲ 高廠西門乘載了許多歷史的記憶，它曾經是石化產業、經濟起飛的出口，也是後勁居民埋鍋造飯、抗爭汙染，導致高廠最後關廠的入口。

▲ 高廠西門內矗立的蔣介石銅像是目前少數還留存的銅像之一，如今成為威權時代的象徵。

往宏南社區得經過西門，阿昌想起二十五年前，由於後勁居民在西門圍廠抗議，阿昌上班時都要繞一大段路，從北門還有新北門進來。當時他覺得這些刁民是不是吃飽沒事幹，要害他繞遠路。出廠他特意回頭看了一下大門，不知道那些剽悍的抗爭者後來怎麼了。

廠內還有一座蔣介石銅像，看起來比平常還高大，關廠後，這座威權時代的遺留，大概也要被拉倒了。

午餐時，阿昌不想去員工餐廳，想去宏南社區走走，也想帶一些高廠福利社的麵包回去。

女兒愛吃這裡刷上一層薄油的蔥花麵包，最後一天了，以後不知道要去哪裡買。

宏南社區綠樹成蔭，住在這裡的都是中油高級主管，網球場、高爾夫球場，應有盡有。

▼ 高廠宏南員工宿舍綠樹成蔭、環境清幽，居住品質相當良好。

阿昌十七歲念建教班的時候，追求年輕女工娟娟，那時參加高廠的籃球隊，娟娟常來場邊幫他加油。在運動場上沒有身分貴賤，阿昌的球技硬是比那些科長、經理好，常常一個漂亮的過人上籃，就可以抵得過他在工廠被使喚的委屈。

四十年前，在貧瘠的高雄，有籃球場、保齡球場、溫水游泳池是很稀奇的事，外面的人連聽都沒聽過。阿昌在那幾年學會游泳，他還記得過年回家說給弟妹聽時，他們吃驚的樣子。

高爾夫球場始終很神祕，阿昌心想，只要能走進去看看也好。

但他知道那都是高官在打，去了難免要鞠躬哈腰，他領的薪水也實在付不起那些昂貴的球具。

那些日子，阿昌往往跟同學借了摩托車，載娟娟到宏南的林蔭大道散步，一間一間房子都像小別墅一樣。

娟娟眼裡發光，但阿昌知道，以他這種基層工人，不可能住在這裡。

▼ 高廠員工宿舍區的游泳池

▼ 棒壘球場

▲ 溜冰場

▲ 籃球場

▲ 監工葉天德（右）與許進興到高廠服務超過三十年，現在高廠即將結束營運，他們感嘆萬千。

回工場前，阿昌遇見老同學阿勇，他戴黃色安全帽。

阿昌建教班畢業後去念技術學校，所以能在控制室工作。阿勇沒繼續升學，始終是第一線的工人。阿勇常跟他講第一線工人的命不值錢，歲修時機具停工維修，讓黃帽工人進去油槽、管線裡清理，不時傳出一氧化碳或沼氣中毒事件，進去了就再也沒出來。

以前在路上處處可見戴黃色安全帽的工人。安全帽顏色是區分用的，阿昌多待在辦公室，戴橘色安全帽，另外那些監造工人、維修工人戴黃色安全帽。戴藍色安全帽的包商在不進原料後幾乎見不到了。倒是要關廠前，戴白色安全帽進來採訪的記者變多了，穿著高跟鞋的女記者穿梭在管線複雜的地區時，阿昌為她捏把冷汗，以前根本不可能讓閒雜人等進來。

回硫磺工場的路上，阿昌幾乎見不到幾個人。

樓起樓塌、灰飛湮滅。

▲▼ 關廠計畫後的停工景像

輪完最後一天的班表，天微微暗，阿昌決定散步到半屏山的高臺。他平常不是那麼容易感傷的人，但今天忽然想起很多老同學跟同事。

爬上高臺，氣喘吁吁，阿昌沒有年輕時打籃球的肺活量。還在喘氣的同時，阿昌看到一幅熟悉的風景，像個三百六十度環繞鏡頭，看見全景。

這麼大的廠，人在裡頭像小螞蟻一樣，阿昌無法想像說停就停，讓他感到世事無常，沒有不會消失的東西。

高雄捷運開了以後，阿昌搭過幾次捷運來上晚班，從窗戶看出去的高廠，是他最喜歡的景色之一。每當看到熊熊冒火的燃燒塔，阿昌就有回家的熟悉感覺。不過現在大部分工場關閉，半屏山腰的五輕廢氣燃燒塔，去年就沒有運作了，以前他從捷運上望過去，燃燒塔就真的像中油LOGO一樣，黑暗中不滅的火光。

這火光，對阿昌是人生的指引。

但在抗爭的那幾年，阿昌耳聞，排放廢氣的燃燒塔對於居民，就像地獄的味道。

▼ 高廠員工宿舍區的幼兒園

▲ 高廠墓園

回家前，阿昌打電話給太太，說晚飯可能趕不上了，想去以前住過的單身工人宿舍看一看。民國六十幾年，阿昌住進來時還是全新的，但現在牆壁都剝落了，長滿壁癌。宿舍兩人一間，住起來蠻寬敞，高廠為了照顧工人，餐廳常加菜，炒豬肝、熬魚湯。後來什麼大魚大肉沒吃過，但記憶裡，那是阿昌喝過最鮮美的魚湯。

阿昌遇到舍監，居然還記得他，叫得出他年輕時代的小名，四十幾年的歲月彷彿就在瞬間停滯，阿昌眼眶溼了。

他還想到娟娟，後來嫁給一個男工，就再無聯絡了。娟娟以前常來樓下，叫阿昌的小名，阿昌開窗就能看見她的身影，婷婷玉立，讓阿昌馬上飛奔下去。

阿昌想起附近以前是保警宿舍，煉油廠曾經是國防重工業，有上百個保警駐紮於此，如今早已人去樓空。

高廠全盛時期，從幼稚園到殯儀館一應俱全。多年後，宿舍旁的殯儀館在前幾個月被檢舉而停業。

從幼兒紅撲撲的臉蛋，到停屍間裡冰冷的遺體，路程只有十分鐘，都在高廠裡。

阿昌想起年少住在宿舍時，半夜聽到守靈誦經的聲音，總會覺得特別悲涼。那時他還沒跟娟娟交往，是孤伶伶的一個小工，不知將來該往哪裡去。彷若此刻徬徨的腳步。

臺灣重要石化工業地圖

雲林六輕地理位置圖

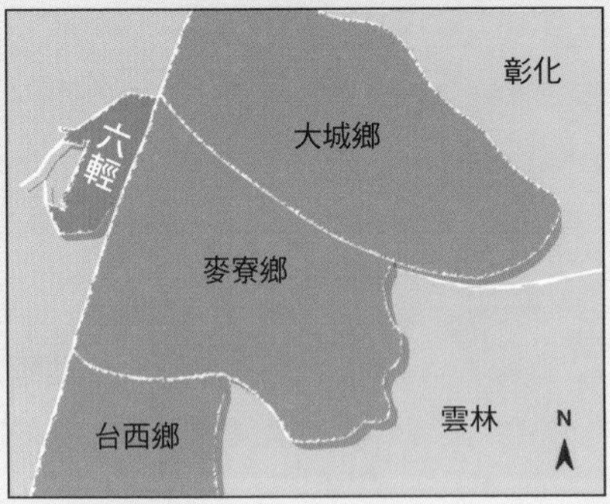

高雄南北石化區總地圖

A. 中油高雄煉油廠
1946年完成開發，面積262公頃
2015年底關廠

B. 仁大工業區
大社工業區1975年完成開發，
面積109公頃
仁武綜合工業區1973年完成開發，
面積21公頃

C. 經濟部大發工業區
1978年完成開發，面積375.51公頃

D. 經濟部林園石化工業區
1975年完成開發，面積403.2公頃

E. 中油大林煉油廠
1969年成立，面積300公頃

F. 前鎮石化儲槽區
儲槽共130座

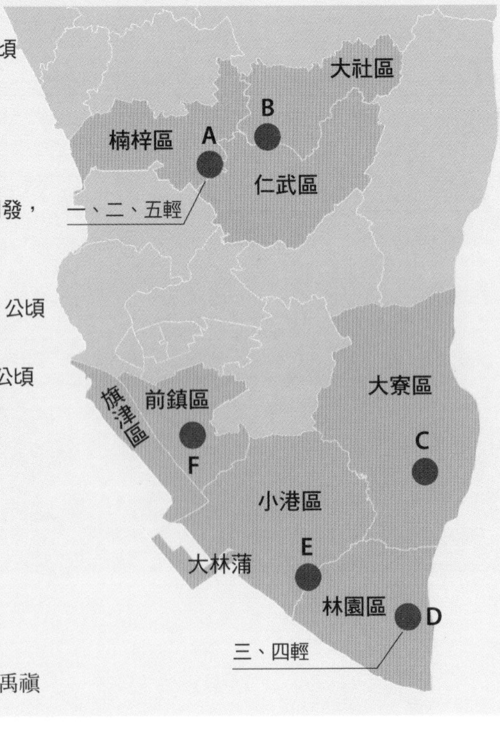

資料來源：高雄市政府
資料整理：房慧真；設計：黃禹禎

從一輕到六輕
臺灣石化業演變

廠名	地點	時間	年產量
第一輕油裂解工場	高雄煉油廠內	1968～ 1990	乙烯　5萬4千噸
第二輕油裂解工場	高雄煉油廠內	1975～ 1994	乙烯　23萬噸 丙烯　11萬噸 丁二烯　3萬5千噸
第三輕油裂解工場	高雄林園	1978～ 2012	乙烯　23萬噸 丙烯　10萬4千噸 丁二烯　3萬5千噸
新三輕（中油六輕）	由三輕原地更新	2013	乙烯　80萬噸 丙烯　45萬噸 丁二烯　9萬噸
第四輕油裂解工場	高雄林園	1984～	乙烯　38萬5千噸 丙烯　20萬噸 丁二烯　約6萬噸
第五輕油裂解工場	高雄煉油廠內	1994～ 2015	乙烯　50萬噸 丙烯　22萬8千噸 丁二烯　6萬7千5百噸
第六輕油裂解工場	雲林麥寮	1998～	乙烯　293萬5千噸 丙烯　67萬5千噸

PART 2

環境難民的誕生、科學戰爭與六輕二十年總體檢

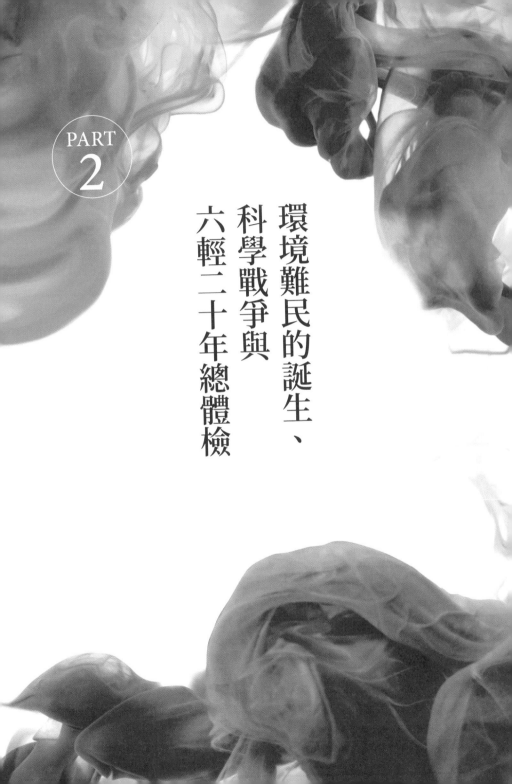

第4章 六輕二十年之環境難民

一九八六年七月，經濟部宣布六輕開放民營，台塑爭取多年的輕油裂解廠終於有果。然而在預定建廠的宜蘭、桃園，卻遭遇環保團體以及當地民眾的頑強抵抗，直到一九九一年，政府提供多項優惠措施，讓六輕到雲林離島工業區落腳，才總算塵埃落定。

聽到六輕要來，寂寥已久的西海岸偏鄉無不歡欣鼓舞，在麥寮有鑼鼓隊舞龍舞獅，千人上街熱鬧相迎；在和六輕只隔著一條濁水溪的彰化縣大城鄉台西村，即使不屬於雲林縣，都可以感受到那股經濟發展的躍動，村民開始炒地皮，建設公司來了，在台西村蓋起少見的三層樓房，打算要租給六輕的員工。

樓房蓋好後，六輕的員工的確來看，爬上頂樓，往南望去，發覺隔著濁水溪就是六輕，連忙說不要了。堤防邊原本一戶賣三百八十萬，最後沒人要，屋主連水管都懶得接了，門框、窗戶也沒裝，裸露的門戶如同洞黑的眼睛，睜大了眼張望。轉眼六輕營運二十年後，「海景第一排」成了廢墟，台西村因為《南風》報導攝影集而為人所知，以「癌症村」的悲情樣貌進入人們視野。

與台西村同病相憐的是另一個在雲林的台西鄉。台西鄉在麥寮鄉下頭，離六輕並不能說是最近，卻是在工廠的下風處，冬天空汙季吹強勁的東北季風，能將汙染吹遠一點，便吹到了台西鄉。年輕人流失出去，葬儀社進來，癌症像感冒一樣在這裡是家常便飯。這個曾因海產富饒被稱為「海豐堡」的沿海鄉村，一度成為全國癌症死亡率最高的鄉鎮。

二〇一五年八月，受害人組成「台西鄉六輕汙染傷害聯合求償自救會」，向雲林地方法院遞狀，控告台塑、南亞、台化、台塑石化、麥寮汽電等五家六輕園區主要公司。在法庭上台塑律師團卻主張，原告必須指出，六輕是「哪一根煙囪」排放了「哪種有害物質」，原告又在「何時何地」吸入「濃度多少」的汙染物，危害他們健康。

公害案件的被害人與加害人間，存在懸殊的知識落差。專業複雜的科學、醫學及技術門檻，台西鄉民難以有力舉證。

同為六輕鄰近鄉鎮，原告卻都來自台西，而沒有麥寮人。多年來六輕造成地方分裂，雲林台西鄉文蛤、牡蠣，彰化台西村西瓜等農產被汙染破壞，但六輕的回饋金，大部分給了麥寮居民。

離六輕最近的麥寮，在多年來六輕敦親睦鄰發放回饋金後，已經沒有多少異議的聲音。六輕的回饋金，讓麥寮鄉的財源已經富可敵縣。麥寮鄉就沒有汙染？麥寮鄉民就不會得癌症嗎？

麥寮曾爆發全國關注的許厝國小遷校事件，麥寮鄉出身的議員林深與許厝國小家長一起質疑臺大公衛學院詹長權的許厝國小學童流行病學研究，主張六輕汙染不影響學童上學健康，並反對遷校。然而在幾年前，二〇一〇年六輕發生七次大火，當時林深還是帶頭抗議的民代。回饋金灑下，議員、鄉長雨露均霑，模糊加害和被害的界線，加害者成了施恩者，扭轉原來的負面形象。承認六輕有汙染，等於是給家鄉和自己身體貼上汙染和癌症的標籤，不承認汙染又會被說是「拿人手短」。這是不住在煙囪下的外人難以理解的兩難課題。

1 資源還是汙染源？雲林麥寮的難題

一九九八年正式投產的六輕，在二〇一八年營運屆滿二十週年。六輕所在地的麥寮居民對六輕的態度則幾度大幅轉變，從早期熱烈歡迎，到二〇一〇年六輕大火時圍廠抗爭，再到近年「廠鄉一家親」密切互動。這條「富可敵縣」之路，麥寮究竟得到了什麼？又失去了什麼？

麥寮鄉地理位置圖

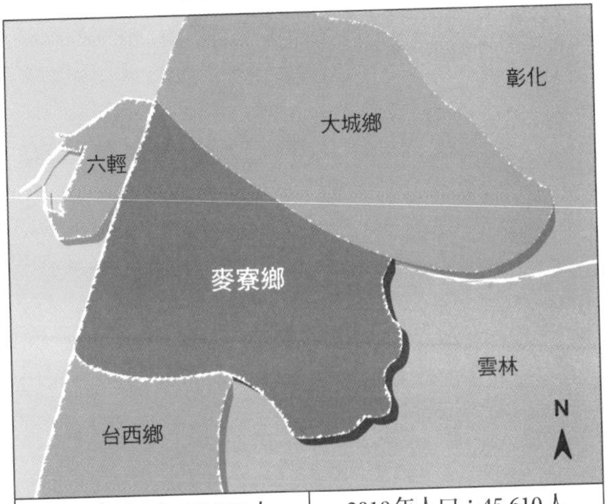

1998年人口：32,717人	2018年人口：45,610人

（整理：林雨佑；設計：黃禹禛）

二〇一七年中秋節前夕，六輕廠區入口的「小白宮」廣場鑼鼓震天，鞭炮聲大作，台塑麥寮管理部副總經理陳文仰率領六輕主管，列隊恭迎跨海來臺的大陸湄州媽祖。舉香祭拜祈福後，陳文仰對在場的記者強調：「麥寮、六輕都會更順利，尤其六輕在媽祖庇護之下將來會更好，絕對不可能再發生工安事故。」

湄州媽祖車隊隨後轉往麥寮信仰重鎮拱範宮，晚間進入在拱範宮停車場舉辦的三立電視臺「超級夜總會」現場。這場由台塑集團贊助三百萬元的中秋聯歡晚會，主持人澎恰恰、許效舜在臺上賣力演出，臺下民眾舉手點歌時也相當配合地盛讚：「六輕來麥寮後，大家都過得很好。」

二〇一七年十月，我們走進拱範宮附近的麥寮鄉公所，過去常常帶頭抗議六輕的鄉

二〇一七年台塑六輕主管在「小白宮」廣場列隊恭迎跨海來臺的大陸湄州媽祖。
（攝影：余志偉）

公所，現在的氣氛大不相同。民進黨籍的鄉長許忠富用筆電秀出製作精美的PPT笑著強調，他上任至今一年多，提出的各項計畫已成功爭取到台塑集團總共約十三億元的贊助支持。

「麥寮已經富可敵縣」，前雲林縣政府建設處長蘇孔志的形容，一語道出過去二十年麥寮鄉財政從窮轉富的巨大變化。

麥寮預算超過八成來自六輕

一九九四年六輕開始興建時，曾經帶來大量工作機會，受到麥寮居民熱烈歡迎。二十多年之後，麥寮已因六輕而產生巨大改變。

冬天的夜晚，雲林沿海鄉鎮人車稀落，寥寥無幾的店家早已拉上鐵門。麥寮街頭映入眼簾的卻是都市的熟悉景象，便利商店密集，連鎖大型藥妝店、各式小吃飲料店林立，人來人往相當熱鬧。

離開麥寮市區，驅車開上台六十一線西濱快速道路，先感受到東北季風的強勁，隨後看到一支支成排的巨大煙囪不斷燃燒、衝向天空，煙囪口冒出的白煙在夜色竟如此清晰。愈往北開，工廠的亮光在漆黑海岸線中更為明顯，西邊的壯觀冒煙景象彷彿一座魔幻城市。

與六輕濃煙一樣直線上升的，還有麥寮的預算與人口。

光從稅收來看，六輕對麥寮鄉的財政貢獻，在一九九九年僅占約八％，到二〇〇八年已成長到七一％。若以民國一〇五年度為例，六輕就貢獻給麥寮鄉地價稅八千五百萬元（超過九成比例），以及房屋稅二．一五億元。再加上約三．四億元的敦親睦鄰專款（電費補助）預算等，六輕繳納的金額已超過麥寮鄉公所年度總預算七．七億元的八成以上。

同樣是在六輕周遭的鄰海鄉鎮，麥寮鄉的房屋稅是台西鄉的四十九倍，地價稅則是二十五倍，財政實力差距立見高下。也因為如此，麥寮鄉每年光是社福支出就破億元，令其他鄉鎮羨慕不已。

「雲林縣應該只有麥寮人口在正成長……，麥寮是第四大，在斗六、虎尾、西螺之後，再一年以後就超越西螺了，絕對是第三。」許忠富驕傲地說。

攤開鄉公所數據，麥寮鄉在六輕設廠前原本約三．二萬人口，二〇〇八年開始成長，至今已有四．五萬人。反觀原本也是三萬多人口的台西鄉，過去二十年人口流失、快速凋零，現在只剩不到二．四萬人。這也難怪前台西鄉長趙瑞和感嘆：「他們（麥寮鄉）有人、有錢、有地，我們（台西鄉）沒人、沒錢、沒公用地……連新鄉公所前面要蓋個公園都沒什麼錢。」

前雲林縣副縣長丁彥哲接受我們訪問時指出，麥寮鄉的學童教科書和營養午餐全都由六輕支付；許多人因為台塑提供的福利，把戶籍遷到麥寮，到麥寮買房子。「麥寮沿海新房子

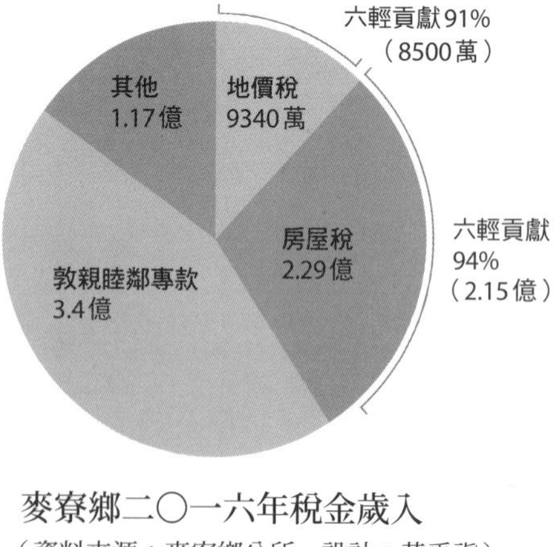

麥寮鄉二〇一六年稅金歲入

（資料來源：麥寮鄉公所，設計：黃禹禛）

蓋最多，六輕投資之後，看起來是有點帶動繁榮，但是也帶動價格。斗六市一般市區的透天厝三十坪，大概六百萬至八百萬，麥寮也差不多，甚至更高。」

根據資料，過去二十年，雲林沿海四鄉鎮只有麥寮鄉人口呈現正成長。據瞭解，麥寮鄉戶籍人口增加多來自鄰近區域，主因是回饋金加倍。

六輕大火後，鋪天蓋地的「敦親睦鄰」

近年六輕與麥寮的關係看似水乳交融，但僅僅在八、九年前，六輕與麥寮的關係仍高度緊張。

對麥寮人來說，二〇一〇、二〇一一年過得非常不平靜。那段期間，六輕廠區工安問題連環爆，大小火警不斷發生，上千位在地居民圍廠抗議，要求六輕全面停工並解決工安問題。

當時正值六輕五期擴建環評與國光石化設廠的敏感時期，雲林縣長蘇治芬怒嗆中央，強烈反對六輕五期擴建，並北上在行政院外下跪，要求政府比照美國成立獨立的調查委員會，對六輕進行工安總體檢。麥寮地方領袖也一致將炮口對準六輕，在地民意沸騰，對於六輕的不信任達到頂點。

根據二〇一〇年進行的民意調查[1]，對於當時六輕回饋地

麥寮鄉及鄰近鄉二十年人口趨勢比較

年分／人口	1998	2018	20年人口數增幅
大城鄉	21,732（注）	16,717	-5,015
麥寮鄉	32,527	46,919	14,392
台西鄉	29,912	23,730	-6,182
四湖鄉	31,166	23,209	-7,957

注：此為2000年資料
資料來源：麥寮鄉公所、彰化縣二林戶政事務所　整理：林雨佑

方的措施和做法，感到滿意的只有二成，有高達六成五不滿意；同意「六輕對社區、經濟發展、就業和所得有所貢獻」只有三成；有高達八成居民認為六輕的回饋無法彌補其所帶來的損失；近五成認為六輕的回饋是「非常不利」或「利不及弊」。[2]

麥寮出身的東海大學社會系助理教授許甘霖分析，這顯示有不少居民認為，六輕帶來的損失是回饋金無法彌補的，但也可以解釋成「不滿意，就是要更多」。

在社會壓力下，台塑六輕的態度也出現一百八十度大轉變，開始進行各式各樣的「敦親睦鄰」。

原本六輕「回饋」麥寮鄉每「戶」每個月二百九十三元的電費補助，大火之後，一下子提高到每「人」每個月六百元。只要設籍在麥寮，每人一年可領七千二百元，這筆經費全部由六輕提供的「敦親睦鄰」項目（二〇一七年全鄉約為三．四億元）專款專用。

除了俗稱的「回饋金」之外，台塑集團並提供麥

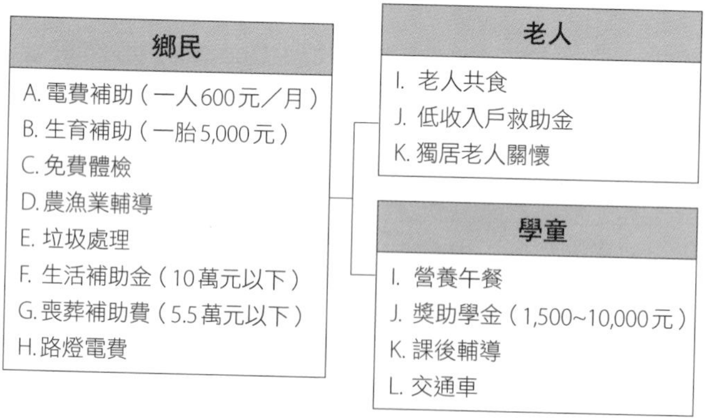

鄉民
A. 電費補助（一人600元／月）
B. 生育補助（一胎5,000元）
C. 免費體檢
D. 農漁業輔導
E. 垃圾處理
F. 生活補助金（10萬元以下）
G. 喪葬補助費（5.5萬元以下）
H. 路燈電費
老人
I. 老人共食
J. 低收入戶救助金
K. 獨居老人關懷
學童
I. 營養午餐
J. 獎助學金（1,500~10,000元）
K. 課後輔導
L. 交通車

六輕「敦親睦鄰」項目圖

寮鄉弱勢家庭早餐、學校營養午餐、學童課業輔導、交通車；急難救助金（生活補助金十萬元以下、喪葬補助費五．五萬元以下）；低收入戶年節禮品、獨居老人關懷計畫、老人共食食堂；農漁民的農業技術輔導；以及麥寮鄉每村每年二百萬元的經費和清潔人力。

台塑集團的長庚醫院雲林分院，每年提供麥寮、台西鄉民免費健康檢查，再加上大火前就有的生育補助、獎助學金、社團經費和垃圾處理等，六輕「敦親睦鄰」的範圍可說是從出生到死亡，學生到農夫，從吃飯到燒垃圾通通包。

除了這些固定補助外，台塑六輕在地方上花錢出力的還有修建學校、鋪路造林、各種硬體建設、大小活動贊助、廠鄉促進會志工等，不勝枚舉。台塑集團宣稱，至今已投入超過一百億元的敦親睦鄰經費。

二〇一三年，台塑集團更放下身段與拱範宮、麥寮鄉公所合作，首度盛大舉辦「廠鄉一家親」活動，由台塑企業總裁王文淵親自出馬，率領一級主管在台塑麥寮管理處（俗稱「小白宮」）廣場迎接開山媽祖鑾駕，著古服、遵古禮為媽祖賀壽，象徵六輕與麥寮的互動關係進入嶄新階段。到了二〇一七年的「廠鄉一家親，萬人迓媽祖」活動，參加人數超過二萬人，達到四年前的兩倍。

而六輕與麥寮地方領袖的關係也更加密切，例如拱範宮現任主委張克中，就是六輕的包

1 邱榮輝，〈六輕計畫地方回饋措施〉，於「六輕計畫總檢討會議」，二〇一〇年。簡報見：https://goo.gl/jYF9Gz

2 台塑石化股份有限公司、中國科技大學，〈六輕計畫對鄰近地區之社經影響〉，二〇一〇年。

商。二〇一七年張克中與王文淵共同召開記者會時，還會同時以主委身分感謝六輕贊助拱範宮修繕經費三千萬元，並以包商身分肯定六輕對於工安與環保的重視。

從抗爭到合作，鄉長：是我收買台塑

大火之後，不只台塑六輕的態度變了，連帶頭抗爭者的態度也逆轉。

當年六輕連環大火時，擔任拱範宮主委的許忠富率眾圍廠抗議。在當時的新聞影像片段中，許忠富拿起麥克風對著群眾大喊：「台塑主管要跟我們講，未來要是還有爆炸，我們是要抗爭、還是走遠一點、還是把它圍起來。」其後許忠富連續兩次參選麥寮鄉長，第二次順利當選後，一改過去鄉公所與六輕的緊張關係，想從對立轉成合作。

前麥寮鄉長許忠富表示，麥寮鄉預定的大型建設，都與六輕談好捐贈款項。（攝影：林雨佑）

許忠富說，他上任麥寮鄉長後花了非常大的力氣，想與台塑六輕接觸，前後奔走一年左右，對方才願意搭理。他跟台塑集團總裁王文淵說，六輕既然在麥寮創造國家的經濟利益、就業機會，麥寮鄉如果沒有同步發展，六輕就沒有存在的價值，「發展取代對立、建設取代抗爭。」最後，王文淵才同意他的看法，願意與麥寮鄉共同發展。

「這三年，（六輕）確定有要讓我們使用，差不多十三億。」許忠富毫不避諱，細數幾個麥寮鄉預定大型建設的場館，六輕談好各要捐贈多少錢，如社教園區、生命館、紀念館、生活美學館、婦幼館、音樂廳等，除此之外，六輕還大力支持老人共餐、農業輔導等項目。

被問到如何看待自己從過去圍廠抗議到現在與六輕大談合作，許忠富這樣說，「以前都覺得對台塑好就是被他收買嘛，但我說，是我收買六輕，不是六輕收買我……我如果沒有交出一個漂亮的成績單，大家會對我有誤解，但是我有交出來。」

針對六輕與雲林在地關係的變化，台塑安全衛生環保中心（簡稱安衛環中心）副總經理吳宗進接受我們採訪時表示，歷年來台塑用於地方回饋跟贊助公益的金額已達到一百一十二億元。他強調，以前居民罵，台塑就花錢，後來台塑改變做法，認為「唯有改善當地人民生活，才能真正共存共榮」。

吳宗進說，建立信任關係最重要，為了農漁業技術輔導，他與許忠富常常見面，「我大概要花三分之一的時間做這部分，我們春節三天都泡湯了，當地春節有活動，我要去辦展售會，幫輔導戶賣產品。」

「我們就是一直做一直做，只要我們有這個誠意，我們一定會得到鄉民的認同。」吳宗進和台塑安全衛生環保中心經理蔡建樑等人指出，台塑對於農漁業輔導戶已做到二十四小時都有專人服務，在台塑高層王瑞瑜的指示下，台塑的輔導戶數還會擴大，挑戰也會更大。

承認到否認的心理機轉，重汙染是一種汙辱

跟許忠富一樣從抗爭者變成合作者的，還有原本國民黨籍、現為無黨籍的雲林縣議員林深。

二〇一〇年七月六輕廠區連環爆時，林深曾和臺大公衛學院教授詹長權一起上公視談話性節目《有話好說》，討論六輕造成的環境汙染和居民罹癌風險。

當時，節目主持人問林深，若可以選擇的話，麥寮鄉親會不會接受六輕？林深回答：「我們寧可選擇健康的身體，絕對不可能再去選擇六輕重工業來設廠……我們寧願不要回饋金……若現在做民調，應該百分之九十都反對六輕設廠，沒人支持擴廠。」

數年之後，麥寮爆發全國關注的許厝國小遷校事件，林深與許厝國小家長一起質疑詹長權的研究，主張六輕汙染不影響學童上學健康，並反對遷校。結果，原本已經遷離分校的許厝國小師生，在二〇一七年九月開學時又都回到分校上課。[3]

雲林縣議員林深指出，王文淵願意錄用麥寮居民到百分之二十以上，這是他對六輕態度改變重要的原因。（攝影：林雨佑）

林深在服務處受訪時指出，王永慶時代台塑六輕並未落實對麥寮的承諾，「麥寮鄉子弟

一定要錄用到百分之二十以上，總裁（指王文淵）願意有心要改善，我們也要給他們機會，優先錄用後來都有落實。」這是他改變態度的重要原因。

對於許厝國小爭議，林深認為：「到現在測不到汙染點，你說要反對（六輕）也沒這個道理。政府單位應該要強力監督、輔導，不是只說我們是重汙染地方，這樣生活在這裡的人怎麼辦？汙辱了我們的人格。」

地方上盛傳林深可以「保證」進入六輕工作，林深對此表示，他從擔任麥寮鄉公所秘書到縣議員任內，已經推薦了兩百多個麥寮子弟進入六輕工作，但他也強調，「筆試沒過什麼都不必說，我的推薦不是百分之百，最後還是由台塑決定。」

許厝國小事件後，詹長權成為許厝國小家長眼中的不受歡迎人物，林深在地方上支持度卻翻倍提升。長期關注六輕汙染與在地居民的《自從六輕來了》電子報主編吳松霖認為，許厝國小家長們選擇擁抱林深的心情相當無奈，「因為他們覺得被誣衊（犧牲小孩的健康而不遷校），很多環保團體會說他們沒有能力為他們的小孩做決定。」

3 許厝分校新基地是由台塑六輕捐助興建，二〇一三年九月正式開學，但因距離六輕僅有九百公尺，臺大公衛學院教授詹長權的研究認為已影響學童健康，政府數度遷移學童至本校橋頭國小就讀。許厝國小家長則認為，就算白天將學童送到較遠的學校就讀，晚上仍必須回到離六輕不遠的家裡，單純就暴露風險來說，遷離許厝分校意義不大，何況許厝分校還有寬敞空間及新穎設備，因此多數家長反對遷校並曾北上抗議陳情。此外，接受鄉長許忠富及家長委託的成大環境醫學研究所教授李俊璋，其研究則認為六輕對於學童健康並無直接影響。參見本書頁二二二。

回饋金必須法制化

儘管台塑六輕的「敦親睦鄰」表現讓鄉長、縣議員感到滿意，但再往基層走，村長們卻不領情。

二〇一〇年大火連環爆後，六輕本來給麥寮鄉內十二村每年各二百萬的建設經費，每村還有兩名清潔人力協助整理環境，這看似小錢，對村長來說卻非常實用。二〇一四年許忠富上任鄉長後，六輕卻取消了這筆經費，讓村長們都頗有微詞。後安村村長許進宗講得坦白：「小椿腳也是要分啊，不能只分大椿腳，政治就是資源分配，不然會出問題。」

台塑六輕把錢給了鄉長，反而窮了村長。麥豐村村長吳子瑋指出，麥豐村和麥津村兩村人口加起來高達一萬五千人，卻沒有一棟活動中心，「活動中心可以大家隨意去串門子什麼的，但什麼館的就不會……我們也很需要社區營造經費啊！」

六輕園區的麥寮汽電自一九九九年開始商轉以來，針對麥寮電廠是否應支付台電購電成本一％的「促進電源開發協助基金」（簡稱促協金）給雲林縣府，雙方始終爭論不已。

直至二〇一七年初，《電業法》修訂通過，促協金有了明確法源依據後，才讓雲林縣府的追討師出有名。前雲林縣長李進勇在二〇一七年親自北上到監察院控訴台電濫權，放任六輕麥寮汽電公司隱匿本來應該用在地方公益上約二十七億元的促協金。經過一番拉鋸，終於迫使台塑集團承諾分期支付促協金。

「（六輕回饋）一切都應該法制化，這筆錢本來就是六輕該出的，」李進勇在縣長任內接受我們訪問時強調，他對於六輕大手筆贊助麥寮鄉公所沒有意見，但堅持六輕應該依法令補繳促協金，而且「這件事就到此為止」。也就是說，雲林縣府不會再要求六輕提供任何非法令規定的回饋。

李進勇任內一方面促成六輕回饋法制化，另一方面利用核發六輕生煤、石油焦使用許可證的機會，讓麥寮電廠簽下「二〇二五年之前三部機組轉型使用天然氣」的備忘錄，並要求六輕在每年十月至翌年三月東北季風盛行時，進行汙染排放量實際減量。但環保團體仍抨擊雲林縣政府「放水」而到縣府抗議。

至於六輕提供的促協金，將根據地方距離麥寮汽電公司的遠近做為發放標準。麥寮鄉將分到約五億元，分五年發放，目前麥寮鄉的部分建設已是用促協金的名義申請經費。

從六輕大火後全面加碼各項民生回饋金，到大筆挹注新鄉長的場館建設費、消失的各村建設經費，再到積欠近二十年才吐出的促協金，在在顯示回饋金法制化之前，台塑集團進行的是選擇性、收編式的「敦親睦鄰」。

二十年來，到底台塑六輕對麥寮是慷慨解囊還是斤斤計較？不同位置所看出去的景象相當不一樣。

「回饋其實就是模糊加害和被害的關係，變成我是施恩者，扭轉他是加害者的用詞。」發行電子報的《自從六輕來了》主編吳松霖如此認為。

文蛤大量死亡，六輕下的永續生計

台塑六輕大火至今，除了回饋與補助，外界最關心的仍是汙染問題。

麥寮鄉前海豐村村長廖炳崇說，有時候村裡會突然出現一陣很特殊的臭味，即便躲進家裡也聞得到。但通報六輕之後，台塑人員通常要半個小時、一個小時後才到現場，味道卻早已散去，「面對這種空汙沒辦法，因為你沒有證據，監測也監測不到。」

六輕建廠營運之前，雲林台西、麥寮沿海一帶本是文蛤主要產地，文蛤是當地最重要農漁產以及收入來源。但我們走進街上的小吃店想吃碗蛤仔湯，卻看到門口掛著大大的「蛤仔停賣」。老闆娘無奈地說，「最近蛤仔不但貴，品質又差，煮一鍋下去如果一顆壞了，整鍋都要倒掉，乾脆不賣。」

廖炳崇自己家裡就有養文蛤和黃金蜆，以前只要努力工作就有飯吃，但過去幾年來文蛤平均存活率卻不到兩成，「我自己養的去年就全軍覆沒，損失好幾百萬。」廖炳崇曾接受由六輕出資、海洋科大的養殖技術輔導兩年，但都沒有改善，「什麼pH值都說是正常，但我怎麼養就是養不起來啊！」

追究雲林文蛤大量死亡原因，農委會水產試驗所海水繁養殖研究中心指出，可能跟氣候異常、弧菌感染等有關。台塑安衛環中心副總經理吳宗進則表示，二〇一七年雲林文蛤大量死亡、養殖戶損失據傳高達九成，但台塑輔導的五十一戶文蛤戶中，二十七戶聽從團隊建議在天氣變熱前提早採收，因而完全沒有損失，其他繼續養殖部分，十戶沒受影響，只有十四戶受影響、損失一半的產量。

廖炳崇認為，文蛤暴斃跟六輕絕對脫不了關係，但他不但拿不出證據，還被六輕說是養殖技術出了問題。他生氣地說，「六輕還沒來之前，文蛤很好養，一年內就可以收成，現在我們也是這樣養，怎麼會說是我們的問題！」

海豐村是麥寮鄉三個靠海村莊的其中一個，村裡兩千多人中有一千多人是靠養文蛤維生，想到要是文蛤收成狀況再不改善，村民該何去何從，廖炳崇沒有講話。

生計依附六輕，一種汙染各自表述

事實上，六輕營運二十年之後，在麥寮幾乎找不到與六輕毫無關係的人。六輕一萬

雲林台西、麥寮沿海一帶本是文蛤主要產地，一位當地養殖者表示最近文蛤都養不活。（攝影：林雨佑）

多名員工，包商和工人亦有一萬名左右（最多時達三、四萬人），總計兩、三萬人已直逼麥寮人口總數。就算不是六輕員工，也可能是包商；就算沒進廠區打零工，親戚朋友中也一定有人在六輕裡面工作。麥豐村村長吳子瑋說，麥豐村是雲林縣最大村，九千人中就約一半左右的人是六輕員工或從事上下游相關企業。

生計全都依附在台塑六輕上，造成了麥寮特殊的社會景象。「六輕汙染」在當地是一個微妙的議題，明明大家住在同樣的地方，喝同樣的水，呼吸同樣的空氣，說法卻像是政治傾向各自表述，各種說法都有。

面對環保團體長期指控六輕汙染，許忠富如此反駁：「麥寮鄉人口每年都在上升，如果真的有汙染，大家怎麼會一直搬進來住？」許厝分校五育基金會主委許弘霖則

六輕廠區下班時間。（攝影：吳逸驊）

說：「我有看過《南風》，是不是他們村（指彰化大城鄉台西村）只剩下老人，數據才會變成這樣（罹癌比例高）？」

在麥寮，除非是像前海豐村村長廖炳崇這樣不依靠六輕賺錢，又因環境汙染而嚴重影響生計的養殖業者，否則很難找到願意公開指責六輕的人。麥仔簝獨立書店店長、文史工作者吳明宜笑著說：「談到六輕的汙染，大多數的麥寮人態度是『講了也沒用，乾脆不講』，你多講了還會被罵『幹麼那麼囉唆！』……大家都是身邊有人罹癌了才會開始去想這問題。」

其實，光是要同意「六輕會產生汙染」，對許多居民來說已是難以挑戰的前提。一位許厝分校所在地的中興村村民不滿地說，麥寮雖然有拿很多回饋金，但「汙染跟補償不能劃上等號。如果外界都認為麥寮汙染很嚴重，那我們還要怎麼嫁女兒？」在麥豐村土生土長、每天開車到台塑上班的輝哥也強調，「外界都說六輕有汙染，但若真的有的話，我每天在那邊上班，應該我也會罹癌才對啊。」

從客觀發展指標來看，麥寮鄉近年的經費預算、硬體建設都有明顯成長，戶籍人口大幅增加也是不爭的事實。但就心理層面而言，麥寮人的心情卻如同洗三溫暖，從早期六輕進駐的光榮感，轉為一方面領取高額回饋金及建設補助、一方面近距離承受汙染的複雜心情。

承認六輕有汙染，等於是給家鄉和自己身體貼上汙染和癌症的標籤，不承認汙染又會被說是「拿人手短」。這是不住在煙囪下的外人難以理解，麥寮人卻必須長期面對的兩難課題。

二十年之後 麥寮要走向何方？

不論喜不喜歡六輕，與六輕共存已是麥寮人的宿命。

麥寮鄉三盛村村長許智斌，退伍後就進到六輕工作，從六輕建廠至今已服務長達二十四年。他回憶剛進六輕工作時的麥寮，「鳥不生蛋，冬天的話七點之後就沒店家，居民都在屋子裡面，到處黑矇矇，根本沒有熱鬧地方，風吹砂又嚴重。」

六輕營運二十年後，已成為營業額破一兆元、每年獲利驚人的超級「金雞母」，六輕不但帶來了上萬個工作機會，也帶來了人潮、錢潮。然而，在編織地方發展美夢的同時，麥寮實際獲得了什麼？又失去了什麼？已成為愈來愈大的問號。

儘管六輕的「回饋」五花八門、不斷加碼，但六輕當初承諾的不少事項卻已打折或是跳票。例如六輕雖依承諾成立麥寮長庚醫院，但連近年力挺六輕的縣議員林深，在其於二〇一三年撰寫的〈臺灣石化產業對地方影響之分析研究——以六輕為例〉碩士論文中都指出，「（麥寮長庚醫院）空有醫院外殼但其內部重要軟硬體設備、醫師人力卻付之闕如。」

雲林立委劉建國也指出，「麥寮新市鎮」開發計畫是台塑的環評承諾之一，但卻早已跳票，「現在哪有什麼新市鎮？」他強調，由於六輕提供就業機會，離愈近的居民與政治人物，對於六輕愛多於恨；離愈遠的民眾與政治人物則是恨多於愛，「但這麼多年下來，六輕的汙染源明顯多於釋放的資源。」

前雲林縣副縣長丁彥哲是土生土長台西人，家裡魚塭比麥寮大街距離六輕還近，他說，如今六輕已如同「大怪獸」，地方政府、中央政府都缺乏監管能力，中央應該成立專責機構，才能做好六輕的汙染、工安等監管工作。

丁彥哲強調，「過去一直在談環境、空汙，其實我覺得人文的影響更大。（在地人）整個價值觀完全改變，環境影響大，但台塑（六輕）對人的影響更大。」他舉例表示，在地鄉親期待六輕帶來賺錢機會、土地價格飆升，會有預期心理，廠商的財務操作更大膽，民眾會向農會貸款更多錢，也更敢消費，但「六輕工作機會飽和後，這幾年倒了很多廠商，他不知道那個金雞母是『鍍金的』（指六輕工作機會大減）」，有的人不但破產，土地也遭到拍賣。

二十年前，中央政府與大企業的心態是以促進經濟發展、重大國家建設為名，在遠離臺北的偏遠窮鄉設置重汙染工業區。二十年之後，隨著環境意識的提升，臺灣社會更加重視的是土地永續發展，政府也有更大責任以進步做法在經濟發展與環境保護間找到交集。

從早期歡迎擁抱、中期激烈抗爭到近年「廠鄉一家親」，麥寮與六輕的關係不斷變化，唯一不變的是，麥寮與六輕早已畫上等號。而無論把六輕視為「金雞母」或是「大怪獸」，麥寮人都將繼續承受六輕帶來的正反面效應與多重影響。

（本文作者：林雨佑、何榮幸）

2 空汙傷害可訴諸法律嗎？雲林台西的七十四個提告者

同樣比鄰六輕，台西鄉居民的態度不像麥寮鄉居民那樣大起大落。台西鄉居民也有拿到台塑集團的回饋金，但他們對於健康受損更加憤怒。二〇一五年八月，七十四位台西鄉居民對六輕提出汙染傷害訴訟，求償七千多萬元。數年過去，此案進度卻停滯緩慢，這場「小蝦米對大鯨魚」的戰爭，究竟要如何走下去？

從雲林往彰化的濱海公路上，汽車被海風吹得吱吱作響，後座玻璃窗突然滑落，一下子捲進沙塵。

駕駛座上，黃源河穿著白襯衫、西裝褲，不時望向自己調快一小時的錶。他雖然

雲林台西鄉位置圖

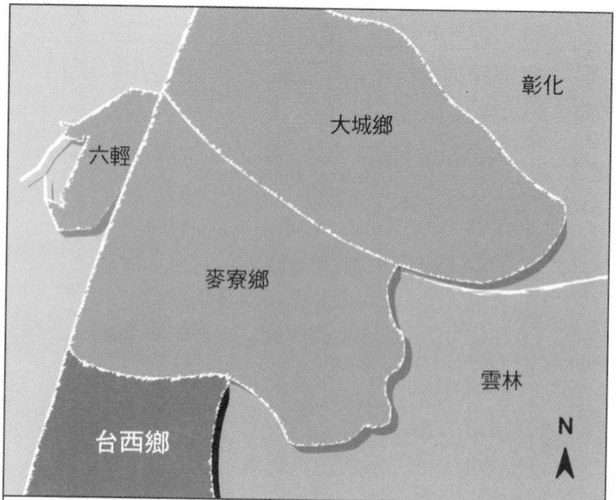

1998年人口：29,912人	2018年人口：23,957人

（整理：蔣宜婷；設計：黃禹禛）

步入中年，但個子高，又急性子，給人比實際年齡年輕的感覺。「也不知道（車窗）哪時候就壞了……」，他邊催油門，邊告訴後座手忙腳亂的攝影記者，顯得不以為意。

他趕著參加一場空汙講座，以及為我們解說家鄉風景。

「你看左邊，現在煙又吹到我家去了……」順著他的目光，臨海、巨大的台塑六輕工業區正冒出團團白煙。

二〇一六年四月，黃源河曾登上媒體版面，因為這位明道大學副教授向副總統陳建仁陳情時，不僅落淚，還戲劇性跪倒在地，訴說家鄉被六輕汙染，有如毒窟。回憶那天，黃源河記得也吹北風，眼看廢氣大片大片飄往台西，他一時傷心，腳軟了，沒發覺自己成為焦點。

「我想到我們家鄉那麼多人癌症、那麼多人死亡，我就很痛苦。這麼多煙囪，這些不是無毒的東西呀！飄到你家，餵你的家人，你能不呼吸嗎？」他終於轉頭向我們說。

原來我也是受害人

黃源河提到的家是雲林縣台西鄉。一個位於濁水溪出海口，曾因海產富饒被稱為「海豐堡」的沿海鄉村，當地居民八成從事養殖漁業，是臺灣蚵苗重要產區。但過去二十年，台西鄉最為人所知的，是與臺灣最大石化工業區為鄰，及一度成為全國癌症死亡率最高的鄉鎮。[4]

4 根據中央研究院人文社會科學研究中心地理資訊科學研究專題中心「臺灣標準化死亡率地圖」網站研究，台西鄉肝癌死亡率在二〇〇八年為全臺第一，十年間肝癌死亡率高居不下。http://mortality.geohealth.tw/

「在美國沙漠裡開車，遠遠看到天上亮亮的，就知道到了一個城市。這邊也是這種感覺，遠遠看，好多燈光，都是煙囪。」黃源河的家鄉沒有摩天樓，也很久沒人蓋新房了，連成天際線的是四百根煙囪和高聳的燃燒塔。

一九八八年，黃源河赴美念博士，學成歸國後，他成了「黃教授」，不再是家裡開米店，年前挨家挨戶討帳，大家見了就躲的男孩。十年間，家鄉也變了，台西人口快速老化、外流，雖然有二萬四千多人設籍，但常住人口不到半數，以前熱鬧的魚市、店鋪紛紛歇業；這幾年生意好的，只有葬儀社。

「我心裡常常打問號，為什麼同一時間，小小村莊，就有三、四家在辦喪事？」二〇〇五年，黃源河的父親身體狀況變差，到醫院檢查發現得了肺癌。為了照顧父親，他頻繁回家，發現家鄉異狀。

鄰里間，大家常抱怨聞到惡臭。有時如豬屎味，臭酸、濃稠，有時像農人噴藥，化學味刺鼻。味道真受不了時，黃源河也曾開車找源頭，但他總是困惑，小小豬舍、農地，怎能讓整個鄉，都飄散這款氣味？

當時，空氣品質監測、PM2.5的觀念並不普及，鄉民們眼看六輕日夜排放濃煙，感覺汙染，也不敢妄下定論。

直到災害變得愈來愈具體。營運二十年，六輕發生超過三十起重大工安汙染事件。其中又以二〇一〇年七月連續兩場大火，最受關注。

當時廠區氣體外洩，引火延燒六天後，又因重油外洩造成爆炸，大火三日。數十公里外的虎尾、斗六都能見到熊熊焰光。這不僅暴露六輕工安問題嚴重，也具現了汙染，大量養殖魚隻、幼鴨死亡，引發千名麥寮、台西鄉民到廠區大門前抗爭。

不僅如此，二〇一二年，黃源河聽說有人在牛厝村與東勢鄉交界的廢磚窯廠填入大量六輕灰渣，汙染地下水。因為離家近，黃源河開車去附近繞，想知道誰在傾倒毒石灰，結果被人跟蹤。當晚，他表哥受人之託，來勸他不要亂說話。

「可是我豁出去了，這是我出生的地方，我的村莊，我沒有講，誰會講？」他說。

無視檯面下的警告，黃源河與另名返鄉青年吳松霖在各村活動中心、宮廟前辦了三十場說明會，打算讓更多人知道此事、連署

黃源河坐在台西鄉老厝旁（攝影：吳逸驊）

發聲。大火的受害經驗，鄉民多少有了警覺，至今牛厝村不少家戶門前，仍能看到褪色標語：「你同意六輕燒石油焦與煤嗎？」

黃源河也開始到處陳情，辦講座、參加記者會，叫親戚鄰居蒐集證據、拍照，挖掘汙染事實。他形容自己像傳教士，大學下了課，就到處「宣教」，往返台西跟彰化住處，餓了就買便利商店飯糰在車上吃，累了便把車停在路邊，哭一哭再回家。

那些時刻，他時常想起自己曾經參與反國光石化的環境運動。諷刺的是，不過幾年，自己就從聲援者成了受害者。

罹癌現象下的工業成因

二〇一三、二〇一四年，黃源河的父母親相繼因為癌症過世，當年曾勸阻他發聲的表哥，也罹患胃癌死亡。

這都是台西鄉稀鬆平常的故事。「跟感冒差不多啊！（在台西）常常聽到有人癌症，這很正常。」在地賣薑母鴨的林文彥說，他八十一歲的祖父林總成，在二〇一二年得到肺癌，祖父六個兄弟姐妹中，便有四人罹癌。

小小牛厝村，就有兩間葬儀社，現任村長龔英俊經營其中一家。協助處理死亡證明時，龔英俊發現，當地很少人自然老死或意外死亡，村民只要倒下，幾乎都是因為癌症。

「真的，這二十年，我們癌症比例比任何地方都還要高。吹南風的時候，（六輕的煙）到彰化大城台西村，往南，就到我們台西鄉。真的，我們汙染太嚴重了。」龔英俊不斷向我們強調，這是「真的」，他自己根據這些年村裡傳出罹癌的人數推估下來，當地癌症比例將近七成。

二〇一二年，臺大公衛學院教授詹長權發表一份研究報告指出，六輕確實提高附近居民罹癌風險。當時，這份研究成果不僅被媒體大量報導，也讓居民們首次「應證」了他們心中的懷疑。

受到雲林縣政府委託，詹長權從二〇〇九年起，進行雲林縣沿海地區的流行病學研究，探討六輕對周遭環境的空氣汙染，以及居民健康的影響。

該論文結果指出，距離六輕十公里內的麥寮、台西居民，全癌症發生率不僅高於雲林縣其他鄉鎮，也因六輕營運時間增加，而逐漸上升；二〇〇八至二〇一〇年，這兩鄉的全癌症發生率是十年前的四．〇七倍，明顯高出距離較遠的鄉鎮。同時，研究也發現，離六輕愈近的鄉鎮，空氣汙染的程度、居民體內驗出的汙染物都愈高。

二〇一八年，詹長權再次發表相關研究成果，由臺大公衛學院、工業技術研究院、臺大醫院雲林分院合作的「鄰近石化工業區居民癌症顯著增加：十二年回溯性世代研究」，調查兩千多人的健康、生活、飲食習慣，並以統計方法校正這些因子帶來的影響，得出與過去研究一致的結論：台西、麥寮的癌症發生率，是雲林其他鄉鎮的一．二九倍，女人與老人的風險更顯著。

該論文刊登於國際期刊《衛生與環境健康》（*International Journal of Hygiene and Environmental Health*）。研究團隊查閱健保資料庫，發現高暴露組在六輕運作後零至九年間，癌症的年齡標準化發生率是每年每千人有一．五三人罹病；六輕運作後十到十二年，上升至每年每千人有四．四四人罹病，這個數字是低暴露組的一．七九倍，也遠高過全國其他地區。同時，高暴露地區的研究個案尿液中有較高的砷、鎘、汞、鉛、釩等重金屬，C型肝炎盛行率也較低暴露個案高。

根據環保署空氣汙染排放清冊，全臺灣PM2.5固定汙染源中，六輕排放量全臺第三。[5]此外，六輕主要空氣汙染物，還有硫氧化物、氮氧化物、懸浮微粒，及揮發性有機化合物（VOCs）。

六輕的空汙排放量也長期被環保團體質疑遭到低估。二〇一六年，綠色公民行動聯盟透過公開數據，監測六輕煙囪排放汙染量，發現一年內就有二萬五千多筆超標紀錄，其中二百六十二筆達到開罰標準，但只有一次開罰紀錄，其餘都被注記成無效資料。[6]台塑雖澄清是定期校正、維護，仍被外界質疑鑽法律漏洞，規避汙染事實。

然而，六輕是不是「真的」帶來汙染，「真的」危害居民健康，台塑集團藉由不同的科學檢測、學者專家、歷史數據，提出與居民經驗恰好相反的辯詞。

二〇一〇年大火的兩年之後，環保署的檢討報告才正式指出「（六輕）工安意外對附近環境有不良影響」，要求台塑改善。當時台塑代表在會議上，仍不斷強調汙染數值都低於標準，沒有數據能證實損害與工安事故有關。

詹長權的研究，則被台塑抨擊抽樣偏誤、代表性不足，引發社會恐慌。二〇一七年，台塑引用國家健康發展署資料，比較二〇〇五年（六輕四期全面運轉）與二〇一三年間（國健署最新公布資料）之罹癌率，指出彰化大城鄉減少一〇%，雲林麥寮鄉減少四%，台西鄉減少九%，抨擊詹長權研究與事實不符。然而這樣的對照，黃源河認為忽略了台西鄉設籍跟實際居住人口的落差，無法看出當地人真正罹癌狀況，加上人口老化、死亡，罹癌的人很多也已過世。

根據中山醫學大學公衛系教授廖勇柏的研究「臺灣四十年癌症地圖」（一九七二至二〇一一年），這二十年間，彰化、雲林地區與空氣汙染相關的癌症死亡率如肺

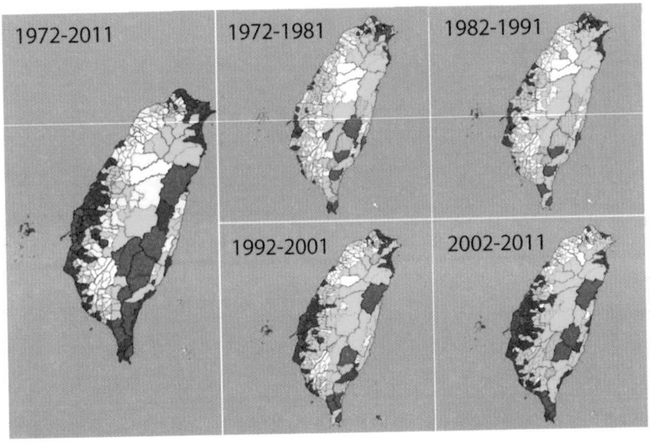

臺灣四十年間各鄉鎮區男性肺癌死亡率變化圖。紅色區塊表示死亡率顯著高於全臺灣平均值至少10%，紫色區塊表示顯著高於全臺灣平均值、但未高於10%。由此可顯見臺灣西南沿岸地區男性肺癌死亡嚴重性。（資料來源：臺灣四十年癌症地圖研究 http://taiwancancermap.csmu-liawyp.tw/）

5 根據空氣汙染排放清冊二〇一三年 TEDS 9.0版，將雲林台塑石化麥寮一廠排放量三二一（噸／每年）與六輕廠區的麥寮汽電排放量一九〇（噸／每年）加總得出此資訊。另外，排放量前二名分別為高雄中鋼、臺中火力發電廠。
https://teds.epa.gov.tw/new_main2-0-1.htm

6 原因為「固定汙染源暫停運轉時監測設施之量測值」、「監測設施維修、保養量測值」跟「其他無效量測值」等。

癌、口腔癌、肝癌等，確實高出臺灣其他地區。7

這份由科技部支持的研究，將臺灣四十年來各鄉鎮區、各類別的標準化癌症死亡率繪成地圖，視覺化呈現各地差異。透過這份地圖，廖勇柏發現，臺灣整體肺癌死亡率四十年來不斷攀升，其中，西南沿海地區的男性肺癌死亡率又顯著高於臺灣其他地區。

廖勇柏解釋，製作這份癌症地圖的目的是可以讓人們快速瞭解癌症死亡或發生率的時空變化，進而產生癌症假說，有助找出癌症的成因。西南沿海地區並非所有癌症死亡率都較高，例如胃癌死亡率便與其他地區無異，但與空氣汙染有關的肺癌、肝癌、口腔癌卻較高。經政府資料庫所提供的汽機車密度、縣市別吸菸盛行率，彰雲地區並沒有特別高，他認為，這代表這區域環境中存在其他致癌物質急需移除。

針對台塑提出的數據，廖勇柏則認為報告間的比較，必須考慮年代、年齡與性別因素，癌症死亡及癌症發生資料亦有差異。比較鄉鎮間的癌症死亡率及發生率時空變化時，必須考量疾病診斷標準是否改變、人口移入移出的變化，也得考量潛伏期，才能對結果做較合理的解釋。

這場科學混戰，外界看得眼花撩亂，受害居民只能自救。

二〇一五年八月，在雲林淺海養殖協會理事長林進郎的支持鼓勵下，黃源河和其他受害人組成「台西鄉六輕汙染傷害聯合求償自救會」，由黃源河擔任會長，向雲林地方法院遞狀，控告台塑、南亞、台化、台塑石化、麥寮汽電等五家六輕主要公司。

七十四名原告引據詹長權研究結果，指出六輕汙染造成他們或親人罹癌、死亡，依《民法》一八四條的侵權行為，及一九一條之三危險製造者責任提起訴訟，向台塑請求七〇一七萬元賠償，包含罹病者醫療費用、生病後減少收入、喪葬賠償、精神損害賠償等。

當年記者會上，黃源河說，他們想要的並非賠償金。至親已經死亡，抗癌又是漫漫長路，他們只盼國家的最後一道防線，司法能還他們公平正義。

當公害爭議進入法庭：卡住的司法

但這場訴訟，遠比他們想像得艱困漫長。從二〇一五年八月十三日起訴，到最近一次二〇一八年八月三十一日開庭，已歷時三年，開了十三次庭。然而，目前連最基本，台西鄉居民的主張合不合法的程序事項，都仍被台塑律師團所爭執，法院也遲遲未有定論。

在漫長的開庭過程中，台塑律師團認為，原告必須指出，六輕是「哪一根煙囪」排放了「哪種有害物質」，原告又在「何時何地」吸入「濃度多少」的汙染物，危害他們健康。若無法陳述，那這案子，根本不合乎民事訴訟的要件。

「這可能連神明都做不到啊！」輪到台西鄉民的委任律師洪嘉呈發言時，他忍不住反駁對方。

7 臺灣四十年癌症地圖研究 http://taiwancancermap.csmu-liawyp.tw/
Published in *Medicine*, Designed by:Liaw Yung-Po & team, Chung Shan Medical University.

透過詹長權等人研究，洪嘉呈向法官舉證，六輕排放許多的特定汙染物質，包含國際癌症研究署（IARC）列舉的一級致癌物，鄉民也確實罹癌。此案最關鍵之處，則是「六輕排放汙染」、「當地居民罹癌」這兩者之間，有無因果關係。

一般來說，民法侵權行為損害賠償責任要成立，加害人的行為，和被害人的損害間必須存在因果關係，原告有責任證明因果關係存在。但洪嘉呈認為，台塑律師團的要求不符合公害訴訟特性，隨著六輕近二十年來汙染持續發生，就算神明幫忙，台西居民也無法鉅細靡遺說明，哪根煙囪排放多少有毒物，又在何時何地、甚至幾分幾秒飄進他們肺裡。

另外，公害案件的被害人與加害人間，存在懸殊的知識落差。專業複雜的科學、醫學及技術門檻，一般人難以有力舉證。「依照《民法》一九一條之三的要旨，具體控制這些危害、

雙方因果關係認定差異攻防焦點表

	台塑	台西鄉居民
理論學說	民法相當因果關係	疫學因果關係
如何證明因果關係	要求原告明確舉證「人事時地物」。即哪根煙囪排了哪些有害物質，哪時哪地讓原告吸入，並得到哪種有關疾病。	台西居民罹癌是六輕排放汙染後發生，疾病罹患率跟汙染質量有關。因此，台西居民罹癌跟六輕汙染合理相關。
誰要舉證	原告(被害人)	原告(被害人) 僅需證明被告行為所增加之危險已達「醫學上合理的確定性」即可，毋須進一步證明被告行為造成原告目前損害。
舉證難度	高	相對簡單

（設計：黃禹禛；整理：蔣宜婷）

且從中獲取巨大利潤的，其實就是被告公司，我們認為，他們製造的風險高於人民可以容許的數值時，就該負法律上的責任。」洪嘉呈說。

也因此，這三年來，洪嘉呈等原告委任律師，都不斷請求、說服法官，對公害糾紛的因果關係採寬鬆認定，只要六輕汙染與居民的疾病間有合理、相當機率的因果關係即可。

這不是創新想法，而是來自日本公害事件中逐漸發展的「疫學關係理論」及「事實推定說」，讓弱勢處境的受害人能減輕舉證責任。在臺灣，一九八三年民生社區輻射屋案，到近期宣判的臺南中石化汙染案、桃園RCA汙染案等公害訴訟中，法院都援引了這個理論。

RCA案一審判定汙染受害人勝訴的法官宣玉華，在接受我們訪問時表示，這個選擇是世界潮流，「只要他們（原告）得了這些疾病，在RCA廠內有接觸到化學物質，這樣就可以概然地、合理地認為有因果關係。」她認為，疫學因果關係已經是國際公害案件的通說。

其他公害訴訟案件中，法官傳喚大量專家證人，從正反證詞中做出評價，形成判決。雲林地院承辦此案的法官蔣得忠，則是希望交由一個鑑定單位，來判定這起公害案件的結果，但至今仍未找到合適鑑定人。因此，二〇一八年八月三十一日此案睽違一年後再次開庭，蔣得忠仍未做出判斷，而是依據空汙法將此案送予行政院環保署進行鑑定裁決。

這場訴訟進行三年後，一切似乎又回到原點。洪嘉呈解釋，環保署認為死亡、罹癌原因涉及流行病學等專業，將此案轉送衛生福利部鑑定；衛福部則認為環保事件糾紛應由環保署處理，兩個行政機關似乎皆認為鑑定公害案件並非其法定職責。轉了一圈之後，此案在二〇一九年又回到雲林地方法院審理。

兩億可救幾條命

採訪過程中，洪嘉呈提起一個來不及協助的受害人。原本已聯繫好的原告，在起訴前突然過世，年僅三十二歲。當事人妻子措手不及，加上要養大兩個孩子，付不出裁判費，選擇放棄訴訟。洪嘉呈說，他遺憾的，是司法途徑緩慢、曠日費時，對罹癌原告來說，總像會來不及。

「每當提起這個案子，我就覺得滿有壓力的，不是說去開庭會被對方資深律師口頭上欺負，是到底要怎麼做才能讓他們（原告）得到想要的司法判決？該如何說服法官對公害採取寬鬆之因果關係？想破頭又想不出來，就隨著時間與大環境的變化，看看法院有沒有轉圜、解套的方法，RCA案也是，一審就是十幾年……」洪嘉呈說。

由於最初承接此案的律師詹順貴擔任環保署副署長（現已辭官自創律師事務所），接手的律師高涌誠又被提名為監察委員，幾經波折，洪嘉呈與另外兩名元貞法律事務所的年輕律師黃淑芳和林育丞，便成為這些受害人託付的對象。他們粗估一審至少就要三、四年，三審定讞時，大概已過八年至十年。

我們前往敦化北路台塑總部訪問。針對台西鄉居民訴訟案，台塑安衛環中心副總經理吳宗進表示，由於此案仍在審理中，不便表示任何意見。

不過，吳宗進及台塑安全衛生環保中心其他主管共同強調，從二〇一〇年起，台塑集團推動麥寮、台西兩鄉的免費健康檢查，並且加入石化廠相關檢測項目。每年投注經費一億元，二〇一七年兩鄉約一萬人參與健檢。

「我們把費用往上報喔，我很注意觀察她（指台塑管理中心常務委員王瑞瑜）的反應，眼睛眨一下都沒有，就做了，因為這是她指示的啦，我們還做太慢！」吳宗進說，台塑集團非常重視在地居民的健康，更擴大進行雲林沿海七鄉鎮的醫療居家訪視與疾病篩檢，一年相關經費已增加為兩億元。

誰是弱勢者的正義辯護人

長期追蹤這起訴訟，專長公害案件的中研院社會所副研究員彭保羅指出，法庭外的壓力，不亞於庭內僵局。原告居民面對的，是一個仍在營運的強勢企業，台塑律師團多達六人，開庭也有不少人來旁聽，而許多原告卻承受龐大生活經濟壓力。

另外，同為六輕鄰近鄉鎮，原告卻都來自台西，而沒有麥寮人。彭保羅認為，這顯示了六輕造成的地方分裂，幾年下來，台西文蛤、牡蠣、西瓜等農產被汙染破壞，但六輕的回饋金，大部分給了麥寮居民。這不僅產生相對剝奪感，也有台西居民坦承羨慕，不少人搬到麥寮。

參與訴訟的台西鄉民，眼睜睜看著周圍的人罹癌，卻無能為力。研究過程中，彭保羅發現有原告因為創傷太深，親人接連死亡，已無法訴說自己受害經驗。

當我們詢問罹患肺癌、八十一歲的原告林總成，訴訟有沒有希望時，他只是大大嗤了一聲，「哪有可能？」

然而，林總成即使咳嗽不止，平時不出家門，只要開庭需要，他還是戴上口罩，挺過四十多分鐘車程，到法院旁聽。他知道要贏不容易，但心底還是想拚拚看。

自救會總幹事吳日暉在二〇一八年八月三十一日卸下職務。這幾年，他一直為了組織原告奔走聯繫。他說，台西汙染受害者數量，其實遠遠超過提起訴訟的七十四人，很多人不願意站出來，或是仍在觀望；也有一些當初和他聯繫，想要提告的人，因為經濟弱勢，裁判費又高達一、兩萬，於是作罷。

「其實臺北很多團體要幫我們，只是無法來到現場，大家絕對不要絕望，我們已經踏出這一步了，就要繼續走下去，不要悲

罹患肺癌、八十一歲的原告林總成重回當年捕魚海邊。（攝影：吳逸驊）

觀……」在台西鄉農民活動中心裡頭，吳日暉用回音過大的卡拉OK麥克風說，自己因為私人因素，無法陪大夥走完這一段。

雖然多數在地人對汙染感受深刻，但卻不看好訴訟，村長龔英俊聽到此案，也頻頻搖頭。居民有人直覺這是作秀，因為已有太多次跟去抗議，結果帶頭的人拿了好處就「恬恬」（臺語「安靜」之意）的經驗。

每一次開庭，黃源河都到場旁聽，他一個人攬下更多自救會成員間的聯繫工作。他曾私下透露，其實自己不信任司法，因為鄉下律師少，父親以前常為親戚朋友排難解紛，上過各級法院，什麼手法都見過。但他們已經窮盡方法了，只能一試。

詹順貴在環保署副署長任內，曾於二〇一七年三月司改國是會議上，提出公害訴訟改革方案，要修法反轉《民法》上侵權行為的舉證責任。若修法通過，除了原本《民法》一九一條之一、《民事訴訟法》第二七七條第二項就有舉證反轉的規定外，受害居民向製造汙染的公司求償，舉證責任將由居民反轉到公司身上。

但修法過關與落實，仍是一段長路。

我們去了趟黃源河牛厝村的老家。四年多前，他將舊房翻新，想說可以搬回台西，和父母親、兩個哥哥一起住。

這個願望已經落空，父母過世，加上嚴重汙染，讓他們只在過年短暫回鄉。原本兄弟分配好、並排的三間平房，如今堆著荒廢的碾米機、雜物，沙發茶几上積滿灰塵。他感嘆，自己是真的有家歸不得。

雖然沒什麼好參觀的了，但沿著走廊，黃源河還是帶我們一路走到後院，他想起以前隔壁養鴨場臭味漫天，廚房還黏上飄來的鵝毛，好久都沒有改善，雖然難以忍受，他們一家還是選擇沈默。

「後來呢？後來怎麼解決的？」我問他。

「後來厝邊（鄰居）就找人去打他。」

黃源河苦笑說，在這裡，最後還是比拳頭大小。

（本文作者：蔣宜婷）

3 隱藏的受害者：彰化台西村以文化成為焦點

二〇一三年七月紀實報導攝影集《南風》出版，讓與六輕僅隔一條濁水溪的彰化縣大城鄉台西村，以「癌症村」的樣貌進入人們視野。《南風》出版後，二〇一四年臺大公衛系教授詹長權團隊進駐，在台西村民的血液與尿液中，檢測出重金屬含量超過雲林麥寮鄉民數倍，癌症發生率更是同在大城鄉其他村的兩倍以上。二〇一六年，生祥樂隊出版反石化專輯《圍庄》，以同名歌曲〈南風〉向《南風》攝影集致敬。

《南風》後續滾動許多話題、研究與創作，但六輕四百根煙囪屹立不搖，農作依然無穫，村民持續凋零。我們跟著《南風》作者之一許震唐重回台西村，記錄下

大城鄉台西村位置圖

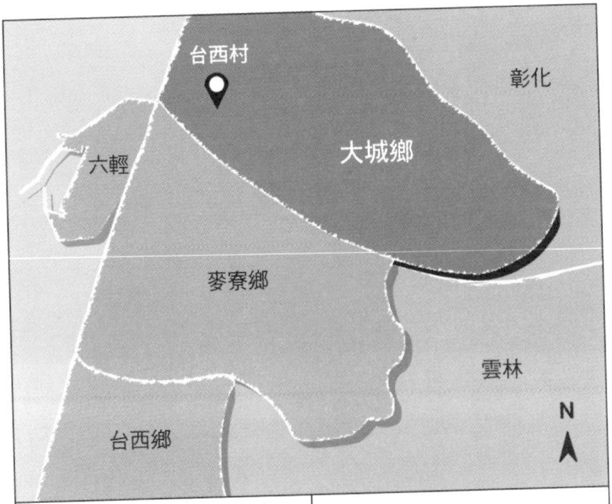

2000年人口：21,372人 （注：2000年資料）	2018年人口：16,988人

（整理：房慧真；設計：黃禹禎）

「後南風」的容顏。許震唐推動成立「台西村綠能社區促進會」，由公民集資成立小型發電廠的努力，則已踏出後南風時代公民覺醒與行動的重要一步。

冬天來到風頭水尾的彰化縣台西村，不吹南風了，吹起東北季風。

北風宛如一隻咆哮的猛獸，在荒村中逐戶拍門，動不動就要掀飛衣帽、襲人頸脖。白天北風呼嘯，原本不多人的村莊已顯蕭索，夜裡救護車的鳴笛，這次不知又帶走了誰？

北風看似霸道，卻反而嘉惠了村子，將南邊的汙染吹得一乾二淨。到了夏天，輕柔和緩的南風宛如無聲的惡魔，吹來南岸的石化酸臭，落地沉降不走。

爬上台西村的堤岸，由於集集攔河堰在源頭截住水源，濁水溪出海口徒留沙塵，強勁的北風吹拂下，空汙肆虐，能見度低。台塑六輕四百根煙囪的白煙不再直上，而是九十度往更南邊去。南岸的麥寮籠罩在一片灰濛中，與北岸的天朗氣清，彷彿兩個世界。

台西村土生土長，在村落中進行長年影像紀錄的許震唐說：「冬天這個時候換他們（麥寮）很慘，夏天時則是我們（台西）很慘。」從許震唐的臉上，看不到什麼幸災樂禍的神色。大風吹，吹什麼？吹石化汙染下，濁水溪南、北岸輪流受害的人。

後南風容顏一：許玉蘭

「臥病時的李文羌感到非常自責，常喃喃說自己『沒用』，『不想花錢花到妻小沒錢』，最後因而走上絕路。憶起這段往事，李許玉蘭數度哽咽……」

——二〇一三年《南風》受訪內容

許玉蘭住在三合院左廂房的一個單間裡，整個三合院只剩她一人住，走進低矮的房舍，屋裡儘管點了燈，仍覺黯淡。牆上用簽字筆寫了西港派出所的電話號碼，許玉蘭說：「我不識字，那是來巡邏的警察寫上去的。」前陣子獨居的許玉蘭被潛進屋中的眼鏡蛇咬到，送醫急救，屋漏偏逢連夜雨，住院期間家中還遭小偷，偷兒翻箱倒櫃，無所斬獲，因為許玉蘭身邊的一點薄錢都帶去住院了。許玉蘭目前靠老農年金過活，去田裡拔菜就是一餐。

上午打電話去沒人接，許玉蘭有高血壓的毛病，那時她正癱倒在床上，連起來接電

許玉蘭（攝影：許震唐）

話的力氣都沒有。人不舒服的時候，她就去鎮上的診所吊點滴，先生罹癌過世，兒女離鄉，村裡像她這樣「靠自己」過活的獨居老人，所在多有。

許玉蘭之前曾檢查出肝部有腫瘤，還好及早發現切除。她經常要去臺大醫院回診，「搭統聯來回一趟就要四、五百塊。」對她是一筆不小的開銷。北上看病，許玉蘭都是當天來回，儘管兒女都在臺北，但在都市討生活不易，能不打擾就不打擾。

許玉蘭的丈夫李文羌，在二〇〇〇年罹患口腔癌後也北上治病，七年裡的鉅額醫藥費，幾乎拖垮在臺北當油漆工的兒子一家。兩代人山窮水盡後，被醫院請出來，二〇一〇年，李文羌趁著許玉蘭去田裡工作時，再也不願拖累家人，上吊自盡。李文羌過世時火葬，這在傳統的鄉下地方，是窮人沒法的選擇。

許玉蘭早已不下田，頭上卻還戴著往昔遮陽的花布頭罩，開始吹東北季風，戴著好保暖。往常她和丈夫在堤防旁種花椰菜，南風吹來，首當其衝，她說罹患口腔癌的李文羌，「不吃檳榔，菸也抽沒有幾根。」農田早已廢耕，勞作一輩子的許玉蘭，仍習慣每天到田裡走走。

說起李文羌，她的語調平淡，往昔許玉蘭是抗爭的積極參與者，現在她說：「跟了好幾年的抗爭，目屎都流乾了，有什麼用？」

後南風容顏二：許萬順

「煙囪來了，雨不會走，我ㄟ菜給酸雨淹死，人會被政府氣死。」

「我們百姓賺到什麼？賺到一身病而已，哪有錢？！再這樣下去我們二十年內就滅村了！」

——二〇一三年《南風》受訪內容

二〇一一年反國光石化，許萬順是村中的抗爭要角，反國光的旗幟都由他親手綁紮。如果國光石化蓋成，就連同六輕將大城鄉南北包夾，村中人說：「吹南風死，吹北風也會死。」幸好國光石化擋下來了，但擋下了北邊，還有南邊，六輕營運後，許萬順的父親與伯父相繼罹癌過世。

聽到我們要問六輕，他黝黑的臉皺縮起來，不耐煩地直說：「還要講六輕喔！？」在田邊受訪時他仍一刻不得閒，拿磚塊將肥料壓碎、攪拌均勻。他岔題去講肥料，抱怨肥料又起價，品質也大不如前。

許萬順（攝影：許震唐）

講沒幾句，田裡的妻子趕忙喚他過去幫忙，不比種田可用機器代耕，種菜只能倚賴人工。一個人做不來，能種菜的都是夫妻檔，但村子裡還能種菜的夫妻檔也不多了，要不死了丈夫，要不死了妻子，癌症彷彿人人輪流的感冒，鄰村人不怕忌諱，來到台西村的開場白通常是：「ㄟ，你們村最近又死幾個？」

村裡癌症太頻繁，許萬順自費去做健康檢查，二〇一五年，癌症的魔爪卻繞過他，年初許萬順死了妹妹，年末死了女兒。雙重打擊下，許萬順又回到台西村沉默的大多數，他不再隨口幹譙，只將悲苦刻在臉上的每根紋路裡。

從前許萬順是農作的天才，是村裡收穫的指標。他種的西瓜就是比別人的甜，一年能收成兩次，每到收穫時節，大卡車絡繹不絕開進村中收購。六輕來了，西瓜只會開花瘋長，不再結果。如今許萬順也只能趁著不吹臭酸南風的冬天，種植七十天可採收的花椰菜。二十公斤五百元的花椰菜，是如今唯一能撐住村中經濟的作物。為了趕早市，許萬順夫婦清晨三點就下田，午飯後也不像別人稍事休息，他像條倔強的鐵牛，只是埋頭不停地、不停地耕作。

六輕來了之後，許萬順早已不種西瓜，愛女去世後，二〇一六年他重新種起西瓜，靠著悉心照料，讓台西村重現消失已久的西瓜田。那一年許萬順夫婦幾乎過門不入，在田邊搭「西瓜寮」，晚上帶著收音機，掛起蚊帳，等著頭頂一片星空如夜毯覆蓋下來。在因汙染而後天失調的貧瘠土地上，許萬順養大一顆顆西瓜，如同拉拔女兒長大。

二〇一六年曇花一現的西瓜田，讓許萬順得到了難得的寬慰。淚水和汗水同樣鹹澀，哭無目屎的許萬順，彷彿要藉由大量勞作的汗水，將悲傷一點一滴逼出。

後南風容顏三：許闊

「許闊的丈夫喚做許戶，他在世時經常抱怨農地土壤酸化導致農作生長困難……許戶生前無菸無酒不嚼檳榔，卻在二〇〇八年被診斷罹患肝癌，拖了兩年後終於過世。」

——二〇一三年《南風》受訪內容

二〇一〇年左右，許闊的丈夫許戶，以及娘家的哥哥嫂嫂相繼過世，分別是肝癌、肺癌、肺腺癌。許闊說：「走得很密集，一開始覺得冷清，但久了就習慣了。」

許闊二〇一八年受訪時八十二歲，一人獨居。在臺中工作的兒子本來幫她請了外勞，許闊袂慣勢，一年後就辭退。兒子放假回來，開的是進口轎車，許闊耳垂上掛著沉甸甸的金耳環，但她用度儉省，煮一頓吃兩頓，「外勞嫌吃不好，想吃雞肉，我哪裡來那麼多肉給他吃？」許闊有糖尿病，心臟也不好，但她覺得還能自己煮飯，不需要別人照顧。

八十二歲老人獨居，聽起來是很危險的事。但許闊的左鄰右舍，都是像她這樣的獨居阿嬤，左邊八十四歲，右邊八十五歲，再過去湊巧是八十六歲、八十七歲、八十八歲，阿嬤們的共通之處都是喪夫，兒女在外謀生，逢年過節才回來。年少時，阿嬤們的丈夫結伴到屏東割稻，從最南端一路割回來。年老時，喪偶的阿嬤彼此照應，每天串門子，許闊開玩笑說：

「去看看有沒有起床?沒起來就是去了。」

人如其名，許闊少抱怨、心寬闊，獨居生活不孤單，每週五厝邊說好搭員林客運的早班車，到鎮上買一禮拜的菜回來，那是阿嬤們少數出遠門的時候。平常在村裡，許闊鞋也不穿，方圓之內趴趴走，找其他阿嬤閒嗑牙。《南風》裡有一張照片，是每年農曆七月十六日祭拜溪王，每一戶都會準備牲禮、紅龜粿，由女人們挑到堤防上祭拜，許闊也在其中，青春正盛。

訪談間，隔壁的阿嬤來找許闊串門子，說起昨天台塑來招的參訪行程，「設備很新很漂亮，有餐廳有招待所！」、「看到煙囪吐白煙，台塑說白色的沒毒」、「桶子裡裝的都是鹽」……一旁的阿伯聽不下去，說：「六輕賣的是石油，你有聽過它在賣鹽嗎？」

六輕時不時派遊覽車來村裡接人，進去

許闊（攝影：許震唐）

參觀還能吃一頓。略施小惠的同時，站在每年七月祭溪王的堤防，六輕的四百根煙囪持續吐煙，生祥樂隊的〈圍庄〉這麼唱：

「它們拜天，眾神耳聾；它們拜地，農作反種；它們拜人，身體叛變；它們拜水，漁產失蹤。」

後南風容顏四：許奕結、蔡惠珍

二〇一七年十月公視《有話好說》節目來到村中的顯榮宮前開講時，好不容易時任彰化縣長魏明谷出席聽居民心聲，來自濁水溪南岸的雲林台西鄉自救會的人來了不少，登記發言的彰化台西村民除了許奕結，就再沒幾個。

隔天一早，村民們聚集在許奕結家中泡茶，才你一言我一句幹譙起來，已成固定模式，不管私下痛罵得如何厲害，人前恆常沉默。

許奕結一家是村中的抗爭主力，六輕的公關踏進許家，都被粗眉毛大嗓門的許奕結轟出去。許奕結的兒子正是以《南風》一書喚醒社會注意的攝影師許震唐，女兒許立儀原本在大城鎮上開美語補習班，除了反六輕，也帶頭反國光石化。許奕結在公家機關做事，民國六十幾年曾當選村長，太太蔡惠珍高中畢業當過代課老師，村人至今仍尊稱她「蔡老師」，許家是村中少數不種田也不討海的人家，也是稀有的「知識分子」，抗爭時有理有據。

跟著許奕結在村中走繞，不少屋宇荒棄，三合院的門窗封得嚴實，庭埕間長滿雜草，周圍的土牆也已坍塌殆盡。民國六十二年許奕結當村長時，人口有一千七百人，現在不到四百人。從前村中最多有九間雜貨店，最後一間雜貨店在前年（二〇一五）也收掉了。村中多年沒起新房，能夠娶進村的都是外配，出不去的人當選村長、鄉鎮代表，學歷均止於國中畢業。

靠近堤防邊有棟空屋，是村中少見的三層樓房，共有九戶，卻連門框、窗戶都沒裝，裸露的門戶如同洞黑的眼睛，睜大了眼張望。許奕結回想一九九〇年代初，六輕要來設廠的消息傳遍村中，村人們無不充滿期待，投機分子準備大炒地皮，打算在台西村蓋房子，賣給六輕員工。

房子蓋好後，六輕員工的確來看，爬上頂樓，往南望去，發覺隔著濁水溪就是六輕，連忙說不要了。堤防邊原本一戶賣三百

許奕結（攝影：林雨佑）

八十萬，最後沒人要，屋主連水管都懶得接了，「海景第一排」成了廢墟，後來給員工住的宿舍大都蓋在台十七線以東。

與毒為鄰，兒女大有能力把許奕結夫婦接出去住，許奕結卻不願離鄉，他的理由總是，「活到七十五歲還沒事，大概是六輕來之前，早期新鮮空氣吸得多，有把本存下來。」

老年人可冒險不走，但環境潛在風險對於還在發育的幼兒而言，實在太高。女兒許立儀在家鄉陪伴父母多年，終於在二〇一七年夏天，帶九歲的女兒里美遠走美國。

許奕結和蔡惠珍每天都要和外孫女通LINE，里美每天都問，「後院的貓咪餵了嗎？」許奕結認定狗兒忠厚，貓兒陰險，養狗多年，始終排斥貓。然而為了里美的牽掛，除了從寵物店買來貓糧，每餐還特製貓飯，剩飯澆肉汁魚湯讓群貓大快朵頤。

許奕結去顯榮宮，對神佛許下的心願總是：「希望IS能來臺灣把六輕炸掉！」六輕不走，一手帶大里美的許奕結也只能將寶貝孫女往外推，他說：「里美不像我們以前能存這麼多新鮮空氣的『本』，她愈早離開愈好。」

小里美的書桌、文具與絨毛玩偶，至今仍占據許家客廳一角，阿嬤蔡惠珍說：「里美說她還要再回來，一樣都不准給她丟。」

（本文作者：房慧真）

圖文輯

後南風

圖文◎許震唐

沙塵仙境

夏季南風後，臺灣迎來東北季風，濁水溪南岸則入了獨特的沙塵地理景觀，
那雲霧裊裊的沙塵山水景緻猶若化外仙境，亦如末世。
「仙境」位於濁水溪出海口南側，這片東西長約兩公里、南北寬近一公里、高度十二公尺左右
的沙漠地區，在強烈東北季風助長下，主宰了濁水溪出海口秋冬季節的天空。
這片沙漠並非歷經幾千年或數百年前地質演化而成。
不過數十年前，這裡還是村里的冰箱與沃田：肥美的蛤蜊隨處可抓，沙地上瓜瓞綿綿。
後來，河岸環境快速改變，累積形成新地景——當代沙漠。
在亦美亦蒼涼的影像背後，依舊有為生活打拚的人們。

頂著北風的台西村民

南風已不是濁水溪北岸台西村居民的想像，如今他們寧可期待冷冽北風的到來。

副總統陳建仁於二〇一六年四月實際巡視台西村空汙環境後，環保署終於在台西村設立了空氣品質監測站，但空氣品質的改善，似乎力有未逮。村民常自我解嘲著說：「副總統都來看過了，也無法改善空氣品質，唯一『改善』的是吹南風的日子透過監測從半年變成只有十七天。」

割稻飯。

這天小兒子全家帶孫女回來，許萬順妻子煮了很澎湃的餐飯，邊吃邊聊天說，這就是以前割稻時吃的割稻飯。夫妻倆用趕火車的速度吃完中餐，趕緊要去種花椰菜的田裡施肥、套袋。

蘇尾與蔡彩鳳的兒子蘇順從，在父母離世後，從都市把戶口遷了回來，與兒子每兩、三星期輪流回來整理老房子，他說：「不能讓屋子變成空屋。」喝口啤酒後問我說：「六輕空汙的問題有辦法解決嗎？」如果這是我們的鄉愁，那就乾了吧！

許戶、許闊的兒子許樹根，做鋁門窗生意，他每隔幾個星期就會回來老家陪獨居的媽媽，順便家居修繕，換掉北風一吹就咻咻叫的老窗戶。

李樹根，李文羌的長子。空汙節目外景錄製這天，他從臺北回來。問他是否專程回來參加，他說：「我母親最近身體不好，我回來載她到臺北住幾天，順便治療。」

許想：「你拍我抽菸的樣子，會讓人家以為空氣不好得癌症通通都是抽菸引起的。」

阿娟，新住民。從越南嫁到台西村已十五年，代替公公婆婆的責任，照顧阿公阿嬤。在阿公因肺癌離世後，她結束阿公開的台西村僅存的柑仔店，專職當個佃農，除了家裡的田地外，也承租村裡老農無法耕種的土地。這兩年耕種有成，阿娟顯得特別有自信，她說：「我要拚、要努力種田存錢，給家裡小朋友用。」

許春財，捕鰻人。斥資買下四十幾件捕鰻苗網，準備今年海撈一票。

這日問他最近鰻苗捕得如何？

他說：「好啊！不錯！」捕到四尾蕃薯皮，但不知什麼原因今年鰻苗怎麼抓都沒有。

「那你不就賠了不少？」

「沒辦法！我們以海維生的人，有時也要網開一面啦！放乎去！」想到那四尾蕃薯皮，他自己也大笑起來。

許爽，靠著資源回收營生。

近來佝僂的身體愈來愈不聽使喚，她不僅擔心往後怎麼過，更擔心怎麼死這件事。她希望自己老去的身體面臨死亡時，能一次就解決不要拖，若能一次就走，相信是老天爺給她一世好命有尊嚴的結果。

許滿，利用冬陽乍現的時間，撿拾玉米、培苗做為下一季耕種使用。

許文通，在二〇一七年的最後一天進行花椰菜種植的工作。

今天空汙特別嚴重，日不見天灰濛濛的一片。許文通擔心花椰菜受到影響，反倒不擔心人的健康。他說：「命是天公伯的，祂要你回去，能說不嗎？而花椰菜是我們可以不讓它受到影響，這是我們、國家、政府的責任。」

許添丁，一生喑啞。七十幾歲的他只能靠撿拾田裡地瓜以及旁人接濟為生。

冬陽乍暖，地瓜田也趁機收成，他主動來幫忙，順便撿拾地瓜，填補生活所需。地瓜販商捨不得他搬運每箱三十公斤的地瓜，反而隨手塞了幾百元給他零用、謝謝他。許添丁用手示意回絕，販商說：「你艱苦人，嘛要生活。」

空屋。阿娟的三女兒與兒子追跑著，經過許輩他家。

隨著村人逐漸離世，空房子只能任其毀壞頹圮……

濁水溪口的恩賜

冷冽的北風夾雜著濁水溪的沙塵，雲林台西鄉五條港的蚵農林進郎說：「這北風吹得讓人如此怨懟，多希望吹的是和煦清爽的南風，然而這季節想吹南風是一種奢侈的想像。」

▲ 五條港的蚵田以及遠方不曾休息的煙囪

林進郎說：「這些育苗期的蚵仔在退潮浮出水面時最怕碰到下雨，海洋中細小生物對於環境的改變是極其敏感的，它們會用你看得見的語言告訴你這一切的改變。環境不能用想像；它與我們的共生關係，只有到現場親身體會。」

▼ 蚵苗

林進郎指著小蚵苗說：「這些育苗已經快兩個月了，著床附掛的數量很少，若要像過去的數量，可能需要再延後一些時間才能分苗。」蚵的生態改變只有蚵農最清楚，然而有誰願意來聽來看呢？原來產業也是有階級的，他問我：「農漁業在產業的階級中排行第幾？」我們彼此靜默良久。

退潮後逐漸露出的蚵苗圃，一束十串的蚵殼串，等待每個蚵殼附掛蚵苗以後，再進行分苗的動作。

▼ 林進郎僱請三位新住民來蚵田工作

養蚵是一個勞力密集的產業，養殖過程從育苗、分苗、放苗、採收、洗蚵、剖蚵、掛殼，皆無法透過機器進行標準化或自動化作業。這一勞力吃重的產業，只能仰賴來臺灣的新住民。

操著膠筏的林進郎說：「養蚵是一件極其辛苦的事，尤其是在這樣的環境下，年輕人更是不願意回鄉承接上一代人留下來的蚵田，與海洋共生的事，總還需要我這一代人的努力。」

冬至前後的鰻苗，是老天爺歲末賞賜給當地漁夫的年終紅包，行至濁水溪出海口，漁人點點門庭若市；當然這是過去出海口南北兩岸，當地耆老村民在冬至季節的重要農務與記憶。

住在麥寮鄉許厝寮的張仔，帶著自己的晚輩小林來濁水溪口抓鰻魚苗，兩人選擇退潮方式的捕撈作業。捕鰻苗超過三十年，對於溪口捕撈海事作業相當自信的張仔說：「生眼睛不曾看過這麼慘的收成，海裡都沒有鰻母來生子。」十二小時來抓一次的數量，五隻手指頭都數得出來，遠低過去慣常的捕獲數量。

張仔下海巡檢十幾件的漁網，沒有一件網子有捕獲鰻苗的，上岸換好衣服先行離去。離去前交代小林，一小時後等潮水退到小腿處，下海再撈撈看。約莫四十分後，年輕的小林興沖沖地下海去，希望扳回一城不要掛零。努力了三十分鐘後高興地指給我看：本日第一尾。之後陸續有個位數的捕獲，清算漁網後共獲得六尾的鰻苗，是本星期最好的紀錄。

小林說：「今年鰻苗每尾價格約一百四十至一百五十元，這九百元算是天公伯給的。」

彰化縣台西村漁人許春財從中秋之後就開始進行出海口水路的觀察，與定置漁網位置的選定。濁水溪出海口的水路，每年都會改變，所以須在鰻苗季前，進行水路勘查，尤其是近年來濁水溪水量不足，造成水路變化更加劇烈，鰻苗更不容易捕到，所以一定要事先勘查，許春財這麼說。

捕多捕少本是天意，即便是濁水溪南北兩岸捕不到鰻苗的今年，漁夫們從來不會有人向天不平的吶喊，如同許春財說的，「有時我們對於大海也要網開一面。」總有海洋也不一定順遂的時候，跟人一樣都要彼此體諒。這是上天給在這片土地與海洋努力的人，獨一無二的紅利，所得多寡也沒什麼好央求與計較。

藍領階級的藍色公路

從花蓮遠道來此賣成衣的老板說道：「我在這裡已經賣六、七年了，賣的是勞工朋友喜歡的牛仔褲、衣服，我的衫褲耐磨、耐髒，相當適合這些勞工朋友們的需求。每次就賣下班時間，從下午三點半至七點，過去我從每兩天來這裡賣衣服，現在變成每兩星期賣一次，生意減少不少。」

早前這裡一到下班時刻，路上就塞滿了載著勞工朋友的包商貨車，整條路相當熱鬧，生意不錯。KTV、小吃攤、檳榔攤、便利商店的生意，都是靠六輕工業區數以萬計的工人來吃穿的。這兩三年來勞工朋友少了很多，老闆邊說邊應付客人。問老闆為什麼人變少，他淡淡說：「不清楚，或許是沒什麼工程了，若這裡生意做不下去，我還有夜市可做。」

富晟帆架 鳳屏二路 後庄(07)702 5222
俊嘉

勝吉

雲林154號縣道是一條屬於藍領階級的藍色道路，一部部藍色的貨車，載著藍盔、藍衣、藍領的勞工朋友們通勤上下班。每一天勞動與生活苦處，逆著露天貨車的車行氣流隨風而逝。這段不安全的路途，唯一放心的是隨風而逝這件事，那是心情轉換與沉澱的良方。

一條傍著濁水溪南岸而行的藍色公路，終點是白色的石化工業區總部。

煙口下的子民

濁水溪口的這片海洋，是南北兩岸居民生活的場域，在生活無欲的需求下，生活也都夠用。

但是，無欲生活的另一真實意義就是貧窮。貧窮是偏鄉最真實的寫照，沒有多餘物質欲求的奢望。

六輕設廠，給了南北兩岸居民物質生活改變的希望，給了灰姑娘傳奇的夢想，然而這終究只是一場華麗的夢而已。

資本主義經濟發展的生產需求無可避免，但也必然產生生產關係的利益衝突，除了造成勞動階級被剝削，水、土地、原料等環境財，同屬利益衝突的範疇。經濟發展造成了人的階級，也造成了人與環境的衝突，環境受到經濟發展下剩餘財富的剝削，所產生的社會成本同屬勞動工人的階級剝削，因此，環境的問題自始至終就是階級的問題。在環境與經濟發展的天平上，我們該如何進行選擇？

二〇一五年，敘利亞難民的悲歌令人鼻酸，或許很多臺灣人慶幸我們沒有戰亂，滿足在此平安喜樂中。但事實上，我們身處在天災、人為的公害汙染中而未正視，若是盲目地持續往經濟發展的一端傾斜，終將無法避免成為煙口下的難民。

六輕石化王國是怎麼煉成的？

六輕，全世界最大的單一石化園區，共占地二二五五公頃。廠區旁有麥寮專用港，進口大量原油，在煉油廠提煉出柴油、汽油、輕油等油品，輕油裂解後便可產生塑膠製品原料。廠區內有六十幾座工廠，涵蓋石化業上中下游製程。如此龐大的石化帝國是怎麼煉成的？我們從空間座標切入，一探究竟。

六輕空拍圖，攝於二〇一七年。（攝影：柯金源）

六輕石化王國解密

六輕廠區內共有三套輕油裂解廠、大型儲槽二千多座。整合石化上中下游產業，運作相當完整。

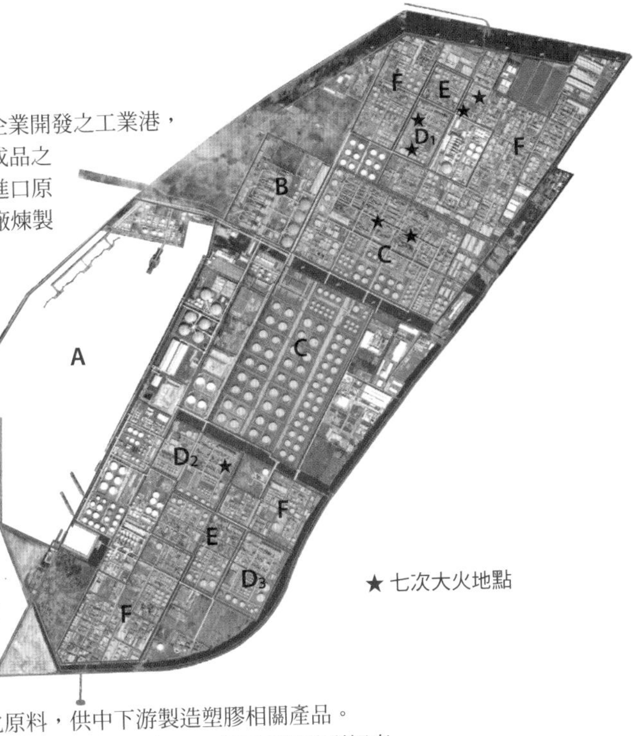

A 麥寮港

臺灣第一座，也是唯一民間企業開發之工業港，為國內第一大運輸原物料及成品之工業區內專用港口。從港口進口原油後，可直接由廠區內煉油廠煉製不同油品。

B 電廠

麥寮電廠的發電量是世界第六大，共有三部燃煤機組，皆以生煤為燃料。所發電量供六輕廠區自用。

C 煉油區

煉油區可同時生產汽油、柴油、輕油等不同油品，供應廠區內工廠以及行銷海內外。

D 烯烴廠（輕油裂解廠）

烯烴廠裂解輕油，生產石化原料，供中下游製造塑膠相關產品。

D_1第一套輕油裂解廠、D_2第二套輕油裂解廠、D_3第三套輕油裂解廠

E 芳香烴廠

芳香烴廠以中質輕油或裂解汽油為原料，生產石化原料，供中下游製造塑膠相關產品。

F 第二原料、塑膠化纖原料廠

整個六輕廠區囊括整個石化產業，除了上游廠裂解原油生產原料，也有不同工廠負責生產出第二原料，以及後續可加工的塑膠化纖原料。

六輕重要事件簿

1986~1988年 **台塑提出興建六輕計畫**。1986年，台塑向經濟部提出六輕計畫，因地方居民抗爭、土地零碎以及缺乏深水港口等限制，一直無法確認建廠位置。

1990年 **行政院長郝柏村排除萬難，宣示興建六輕**。1990年代環境運動風起雲湧，郝柏村鎮壓五輕抗爭民眾，隨後宣示「六輕一定要建」。

1991年 **通過「促進產業升級條例」，六輕受惠**。促產條例通過民間企業可建專用工業港口，六輕因而可建麥寮港；並放寬貧瘠地區投資抵減認定標準，讓六輕享有更多租稅優惠，免稅5年。

1993年 **經濟部規劃雲林離島石化專區**。離島石化專區包括雲林縣有地524公頃以及國有海地1949公頃，六輕取得土地建廠。

1997年 **集集攔河堰鋪設六輕專用管路**。1993年中央核定集集共同引水計畫。1997年7月，集集攔河堰先行鋪設一條工業用水專用管路直達六輕，2002年完工，六輕廠區興建一座面積20公頃的蓄水池。枯水期仍每日調撥34萬噸水給六輕使用。

1998年 **六輕第一套輕油裂解廠完工**。乙烯是石化產品重要的原料，乙烯產量常被視為一個國家石化工業的衡量指標。1998年，六輕的乙烯年產能已有70萬噸。

2000年 **六輕第二套輕油裂解廠完工**。兩座輕油裂解廠的乙烯總產能年達160萬噸。台塑年營收達新臺幣5千億元。

2008年 **六輕第三套輕油裂解廠完工**。三座輕油裂解廠，一年產出乙烯共達293.5萬噸，超過中油一輕到五輕的總合（約140萬噸）。台塑年營收達新台幣近2兆元。

2010~2011年 **六輕一年內發生7次大火**。1998年開始投產的六輕，至2010年已營運超過10年。六輕位處海邊，由於強烈日曬、鹽化腐蝕，加上管線老舊，一年內引發7次工安大火事件。

2018年 **六輕投產營運20年**

第5章 六輕二十年之科學戰爭

對六輕周遭的環境難民來說，最痛苦的一件事，是測不到的汙染，就等同於汙染從來不曾存在過。身上的那些病痛癌瘤，也同時被徹底否定、忽視。

汙染為什麼測不到？稽查最前線，地方環保局推擋的是大財團金錢攻勢的人員挖角、砸重金的科學軍備競賽，還有多如牛毛的罰單訴訟。稽查大後方，則有宛如緊箍咒、國家制定的「標準方法」來打擊士氣。雲林環保局與中央環保署，自己人為難自己人，誰的執法說了算？學術界與公部門不是攜手對抗汙染，而是互相扞格。科學門檻先將地方百姓排除在外，在執行檢測的官僚體系中，又設立第二道門檻，永無止盡地比對、校正、再確認，讓有心檢測者都被捲入細節的迷宮。誰制定「標準方法」，誰就掌握了汙染的帳面數字。帳面數字好看，國家就可繼續怠惰不作為。

1 六輕汙染羅生門——誰的檢測才算數？

雲林台西鄉自救會成員吳日暉開車來接我們，初次來到麥寮，想瞭解六輕的外地人，通常找他當「導遊」，幫忙導覽六輕周圍的地景。

在緊鄰六輕的雲林長庚醫院，我們與另一個導覽團狹路相逢，那是由台塑企業贊助、電視公司主辦的主播記者培育夏令營，三十幾位高中生免費參加，得到可進入一向門禁森嚴的六輕廠區採訪的珍稀機會，報導麥寮「生態港」、六輕專屬的消防隊，這一站來到雲林長庚，他們將要產出的內容是「免費健檢保安康」。

青春洋溢的高中生拿起麥克風已略具架勢，每當有人從醫院大門走出，就急切地衝上前去，因為大型醫院裡空蕩冷清，大半天等不到一個人。

吳日暉冷眼看著這一切，不論是六輕提供在地居民的免費健檢，或者學校免費的營養午餐，「對我而言都是極致的羞辱」，接著他的身

長時間從煙囪排放出來的大量氣體，究竟是不是汙染？（攝影：吳逸驊）

體開始抽搐：「給了一個電錶（指台塑給居民的補助），就會感到高興嗎？不，是感到非常痛心，痛心到晚上睡不著。」

一場演講驚醒夢中人

從前吳日暉只覺得村子裡的癌症患者多得嚇人，人口外流，葬儀社卻愈開愈多。二〇一二年十月二十日，臺大公衛系教授詹長權在雲林連辦兩場說明會，總結自二〇〇八年以來關於六輕汙染與居民健康的研究，指出石化汙染的指標重金屬與多環芳香烴等致癌物，在距離六輕十公里以內的雲林麥寮、台西鄉住滿五年之居民的尿液代謝物中，其濃度顯著高於雲林其他鄉鎮之居民。

聽完演講，吳日暉猛然醒覺，成了對六輕提告的全職抗爭者，他穿起「控訴六輕汙染，發願修行」的T恤，用土法煉鋼的方式挨家

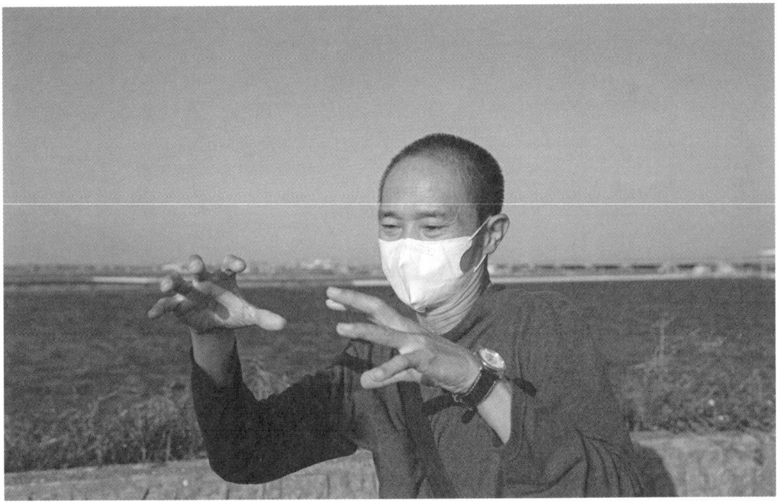

雲林台西鄉自救會成員吳日暉（攝影：吳逸驊）

挨戶蒐集資訊，他理了平頭，乾癟的身軀再也榨不出一點水分，像是在抗爭中苦行的修道人。

詹長權的雲林流行病學研究，成為台西鄉民提告的主要依據，吳日暉說：「聽法官在問問題，感覺他都沒有讀我們給他的資料。」台西鄉民的第一任義務律師是詹順貴，二〇一七年底採訪時，他的身分是環保署副署長，已將案子轉手出去，他回想當時場景：「第一次開庭跟法官講流行病學因果關係，法官居然問這個案子跟流行性感冒有什麼關係？他就不想審呀。」

學者接力，證明汙染的最後一哩路

控告六輕案困難重重，因為司法上要求嚴格的「因果關係」，需要由受害居民舉證，居民的癌症到底是哪一種具體的化學物質導致？又是從六輕四百根煙囪中的哪一根所排出？證明汙染的最後一哩路，必須要進到六輕廠區內做實際的煙道檢測，但一般人根本無法進入六輕廠區。

中興大學環工系教授莊秉潔在二〇一二年被台塑集團以誹謗名譽提告，求償四千萬元。提告理由之一是因為莊秉潔曾在會議中說過：「六輕自己的煙道資料到現在為止還是空的。」

二〇一七年來到莊秉潔的研究室，停著一臺公路車，採訪這天他穿著螢光車衣，在空汙拉警報的臺中，他騎單車通勤，以身體力行減少碳排放。

曾經和大財團纏訟，很難沒有陰影，莊秉潔卻沒有忘記當初讓他惹禍上身的那句話：「空白的煙道資料」，他想用自身的空汙模擬專業，接棒詹長權的流行病學調查，補上最後一塊真相拼圖。二〇一一年蘇治芬當縣長時，莊秉潔就曾對雲林環保局提出建議，想去量測六輕四百根煙囪裡的重金屬與致癌物質，從蘇治芬到李進勇（已於二〇一八年底卸任），他苦笑著說：「預算始終沒有編列。」

雲林縣環保局長張喬維，正好是莊秉潔從前的指導學生。老師三不五時就催學生進去六輕量測，學生卻難以行動，因為很多一、二級有害空氣汙染物，環保署沒有訂立標準檢測方法，也還沒有排放標準。

莊秉潔說：「喬維說他去量的話，一來沒有排放標準，所以無法開罰，二來如果量測所用的不是標準方法，台塑提訴願的時候，就會質疑這個不是標準方法，讓他因而敗訴。」

中興大學環工系教授莊秉潔在二〇一二年被台塑集團以誹謗名譽提告，求償四千萬元。（攝影：林雨佑）

環保署修訂「固定汙染源有害空氣汙染物排放標準」，二〇二〇年加入「健康風險概念」

一九九二年由環保署公布、並於二〇一三年修訂的「固定汙染源空氣汙染物排放標準」，管制一般空氣汙染物包括硫氧化物、氮氧化物、一氧化氮等，遠遠不符合日益複雜的工廠製程現況。

民間的環運律師詹順貴入閣後，在環保署內推動修法。二〇一七年九月，環保署預告「固定汙染源有害空氣汙染物排放標準」亡羊補牢，以專法管制「有害」空氣汙染物，分三階段，第一階段在二〇二〇年元月先實施二十九項，包括石化業加工常見的一級致癌物1,3－丁二烯，以及重金屬鎳、砷、汞等。第二階段於二〇二一年實施二十項，第三階段於二〇二三年實施二十三項。三階段將七十二項有害空氣汙染物列管。

詹順貴在這次修法中，特別加入「健康風險」的新概念，以二〇一六年在許厝國小遷校風波中成為眾矢之的的一級致癌物「氯乙烯」（VCM）為例，氯乙烯在之前的「固定汙染源空氣汙染物排放標準」已列入，排放管道（指煙囪）標準為小於10 ppm（ppm指百萬分之一，10的負六次方），周界（依土地利用方式及對民眾生活影響程度，由地方政府劃定周邊影響範圍）標準為0.2 ppm。而二〇二〇年將要實施的第一階段有害空氣汙染物排放標準，在排放標準納入健康風險概念，以民眾可接受暴露濃度訂定

「容許環境濃度限值」，分為一小時值（短期暴露、急性影響）以及年平均值（長期暴露、致癌性、慢性影響）兩種。氯乙烯的小時值為20 ppbv（ppb指十億分之一，10的負九次方；v代表體積），年平均值為0.04 ppbv。

在管道排放方面，以往不管排放量大小，氯乙烯統一適用於一種標準。在有害空氣汙染物專法中則透過空氣擴散模擬工具核算，依其製程、排放量、同一區域內的排放源數量，「客製化」、「差異化」計算出排放標準，不再像從前講求單一共通性。

稽查最前線：興訟、挖角與科學軍備競賽

我們來到正式編制只有四十三人的雲林環保局，很疑惑這樣的人力要如何監管六輕？局長張喬維說，正式員工和約聘雇大約是一比一，空噪科負責六輕業務的僅有七人，除此之外，還會外包給專業工程顧問公司。稽查人數仍遠遠不足，張喬維常舉的例子是，臺北市環保局底下取締亂丟菸蒂等工作的稽查大隊，正式編制就有一百七十三人，是雲林整個環保局的四倍多。

人少還是得做事，監管六輕不僅工作繁重，還需面對高強度的壓力。對於環保單位開出的罰單，台塑每件必提訴願。張喬維說：「金額最少的一張是（六輕為堆置煤灰與汙泥所興築的）灰塘違反廢清法的六千元罰單。」區區六千元，台塑寧願花十倍以上的價錢，請來知

名法律事務所的律師興訟，看似不符合經濟效益，卻能讓第一線稽查人員疲於奔命跑法院，在無形中製造莫大的心理壓力。

對於頻繁提出訴願，台塑安衛環中心副總經理吳宗進接受我們訪問時強調，台塑集團是對於「法律模糊地帶」的裁罰才會提出訴願，法令明確的裁罰都會接受。

前環保署中區稽查大隊隊長石秉鑫則指出：「從民國九十九年到現在，對六輕的裁罰有二百二十八件，台塑每一件都提訴願。開罰一件要給他們陳述意見一次，訴願委員會一次，還有行政法院再一次，甚至不服到最高

稽查六輕人力表

負責單位	
中央	環保署中區環境稽查大隊（臺中）
地方	雲林縣環保局（雲林斗六）
廠商	台塑六輕（雲林麥寮）

管理與稽查人力	
中央	中區稽查大隊第四大隊：7人 注：業務範圍包括南投、雲林，六輕只是其中一部分。
地方	A.空氣噪音處理科負責六輕業務：7人（含3名約聘） B.外包人力： 1.顧問公司：4間，共40人（除六輕業務外，還有雲林縣其他業務），其中有7人駐點於麥寮辦公室。 2.顧問公司再發包出去給第三方檢測機構：4間
廠商	六輕履行《六輕四期擴建計畫環評書》承諾，必須定期找第三方檢測機構進行檢測。 每季（3個月）檢測結果送環保署、雲林環保局，並定期上網公告。

業務內容	
中央	不定期專業性稽查：例如許厝分校爭議中，進廠進行VCM查核
地方	一般日常性稽查；許可證管制；空汙費計算；VCM、VOCs查核；監測車
廠商	周界空品、粒狀汙染物、逸散性氣體、VOCs檢測

注：第三方檢測機構經SGS認證之合格機構，由環保署環檢所監督查核。

行政法院，一件告發下去承辦人員要跑四、五趟不只。」

中區稽查大隊負責六輕的第四小組，人力也只有七人，還要負責南投、雲林的其他業務。石秉鑫跟我們形容進入六輕稽查，卻成了「反蒐證」的對象，「壓力非常大，我們去最多是四個人，到了現場，六輕十幾二十幾個人緊跟著，我們所做的每一個步驟都會全程被拍照、錄影，做為他們日後行政救濟的依據。」

雲林環保局空噪科員曾建閩是第一線的稽查人員，他非環工本科，進入六輕稽查，必定要有顧問公司陪同，「那次只帶一個計畫經理跟我進去，（六輕）他們十幾個人，在旁邊不停質疑我，說環保局儀器有問題。」臺灣曼寧工程顧問公司工程師蔡宗憲提到去一般工廠稽查，大部分都很客氣，去六輕氣氛就很不同，「變成被六輕挖過去的老鳥，挑戰前來稽查的菜鳥。」

臺灣曼寧長期和雲林縣環保局合作，成為六輕鎖定的高薪挖角對象。陪同環保局進廠稽查的臺灣曼寧工程師，下一次就搖身一變，成了在廠內「反搜查」的六輕安衛環中心雇員，這樣的戲碼屢屢上演。

除了臺灣曼寧，雲林環保局更是六輕鎖定的挖角目標，曾被縣議員形容為「六輕訓練所」，局長張喬維不諱言，二〇一七年才有一個待了八年的約聘人員被挖角，「說實在無法避免，我想聘一個高階工程師，會被審計單位問，為什麼要聘薪水五萬多的？我是高階主管，薪水都比六輕的專員還低，六輕裡專員大概有幾萬個吧。」

除了挖人，環保局採用什麼檢測儀器，六輕也馬上大規模追加，彷彿科學軍備競賽，張喬維說：「GasFind IR可以偵測到管線的洩漏，是美國國防部管制產品，我們租一臺就要四百萬，六輕透過美國公司，一次就採買十幾臺（台塑集團受訪時表示，一共採買了三十九臺）。FTIR紅外線監測儀器也一樣，我們設了一套，他們就買了十幾套放著。」

政府對上政府：標準方法測不到氯乙烯（VCM）

最讓第一線稽查人員洩氣的，並不是台塑集團多如牛毛的訴願，也不是人員挖角、儀器的軍備競賽，而是環保署環檢所訂立的國家「標準方法」，成了公部門自己人為難自己人的緊箍咒。

在許厝國小的遷校爭議中，雲林環保局將二〇一二年五月至二〇一四年六月在六輕周界逐時監測的光化車數據，提供給國衛院

前環保署中區稽查大隊隊長石秉鑫表示負責六輕的第四小組，人力也只有七人，還要負責南投、雲林的其他業務。（攝影：林雨佑）

做依據，國衛院在這期間（二〇一三年十月至二〇一四年五月）取得五所國小學童尿液進行檢測，此項研究登上國際一級期刊《環境研究》（*Environmental Research*）。國衛院的報告中指出：「監測資料已顯示六輕廠區內外長期皆有氯乙烯（VCM）／EDC逸散之時空趨勢變化。」

張喬維說：「臺灣政府陷入一個迷思，不屬於國家標準檢測方法的東西，基本上他們就不採證。台塑集團也一直在攻擊這個不是標準方法得出來的數據。做處分一定要標準方法，這個我認同。可是在做環境調查，汙染的預防改善時，就不該局限於國家方法。詹（長權）老師一直被攻擊，站在汙染防治的立場上，不給處分沒關係，但政府要去改善呀。」

一臺造價上千萬的光化監測車，長期機動性在六輕周邊監測，每小時產生一筆數據，卻被認定為不夠精確、僅供參考，只因為這不是環檢所公布的VOCs[1]的標準檢測方法。VOCs標準檢測方法，需要手動拿不銹鋼筒採樣，採樣完拿回實驗室再另行分析，採樣一次通常需要兩個禮拜才能完成。實驗室的分析結果往往不對外公開，不像自動監測的光化監測車，一般民眾上網就可看到即時數據，以人工手動採樣也無法像監測車二十四小時待命。

莊秉潔說：「非即時性的手動方法，一般來講都採樣好幾天才分析，又常常沒有偵測出，

1 指「揮發性有機物」（Volatile Organic Compounds），包括：苯系物、有機氯化物、氟里昂系列、有機酮、胺、醇、醚、酯、酸和石油烴化合物等。VOCs濃度過高，容易引起急性中毒，輕者會出現頭痛、頭暈、咳嗽、噁心、嘔吐；重者會出現肝中毒，甚至有生命危險，其中部分物質已被確定有致癌風險。

對我來說手動的資料沒什麼代表性，因為風向常常每天就變了好幾次，即時資料你就可以看到每小時的數據，風吹過來濃度是多少，沒吹過來又是多少。手動的話就是看運氣，你很難說你採樣的就是風吹過來的濃度。」

正因為雲林環保局光化監測車兩年來的監測被以「不符合標準方法」而被政府漠視，在二〇一六年八月爆發許厝國小遷校紛爭，衛福部下的國健署另找成大教授李俊璋進行尿液檢測，環保署空保處也同時啟動六輕周界以及廠區的致癌物質氯乙烯稽查。

問題是，在新聞熱點當下，空保處大張旗鼓宣告稽查動作，難保工廠不會事先防備，果然六輕的兩個氯乙烯相關製程先後歲修[2]至九月中旬。空保處在歲修後的十月三日到七日進廠，稽查結果一切符合標準。

除了進廠稽查，空保處也配合李俊璋的尿液採樣，同步在橋頭本校和許厝分校等二十一個地點以標準方法的鋼瓶進行手動採樣，共有七十三個樣品，均顯示氯乙烯是零檢出（ND）。

標準方法檢測不出來，但是非標準方法的許厝分校光化監測車以及FTIR紅外線監

雲林縣政府設於許厝國小的空氣品質移動監測車
（攝影：吳逸驊）

測，卻在同時段測到七次氯乙烯，雖然濃度合乎法規標準，然而還是凸顯標準方法的局限：手動採樣方法就是測不到，每小時一筆測到的數據又可以被忽略、不算數。二〇一七年二月七日由國健署召開的專家會議，原本要討論詹長權和李俊璋的麥寮學童尿液檢測，最後卻讓這手動採樣的零檢出結果，成為媒體報導「無汙染」的翻盤焦點。

自動監測的光學原理

光化監測車以及FTIR紅外線監測，均屬於光學量測儀器，當氣團通過反射光徑時，所含有之空氣汙染物可被量測出來。環保署認為，用光學儀器量測，容易受到環境影響而產生部分誤差，在實務上FTIR可應用在汙染物來源追查以及即時監測，但無法用於量測是否符合排放標準。

關於光化監測車（空氣中有機光化前驅物檢測方法—氣相層析／火焰離子化偵測法），具有可連續二十四小時運轉，每小時產出數據的即時優點，但即時數值仍須經過品保品管（QA／QC）程序方能確保數據無誤。

再則，光化監測車的原始目的是監測臭氧前驅物，僅包含具高臭氧生成潛勢且可連

2 指為確保工程安全和完整，充分發揮並擴大工程效益，延長工程使用壽命，每年進行的有計畫的整修和養護工作。

續自動監測的五十四種ＶＯＣｓ，無法涵蓋全部的ＶＯＣｓ，仍需要搭配可分析物種較多的不鏽鋼筒人工採樣（不鏽鋼採樣筒／氣相層析質譜儀法），再回到實驗室內進行更準確的定性定量分析。

然而環保署也不否認，依據目前光化站的設定，可每小時產出監測數據，雖後續仍須經過定性定量等品保程序，但未經品保數據仍有其參考價值。

政府對上學術：要多少研究才能監測重金屬

標準方法的受害者，還有學者詹長權的研究。詹長權團隊在二〇一四年開啟彰化縣大城鄉六輕汙染的研究，除了流行病學調查，也一併做了空氣監測，在大城鄉頂庄國小屋頂裝設重金屬連續監測設備，自二〇一四年九月十一日到二十六日，逐時測量空氣中的重金屬，發現鎳、鉻在吹南風或西南風（大城鄉西南方為六輕）時，濃度是其他風向好幾倍。而這些空氣中的重金屬，皆可以在大城鄉民的尿液中驗出。

詹長權所使用的要價上千萬的重金屬連續監測儀器，可以看到逐時的每筆資料，卻仍然不屬於「標準方法」。環保署空保處在二〇一七年五月到八月，也用了非標準方法的重金屬連續監測儀器，在大城鄉逐時監測。前環保署空保處長蔡鴻德說：「同樣是重金屬自動監測儀器，但詹長權老師的那個儀器準確度比較低，數據僅供參考，後續還是都要用（手動監測）

採樣才行！」

三個多月的監測結果，空保處八月二十八日在大城鄉台西村的活動中心辦說明會。當日出席說明會的村民許奕結說，「空保處拿（臺北）艋舺的空氣跟大城比，說我們的空氣算不錯的，因為艋舺有很多汽機車，空氣比大城還糟。都沒有在講我們居民事實上的汙染問題，而是講一些不痛不癢的話呼嚨過去，我們愈聽愈洩氣。」

環保署的監測數據並未對外界公開，我們在二〇一七年底向空保處索取，時任處長的蔡鴻德說：「上次測的只是一段時間而已，資料還不夠，要累積比較多的資料，希望不同季節都有，這樣說服力比較高。」空保處另以書面回應，指出五到八月的監測是「廠商於現地試做以展示功能」，九月二十日到十一月三十日又繼續進行重金屬連續監測，兩季的監測都完成了，「目前正就數據執行品保審查作業中」。

環保署總共進行了四季的監測，在使用重金屬連續監測儀器的同時，也做了手動的採樣，自動的數據經過品保品管後，再與手動的結果做對照，來評估重金屬連續監測儀器的準確性。換言之，執行自動監測的主要用意，並不在瞭解台西村汙染現況，而是因為官方對於新式光學儀器的不信任，仍然需要更多的數據，更多的比對，更多的評估……彷彿陷入永無止盡的迴圈。

詹長權說：「科學上有測不準的原因，所有的方法都有它的極限，沒有百分之百的正確、肯定。你永遠要在一定程度的不確定性之下做決策。」品管、品保、比對、校正、減少誤差，細節宛如卡夫卡的迷宮將人徹底困住，忽視了眼前將至的災難。科學家在一九六三年就已發現到美國中西部的石化工廠導致酸雨，建議降低空汙排放量，卻被美國政府以「要進行更多的研究」而拖延不處理，到了一九九〇年才進行總量管制，但三十年來環境的破壞已不可回復。研究環境風險治理的政大公行系教授杜文苓說：「科學討論中的『不確定』與『未知』，更常成為政策不作為的最佳藉口。」

環保署的標準方法來自美國，然而在美國，隨著日新月異的汙染新元素，國家財力有限，沒辦法新設很多標準方法，往往是民間對環境更加敏感，檢驗走在更前面，因此國家標準方法與學術界或民間所研發出的「參考方法」（reference method），其實是雙管齊下，共同來解決汙染問題，沒有哪一個方法是唯一的權威。

詹長權說：「『參考方法』並非比較不嚴謹，而是往往比『標準方法』更新更敏感也更進步。政府行政上的落後，然後來說新的方法不能用，這是不對的！政府應該多多蒐集民間、學界常用的方法，然後變成參考方法，而不是說沒有方法所以不能採證，沒法採證就不採取

位於彰化縣大城鄉台西村堤防的行政院環保署空氣品質監測車
（攝影：吳逸驊）

行動！」

第三方公正監測是否存在

六輕營運二十年來，在周界目前有環保署的麥寮（一般測站）、台西（光化測站）兩個空氣品質測站，這是固定測站。環保署還有兩臺可移動的監測車，分別停靠在麥寮的許厝分校，以及彰化台西村的堤防上。除了官方的測站，還有六輕依法規設置的十座特殊性工業區測站。[3]

研究石化製程的雲科大化材系教授林春強說：「很多監測都忽略重金屬，像現在空品測站的AQI空氣指標裡就沒有重金屬呀。重金屬會附著在PM2.5上，而VOCs經過光化學反應後產生衍生物[4]，也會附著在PM2.5上，VOCs比重金屬更毒，像苯會引發血癌，氯乙烯會導致肝癌或血管腫瘤。」

六輕最為人所稱道的是廠區內整合石化上中下游產業，麥寮專用港使其能進口大量原油提煉出輕油，輕油裂解後便可產生氯乙烯、苯乙烯、合成酚等石化製品原料。廠內四、五層

3 分別為大城、東石、台西、麥寮、西螺、土庫、褒忠、四湖、東勢、崙背，即時監測數據請見「雲林縣環境監測網」。

4 VOCs在陽光下經由紫外線照射，容易被氧化形成游離基（radicals），會再與大氣中的其他成分如二氧化氮、臭氧反應，形成高濃度的臭氧、空氣汙染煙霧（Smog）和致癌物質，如醛、酮及PANs，故VOCs是一種急需處理的氣態空氣汙染物。資料來源：成大環工所空汙控制研究室。

樓高的儲槽就有二千多座，連接上中下游的原料配管長達三三〇〇公里，整整可繞臺灣三圈。大型儲槽以及管線設備連接處，都是VOCs容易逸散之處。

問題是：六輕廠區二千多個儲槽和二百多萬個設備元件要如何檢測起？主要負責稽查的是雲林環保局，但地方環保局人力不足，將此計畫外包出去給專業顧問公司，在麥寮辦公室有七人駐點，而顧問公司會再發包下去給第三方檢測機構。六輕本身依據環評通過結論，也須定期找第三方檢測機構執行檢驗。

儘管六輕所找的第三方機構都經過環檢所認證，但檢測出來的數字都不會超標、總是合乎標準。

成大環工系教授吳義林說：「設備元件是委託環檢所認證的第三方檢驗公司去做，但我們一直很懷疑，到底有沒有好好去測？這裡面比較大的問題是，它們（第三方檢驗）做出來很

六輕揮發性有機物（VOCs）逸散管道表

上千種化學有機物總和，可附著於PM2.5上，毒性更強。

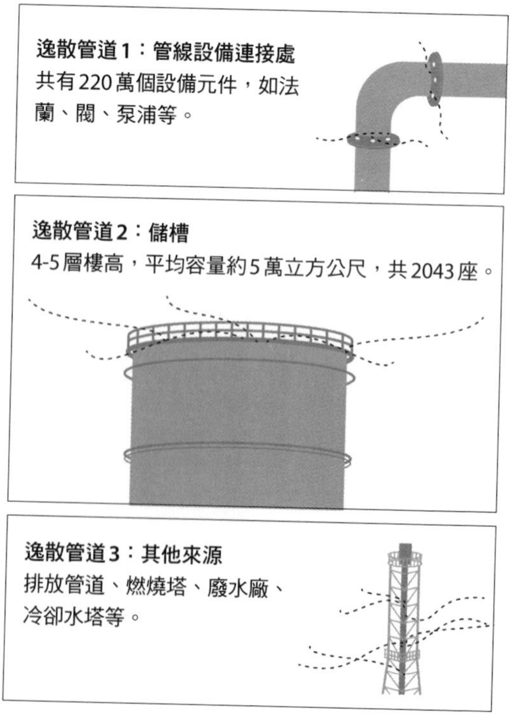
逸散管道1：管線設備連接處
共有220萬個設備元件，如法蘭、閥、泵浦等。
逸散管道2：儲槽
4-5層樓高，平均容量約5萬立方公尺，共2043座。
逸散管道3：其他來源
排放管道、燃燒塔、廢水廠、冷卻水塔等。

（設計：黃禹禛）

低，六輕也高興呀。我覺得環檢所應該要有一個品管品保的機制去查核，政府要花錢，照它（第三方檢驗）的方法實際去做一次，再比較看看有沒有落差。」

負責監督第三方檢驗機構的是位於中壢的環檢所，副所長巫月春指出，目前官方認可的空氣檢測第三方機構有五十家廠商：「一家廠商通常兩年輪到一次，我們會去實驗室或現場，如果有人檢舉，才會增加頻率。」我們追問，會不會考慮用錄影的方式，檢驗廠商在現場到底有沒有確實執行檢測？

巫月春說：「六輕是石化廠，我車子進去要有滅煙器，我錄影機帶進去要防爆，這有很大的困難。它有點像國防重鎮，廠區很大，製程那麼多我們也看不懂，一定要它的人來帶。你不能完全歸咎六輕那麼狡猾，它爆炸了我也付不起。」但錄影器材不太可能引發化工廠爆

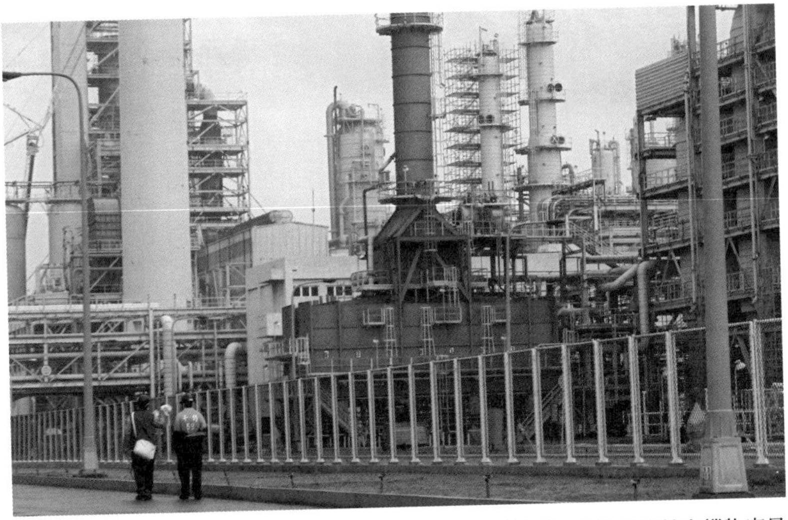

六輕廠區內整合石化上中下游產業，大型儲槽多且管線複雜，都是揮發性有機物容易逸散的地方。（攝影：吳逸驊）

六輕廠區的汙染源排放來源

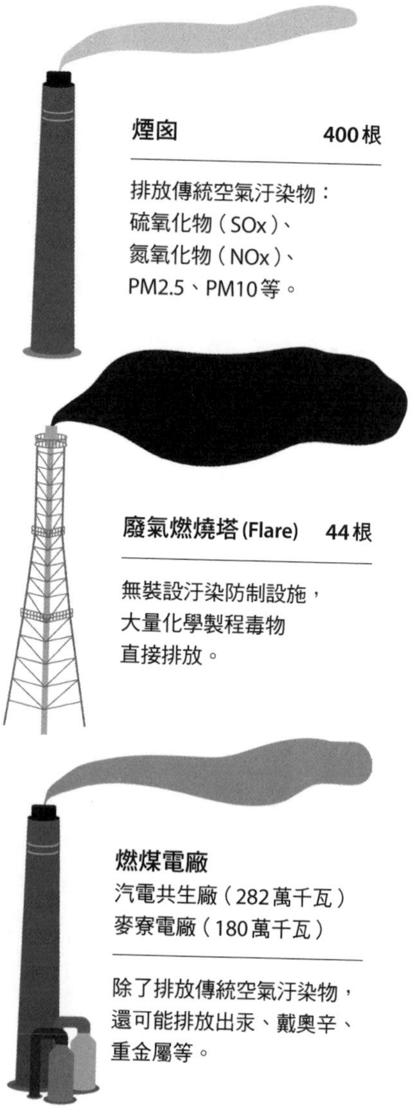
煙囪 400根
排放傳統空氣汙染物：
硫氧化物（SOx）、
氮氧化物（NOx）、
PM2.5、PM10等。
廢氣燃燒塔(Flare) 44根
無裝設汙染防制設施，
大量化學製程毒物
直接排放。
燃煤電廠
汽電共生廠（282萬千瓦）
麥寮電廠（180萬千瓦）
除了排放傳統空氣汙染物，
還可能排放出汞、戴奧辛、
重金屬等。

（設計：黃禹禎）

炸吧？巫月春改口說，「六輕有理由說這是它工廠製程的祕密，洩漏出去怎麼辦！」

我們再問，六輕已營運二十年，公權力進入六輕廠區稽查，無法錄影也無法用GPS定位，這樣的效率會不會太慢了？巫月春說：「老實說，為什麼一定要檢測機構進去，CEMS（Continuous Emission Monitoring Systems）連線一樣可以看得到呀！」

CEMS指的是「煙道連續自動監測設備」，六輕廠區內的四百根煙囪，目前有三十四根裝設CEMS，不到十分之一。環保署的說法是，這三十四根已能掌握硫氧化物、氮氧化物大約八成的排放量，然而對於製程複雜的石化園區而言，重點不是排放量的大小，而是具體排放了什麼化學物質才更值得關切。

彰化環保聯盟理事長施月英質疑：「我們幾次檢舉說冒黑煙了，很清楚還有錄影，幾點幾分在什麼地方，環保局來了也不知道是哪一根，專業判斷能力很不足，再怎麼檢舉都沒用！如果每一根都有裝CEMS的話，至少還可以看一下數據有沒有異常。」

實際去看CEMS的監測內容，包括二氧化硫、氮氧化物、一氧化碳、氧氣、排放流率、溫度、不透光率，但對於最毒的VOCs或重金屬，CEMS仍然無法監測。

等不到中央災害應變機構

將監管六輕的責任，全部丟給環保單位與地方政府，也不盡公平。二〇一七年時任環保署副署長詹順貴說：「人力和資源都比環保署多很多的經濟部，除了嘴巴講經濟發展，它到底盡過目的事業主管機關的責任沒有？有積極輔導六輕，去用最好的製程和汙染防制設備嗎？」

經濟部是六輕的目的事業主管機關，然而經濟部工業局在二〇〇五年委託成大所做的一份報告「雲林離島式基礎工業區環境與居民身體健康之暴露與風險評估研究」，完成後卻屬於內部參考的「限閱資料」，未對外公開。二〇〇九年《自由時報》透過管道拿到這份限閱資料，指出報告內容和詹長權後來所做的雲林流行病學研究結果相似，六輕附近的麥寮鄉、台西鄉、四湖鄉、口湖鄉、東勢鄉，苯的致癌風險，皆高於健康風險標準的十的負六次方。

主管機關隱匿致癌風險資訊，並放任六輕自己管理自己，雲林縣立委劉建國說：「政府怠惰，讓六輕這麼大的石化廠區『自主管理』，我都說那是『自殺管理』。二〇一〇年左右六輕發生十八次工安大火事件，一下子就完全燃燒，消防隊進去還要獲得他們同意，連我是（立法院環衛委員會）召委想進去勘災也進不去。政府應該要成立國家級應變中心，不能讓它自主管理，它永遠都會講它符合國家標準。」

二〇一〇年六輕大火連環爆，當時雲林縣長蘇治芬就已呼籲中央成立災害防治機構。蘇治芬的下一任縣長李進勇也說：「六輕的毒性化學物質如果洩漏就很恐怖，二〇〇九年曾經發生光氣外洩事件，吸進去的話整個肺都會腐蝕，我建議要成立國家級的災害防治機構，但中央始終沒反應。」

面對從學者到地方政府的強烈抨擊，台塑安衛環中心副總經理吳宗進接受我們訪問時說，台塑設置「麥寮園區八層空汙防護網」，扮演「環境品質守護神」的角色，並成立空氣品質評估及諮詢委員會，邀請國內外著名空汙專家研究麥寮空品變化，其中一項結論是：「中南部空氣汙染較高的冬季期間，主要吹東北季風，六輕排放的汙染物多會被吹送至臺灣海峽。」

當我們繼續追問，所謂「國內外著名空汙專家」到底是哪些學者？安衛環中心蔡建樑經理說：「學者經常更換，沒有固定，因此無法提供名單。」

二〇一九年四月，六輕工業區內的台化芳香烴三廠發生嚴重氣爆事件，大火延燒兩天，又再次震醒關於六輕監督治理的陳年議題。事故一年後，在雲林縣長張麗善的爭取下，終於讓環保署中區環境事故專業技術小組不需再臺中—雲林兩地奔波，八名隊員常駐麥寮，和雲林縣環保局麥寮辦公室的三名稽查人員共同進駐位於六輕大門口，車程僅有兩分鐘的「三盛林務所」。儘管踏出了一小步，仍然離中央級應變災害中心的規格還很遠。

坐以待斃不如起而行，公民科學迫使改變

不管是鬆綁更多的檢測方法，或者擔負起監管的責任，官方該有更多行動，卻始終消極、怠惰，地方受害的「環境難民」，只能坐以待斃嗎？

九〇年代末，殼牌化工廠選擇設廠在美國路易斯安那州Norco的黑人社區附近。當地居民先是以官方認可的空氣桶監測蒐集數據，顯示有高濃度的化學物質，進而促使官方進行特別的額外監測，結果追溯到殼牌化工廠外洩有毒物質。

居民除了自行監測，也挑戰官方的「標準方法」。主管機關的監測方式側重在有毒汙染物「年平均濃度」的數據，居民測量空氣汙染，則提供更多短期高峰的數據，他們認為對於同心圓第一圈的周遭居民而言，峰值濃度更加重要，也可補官方平均濃度的不足。

居民以「公民科學」取得堅實的數據，不但讓官方加強檢測，也讓殼牌公司啟動「Norco空氣監測計畫」，在工廠兩平方英里的住宅區建立六個監測站。頭三個月的監測結束時，殼牌就主動向Norco社區公布結果。

居民主動出擊，官方不龜縮拖延，廠商也不閃躲，三方都取得互信機制，有良好的互動。長久以來，Norco因為汙染被視為不宜人居之地，一般人不會想到當地買房子，當地人想賣掉房子搬走也不容易，居民進一步的訴求是，希望殼牌公司買下這些因環境汙染而想搬離的

居民的房子。

殼牌化工在二〇〇〇年提出「自願購買房產計畫」，願意以高於市價三成的價格，買下最靠近工廠的兩個街道的房子，在工廠和社區之間建立無人居住的緩衝區。緩衝區外圍，殼牌願意以市價購買，如果居民還願意住下來，殼牌則會提供一筆二萬五千美金的家庭改善無息貸款，讓原本弱勢的黑人社區能改善生活。

關注公民科學的政大教授杜文苓說：「所謂的科學數據有很多的層次，當然如果有資本，就可以自己有儀器還有實驗室，去累積系統性的數據。但是即使沒有資本，例如地球公民基金會曾連續監測一百天看高雄霧霾狀況，這也是一種數據。最勵志的案例是高雄文府國小，常常聞到（學校附近東南水泥傳來的）臭味，小學生去採集雨水、看風向紀錄甚至做地形模型，也去社區發問卷，後來得到全國科展第一名，還發明口罩的專利。最重要的是，他們查出是東南水泥，還真的促使停工。」

坐以待斃不如起而行，Norco黑人社區對殼牌公司提出一個很好的質問：「誰先來誰後到？」當地居民說：「如果我在化工廠蓋好後才搬來這裡，我不會說它不好，因為，是我自己的選擇。但是當居民比化工廠先來，而化工廠帶來汙染，那麼，就是它侵犯我的權利！」

（本文作者：房慧真）

2
六輕汙染無定論？當科學遇上健康風險

石化廠的汙染問題，從國外到臺灣，背後都是一場漫長的科學戰爭。

企業透過智庫與基金會，挹注科學家研究，在發生科學論戰時幫忙助拳圍事。當有科學家揭露「石化廠大量排放溫室氣體，造成臭氧層破洞」，就會有另一派獲得業界資金挹注的科學家出來攻擊揭露問題的人，主張「臭氧層破洞是火山爆發導致」，並透過大量報刊投書成功模糊焦點。這是曾在美國發生的戰役。

在臺灣，類似的科學煙霧彈，讓汙染在風險修辭學中，成為「不存在」、「可忽略」、「可管理」、「可接受」。懂得修辭的專家學

石化廠的汙染問題，背後是烽煙四起、煙霧瀰漫的科學戰爭。（攝影：吳逸驊）

者，耍弄艱澀科學名詞，關心環境與自身健康的民眾不得其門而入，真正該解決的問題被擱置，三年、五年、十年……

環境及健康被破壞之後均是不可逆的，再回首，已失去太多。

這場科學戰役，要從九年前企圖讓白海豚轉彎的國光石化建廠案開始說起。

二〇一〇年七月五號，平時埋首書齋的中興大學環工系教授莊秉潔，來到國光石化健康風險評估的專家會議中，提出一份報告：〈國光石化營運造成ＰＭ2.5與健康及能見度之影響〉。報告中，莊秉潔用政府的公開資訊算出，若國光石化營運後，將因空汙引發的癌症死亡人數。這份報告如一顆燃燒彈，從文弱書生的手上擲出，引起轟天巨響，媒體大幅報導。在環團抗爭與各界人士呼籲的強大壓力下，不久後的二〇一一年四月二十二日，當時的總統馬英九宣布國光石化停建。

為了阻止國光石化興建，一位民間學者走出象牙塔，挺身而出。多年後莊秉潔在中興大學研究室跟我們回憶起這一切，他說自己是個傻頭愣腦，待在中部做研究，不太會先設想利害關係的學者。

大環境的勝利，卻是莊秉潔個人災難的開始。

國光石化停建沒多久，二〇一一年九月，原本國光石化的董事長陳寶郎，轉任台塑石化董事長。隔年二〇一二年五月，台塑集團下的台化纖維以及麥寮電廠，對莊秉潔提起妨害名譽的民、刑事告訴，求償四千萬元。提告的依據之一就是莊秉潔在國光石化會議中的發言。第一次開庭法官就質疑：「被告莊秉潔的言論，當時是針對國光石化，現在你們台塑六輕跳出來告他，也是滿奇怪的！」

到底干卿何事？莊秉潔關於國光石化與ＰＭ2.5的重磅報告中，以距離國光石化不遠的六輕做為比較的基準，得出「國光石化營運將比六輕石化營運致癌死亡人數多一五〇%」的結果，讓台塑因而提告。

雖然在二〇一三年九月四日，法院判決台塑集團敗訴定讞，提告仍造成寒蟬效應。二〇一二年台塑六輕正準備提出擴廠申請，環境記者朱淑娟投書報刊指出：「在這段期間台塑六輕持續提出擴廠案，但相關領域學者卻幾乎全面噤聲。」果然在二〇一二年底，通過六輕四．七期環境差異分析，擴廠成功。

一種ＰＭ2.5，各自表述

戰爭還沒結束。

除了六輕與國光石化的研究，莊秉潔在二〇一二

中興大學環工系教授莊秉潔的研究得出「國光石化營運將比六輕石化營運致癌死亡人數多一五〇%」的結果，讓台塑因而提告。（攝影：林雨佑）

年就率先提出PM2.5問題，他一篇〈PM2.5與石化產業〉的研究內容在二〇一五年三月被《康健雜誌》引用，指出全台測站PM2.5濃度影響最大前三名為六輕、台化彰化廠、華亞汽電廠，均為台塑集團旗下企業。

剛好也在這個時候，中國媒體人柴靜的《穹頂之下》在網路上播映，熱度延燒到海峽這頭，PM2.5正式進入臺灣民眾茶餘飯後的話題中。

PM2.5的話題未休，同時在三月，一場會議隨即召開——「臺灣細懸浮微粒（PM2.5）常見迷思大公開座談會」，主持人是國家衛生研究院名譽教授溫啟邦，以及《聯合報》影音事業處總監周恆和，與會的學者有謝顯堂、陳昭文、蔡善璞，以及兩位國外學者：耶魯大學流行病學暨公共衛生學院教授赫福德（Theodore R. Holford）、全球菸害防制專家強森斯（Luk Joossens）。《聯合報》報導了會議內容，並轉載在台塑的企業刊物中。

學者來頭個個不小，都是美國名校的退休教授。會議中欲破除的十大迷思，包括：「空汙引起肺癌？」「臺灣中南部真如媒體說常紫爆？」「空汙元凶——工業區？」謝顯堂表示：室內不良空氣品質比室外空氣汙染更嚴重；蔡善璞則認為：加強民眾科普教育共同減少PM2.5排放，如照明採用省電燈泡、多利用大眾運輸系統及減少露天焚燒；陳昭文提到：美國環保署指出PM2.5可能不是一個適當的汙染指標。

除了陳昭文，溫啟邦也批評莊秉潔所引用的美國學者波普（C. Arden Pope）的研究不適用於臺灣：「PM2.5中化學物質的組成因地而異，也因季節而有所不同。換句話說，相同濃度的PM2.5不一定會有一樣的毒性。波普的研究結論『空氣汙染中細懸浮微粒每增加10μg/m^3的PM2.5會增加八%肺癌死亡』的論述不是四海皆準，大概不適合於臺灣情況。」他並且提到：「國際研究公認，造成肺癌最主要的原因，有八六%都跟吸菸有關。」

六位有著顯赫學經歷的教授學者一字排開，駁斥PM2.5的研究方法並不適用於臺灣，莊秉潔卻主張臺灣要趕快重視益發嚴重的PM2.5問題，公說公有理，婆說婆有理，科學論戰的技術門檻將一般民眾擋在門外——兩邊都是科學家，到底要相信誰的說法？

只能讓時間來說話。如今，PM2.5的危害已成了全民危機。世界衛生組織（WHO）之國際癌症研究機構（IARC）早在二〇一三年宣布，室外空氣汙染不但會增加罹患呼吸和心血管疾病的風險，還會增加肺癌和膀胱癌的風險；二〇一七年十二月國衛院與衛福部、環保署合作的最新研究更指出，PM2.5除影響老人與孩童肺功能，也與肝癌及代謝性疾病等有關，中南部是當前急需控制地區。

二〇一五年學者對PM2.5的影響爭論不休，汙染後果則由中南部居民概括承受。

誰的法規濃度，誰有長期風險

二〇一五年三月，溫啟邦、謝顯堂、陳昭文與蔡善璞共同參加了一個座談會，看似萍水相逢。而在一年多後，二〇一六年八月的許厝國小遷校爭議中，四位學者再度聚首，聯名投書《自由時報》，反駁行政院根據臺大公衛系教授詹長權研究而做出的遷校決定。文中指出，

「許厝國小學童氯乙烯（VCM）的暴露，瞬間暴露還不到法規濃度的百分之一，完全構不到風險評估濃度，所以長期風險是小於百萬分之一，這種暴露是公認（包括在臺灣）可以被忽略，不必關心的。」

不僅投書，其中溫啟邦、謝顯堂、蔡善璞更身體力行，應當時麥寮鄉長許忠富之邀，九月七日親自下鄉開說明會。

兩派學者的主要差異是：溫啟邦等學者援引源自美國的健康風險評估方法，一切風險皆可以計算。美國用白老鼠實驗得來的參數，將風險量化，不論你是身體健康的成人，還是孱弱的老人家、發展中的幼童、懷孕中的婦女，均適用同一標準。詹長權的流行病學研究，則更重視孕婦以及孩童等「易感族群」的暴露影響，許厝國小學童即屬於呼吸器官仍在發育中的「易感族群」。

詹長權代表的國衛院研究備受挑戰，六輕空汙是否影響許厝國小的學童健康，始終沒有一個定論，學童搬來搬去，家長怨聲載道。（攝影：林雨佑）

許厝國小遷校紛爭後不久，環保署著手加嚴對氯乙烯的管制，二〇一七年九月預告二〇二〇年將要實施的「固定汙染源有害空氣汙染物排放標準」，氯乙烯的環境濃度限值，長期平均值不得大於0.04 ppb，而在二〇一二至二〇一四年雲林環保局監測資料顯示，許厝分校長期平均值達2.19 ppb，顯然超出甚多。

雞蛋會干擾：台塑委託學者加入戰局

許厝國小遷校風波中，以詹長權為代表的國衛院研究備受挑戰，六輕空汙是否影響學童健康，始終沒有一個定論，學童搬來搬去，家長怨聲載道。此時，在反對遷校的麥寮鄉長許忠富的堅持下，衛福部找了成大環境醫學研究所教授李俊璋進場，重新做尿液檢測。李俊璋曾接受台塑六輕委託，執行七年的「六輕特定有害空氣汙染物所致健康風險評估」（二〇〇九至二〇一五年），並非利益迴避的第三方公正人選。

李俊璋之前幫六輕做的健康風險評估結果，就已被環團炮轟嚴重低估汙染風險，這次李俊璋又加入戰局，讓這場科學大戰更加混亂，環團一聽到委任重做研究的是李俊璋，開記者會表示強烈抗議，形容此舉如同「請鬼領藥單」。

我們在二〇一七年底來到麥寮採訪鄉長許忠富，問他為什麼不避嫌，還要找接過台塑計畫案的學者，許忠富說：「因為家長強力要求。而且我聽說全臺灣好像沒有人有驗這種的儀器，聽說這間學校（成大李俊璋）有。我是認為數據，這個時代應該沒在做假的。」

採訪完，許忠富秀了他手機裡的照片給我們看，裡頭有許多和台塑高層的合照，其中一張是台塑集團總裁王文淵親自到許忠富家登門拜訪。這些合照，都讓許忠富引以為傲。

我們也來到成大訪問李俊璋，大部分接六輕計畫的學者都寧願匿名，李俊璋是少數的例外，他說：「大家都盯著六輕的汙染，卻沒有人願意出面去協助他們改善，總要有人願意出來吧！」李俊璋團隊不但幫六輕做健康風險評估，還提供二十多個改善汙染計畫，他強調，在台塑高層王瑞華的支持下，已協助將六輕的特定有害汙染物減少約兩、三百噸，約占六輕揮發性有機物質（約四千噸）的二十分之一。

二〇一六年夏天，許厝國小事件吵翻天時，李俊璋接下驗尿委託：「麥寮鄉長許忠富打給我，說家長不信任詹長權，希望我重做一次。我說你們經費怎麼來？我不願意拿民眾的

大部分接六輕計畫的學者都寧願匿名，李俊璋是少數的例外。（攝影：林雨佑）

錢。許忠富說如果我同意協助的話，他就要找衛福部協助。」

麥寮鄉長的請託果然有效，當時的衛福部長，正好是前長庚兒童醫院院長林奏延，李俊璋說：「林奏延親自打電話來請我幫忙。蔡森田（當時衛福部常務次長）也打給我，說這是很爭議的事情，會害我被環團罵。我說我還是會接，但一切都要按照我的規畫來。」

二〇一六年十、十一、十二月三個月期間，李俊璋接受衛福部下的國健署委託，進行學童尿液的四次採樣。檢測結果是孩童尿液中的TdGA（硫代二乙酸，是一級致癌物氯乙烯VCM的主要代謝物）濃度，很有可能受到吃雞蛋干擾，因為家長拿回去填的飲食問卷顯示，雞蛋吃得多的學童，尿液中的TdGA濃度顯著較高，「我沒有說這些都不是VCM！我只說，從這些事實證明雞蛋會干擾。」

誰最科學？

孩童尿液中的TdGA，到底是吃雞蛋，還是空氣中的氯乙烯導致？關注許厝國小議題的雲林立委劉建國說：「這是國衛院和國健署公部門自己的科學論戰，雲林地方人士拚命攻擊詹長權，卻不說在國衛院的研究案中，詹長權只是其中一位學者，還有其他研究單位。國衛院是國家一級的衛生研究機構，做出來的研究有其公信力。國健署是政府三級機關，委外找人隨隨便便就發表的東西，不能和國衛院研究放在同一個天平上。」

國衛院委託詹長權的研究通過同儕審查，且在二〇一六年底登上國際一級期刊《環境研

許厝國小事件科學紛爭表

委託單位	國衛院 （國家衛生一級研究機構）	國健署 （政府三級機構）
性質	六輕石化區對附近學童之流行病學研究案	一般學童健康檢查
進行方式	一階：2013.9~2014.8 學童尿液檢測、暴露評估 二階：2014.9~2015.9 學童尿液檢測、健康評估及追蹤 三階：2015.10~2016.8 全國學童背景值建立	2016年9至12月，每月一次進行學童尿液中的「硫代二乙酸TdGA」的濃度檢測，共進行4次檢測。
時間	3年	3個月
執行單位	1. 臺大雲林分院： 一般血液、尿液學分析 2. 高雄醫學大學： 肝臟超音波研究 3. 臺大公衛學院（詹長權團隊）： 尿液TdGA濃度分析 4. 國衛院： A.流行病學資料蒐集分析 B. 環境暴露評估 C. 後續追蹤學童尿液TdGA分析 D.後續國內學童尿液背景值分析	成大環境微量毒物研究中心（李俊璋團隊）
結果	距離六輕僅900公尺許厝分校學童尿液中氯乙烯（VCM）的代謝物硫代二乙酸（TdGA）濃度有高於其他四校的現象，且隨著距離石化區愈遠有遞減的趨勢。	許厝分校學童遷至離六輕較遠的本校後，尿液中的TdGA數值反而比在許厝分校時高，與攝取蛋類有明顯相關。

（整理：房慧真；設計：黃禹禛）

究》。然而在臺灣的輿論空間裡，天秤另一端的李俊璋研究，卻僅被委託單位國健署長王英偉稱為「一般性的學童健康檢查」。

國衛院委託詹長權研究遭受的質疑，主要是詹長權在國際期刊未刊出前就發表部分研究內容，違反一般國際期刊發表研究的嚴謹程序。詹長權接受我們訪問時指出，他是基於「學童健康有急迫性」，因此才在不影響研究結果下提前發表。

國健署委託李俊璋的案子，則被質疑無法視為「研究」：一是調查時間只有三個月；再來採樣孩童尿液，並未通過倫理委員會審查通過[5]；三則飲食問卷讓家長拿回去自行填寫，也違反了正規研究中該請訪員一一詳細訪談的嚴謹過程。

因為找來被質疑沒有利益迴避的學者，國健署為了說服環團，曾承諾「兩研究單位同步檢驗」，要由成大和國衛院同步檢驗，最後卻只交由成大檢驗。國健署長王英偉在當時受訪提到：「原想同步檢驗，但後來發現可能沒太大意義，因為成大也是國家型研究機構，而且成本效益太高。」爭論不休下，該受到嚴格科學檢視的委託案，就在政府官僚口中一句「可能沒太大意義」就食言而肥，被輕輕放下。

關注科學場域知識權力運作的世新大學社發系教授陳信行說：「李俊璋和詹長權最大的不同在於，詹長權的研究都會投國際期刊，原始資料攤開來一清二楚，可供檢驗。而李俊璋時常引用自己『未發表』的報告，只說結論，卻看不到任何原始資料、推論過程、統計數據，學界同儕沒法檢驗。但是一般媒體會覺得李俊璋是正牌科學家，有一些數字，有結論，就覺得夠科學了。」

5 依《人體試驗管理辦法》，任何單位進行國人尿液、血液等採檢，都須事先備妥詳盡的計畫書，並述明檢驗目的、方法等，經主管機關倫理委員會審查通過才可執行。

陳信行以他長期追蹤的ＲＣＡ工人罹癌案為例，ＲＣＡ公司聘僱美國流行病學領域頗具地位的黃遠邦（Otto Wong）進行風險評估，得到地下水汙染與員工罹癌無關的結果。黃遠邦也常引用「未發表」報告，只說結論，黃遠邦的論點之一是員工大多是客家人，罹癌與客家人吃醃漬食品的飲食習慣有關。陳信行說：「個人飲食與生活習慣，時常在這種公害議題中，成為混淆因子。」

什麼是真實？混戰的科學資訊

二〇一七年二月七日，國健署謝絕環團與當地居民旁聽的閉門專家會議中，許厝分校五育績優獎助基金會推舉中國醫藥大學公衛系講座教授宋鴻樟參加。宋鴻樟認為國衛院建議遷校太草率，目前研究結果都未測出該處氯乙烯量偏高，「建議學生返回許厝上課」。

不論是李俊璋或者宋鴻樟，都是許厝國小家長力薦的專家，地方上的常民百姓，一瞬間都變成科學通，知道要找哪位專家學者。另一方面，家長們掛起「黑心學者滾蛋」的紅布條，二〇一〇年十月來開過兩場雲林流行病學說明會的詹長權，在居民心中，從想為之立雕像膜拜的英雄，變成了人人喊打的狗熊。

許厝國小事件中，部份輿論看待反對遷校的家長覺得不可思議，認為家長們不顧學童健康。電子報《自從六輕來了》主編吳松霖說：「鄉下老人家居多，麥寮那邊資訊也比較不發達，還有專業科學知識更是艱澀難懂，當地居民根本搞不清楚詹長權、李俊璋的研究，只知道有人說有毒、又有人說沒毒，資訊混淆下，人會自主性選擇他想聽的。」

台塑六輕在麥寮長期發放《親親報報》的親民刊物，為了與《自從六輕來了》互別苗頭，後來改名為「自從六輕來到雲林」，也造成混淆的效果，吳松霖說：「居民都以為我們是六輕派來的。」

翻開《親親報報》，裡頭時常介紹許多科學新知，諸如「六輕的白煙是水蒸氣：就像電鍋煮飯所排放的水蒸氣一樣」、「塑化公司引進新發展的潔淨燃燒技術：以石油焦為燃料，實現更環保的發電技術。」

這其實都是很容易破解的科學議題，如果排出的都是無害的水蒸氣，為什麼六輕依法還有三十四根煙囪要加裝即時監測設備？監測內容包括硫氧化物、氮氧化物等空氣汙染物。石油焦比燃燒生煤產生更多的重金屬，一點都不環保，在環團不斷抗議下，六輕已承諾，二〇一八年五月要將兩套燒石油焦的製程改為燃燒生煤。

自從六輕來到雲林之後

互相扶持 共存共榮

六輕免費處理雲林廚餘 幫縣府解決垃圾危機

六輕麥寮海洋號啟航

除污船戰力操演

見證六輕環保

出海口白蛤漁民搶挖

六輕放流320萬尾魚苗

保護海洋生態 舉辦漁業資源保育宣導講習

《親親報報》放送六輕的環保優點（攝影：余志偉）

《親親報報》大肆放送六輕的環保形象，諸如「見證六輕環保，出海口白蛤漁民搶挖」、「護海顧漁民，六輕放流數百萬尾魚苗」、「六輕石蚵 ALL PASS，讓工業港與石蚵共舞一曲快樂環保頌」、「六輕有蜜蜂築巢，顯見環保有成」。

在地方上，六輕不斷放送環保無害的資訊，又有國內外的學者一起掛保證，足以讓在地居民放下一百二十顆心。況且，居民更在乎汙染的「傳言」帶來的汙名化。

前麥寮鄉長許忠富說：「許厝分校大部分都是住旁邊的人在讀的，哪有說只遷許厝分校，這樣問題根本沒解決，反而會製造更多的問題，我們的農產品有人會買？我們的漁業有人會買？我們的女孩子有人要娶嗎？男孩子要娶老婆有人要嫁嗎？」

企業與科學的錯綜關係

二〇一七年二月七日由國健署召開的閉門專家會議，除了李俊璋、詹長權，以及由家長推舉對外發言的宋鴻樟，由於是「閉門會議」，外界並不清楚，到底還有哪些學者參加？

在台塑企業「王詹樣信託基金」[6]的網站上，我們發現一些端倪，有一個到目前為止已挹注五千六百萬元的「健康風險新觀念營造策略研究」。二〇一七年的推動成果即包括「TdGA及許厝國小學童遷校議題」，網站上明列：

- 謝顯堂及宋鴻樟等二位教授參與環保署一月十二日召開「許厝分校各項調查結果專諮會」說明用尿中TdGA當VCM指標，推論有誤，並建議趕快結束遷校議題。

- 蔡善璞、謝顯堂及宋鴻樟等三位教授參與衛福部二月七日召開「六輕石化工業區附近學童之流行病學研究專家學者討論會議」表達環保署與成大的科學資料皆測不到VCM，且遷校後學童可能增加上下學的交通風險，並呼籲政府尊重科學數據並傾聽當地民意，讓學童返回許厝分校上課，宋鴻樟教授並具名發表於二月八日《中國時報》。
- 宋鴻樟教授參與衛福部八月十二日召開「許厝分校環境監測及健康風險評估專家討論會議」表示許厝國小學童遷校一案，毫無科學關係，應讓學童立即返回原校上課。

其中的蔡善璞、謝顯堂是曾投書報紙駁斥國衛院詹長權研究，以及應麥寮鄉長許忠富之邀下鄉宣講的學者；宋鴻樟則是由麥寮家長推舉參加會議的學者，這三位都是這五千六百萬計畫延攬進來的學者，計畫的推動方式為：

二〇一七年贊助臺灣醫界菸害防制聯盟辦理健康風險新觀念營造策略研究，延攬國家衛生研究院溫啟邦教授、美國環保署陳昭文博士、美國加州大學謝顯堂教授、美國德州大學蔡善璞教授、中國醫藥大學宋鴻樟教授、日本產業醫科大學高橋健教授、日本抗癌協會參事望月友美子、美國安衛環獨立諮詢專家James Collins教授、英國赫瑞瓦特大學John Cherrie教授等九位國際環境專家學者召開座談會議，針對石化業界健康風險評估及流行病學上的問題等議題研討凝聚共識後向政府提出適切建言，俾協助國內建立符合國際及環保署規範要求之

6 台塑集團創辦人王永慶以母親為名成立的公益信託基金。

健康風險評估及流行病學調查執行方式。

溫啟邦、陳昭文、謝顯堂、蔡善璞，在二〇一五年三月的PM2.5十大迷思座談會即已聚首，新加入的宋鴻樟，在學童到底要不要遷回許厝分校的衛福部專家會議中，則是做了關鍵性的發言。

最終塵埃落定，二〇一七年八月三十日，因為「汙染無定論」，在尊重家長的意願下，許厝分校的學生，開開心心地返校開學。

科學重構了健康風險

我們來到敦化北路的台塑總部，採訪台塑安衛環中心副總經理吳宗進及相關主管，針對外界質疑李俊璋的研究公信力，吳宗進等人感到不平：「李教授很嚴格，要求我們一定要做出改善，卻遭到攻擊。」

對於五千六百萬元經費的「健康風險新觀念營造策略研究」，台塑安衛環中心衛生健康處處長王景哲說：「大約從民國一〇〇年開始，因為外界時常對石化廠產生疑慮與誤解，所以借重歐美的經驗，來探討石化廠的員工和周邊居民，壽命真的有比較短嗎？計畫延攬的溫啟邦教授在美國石化業界待過多年，經驗豐富，也做過相關研究。」

在這個計畫中，王詹樣信託基金所贊助的「臺灣醫界菸害防制聯盟」，溫啟邦是發起人與常務理事，經常出來呼籲菸害防制。在二〇一三年九月，溫啟邦呼籲，提高菸價是全球公認最有效的菸害防制策略，臺灣菸價太低，立法院應該盡速通過讓菸價漲二十五元。

溫啟邦一路走來始終如一，二〇一一年三月二十四日，在環保署一場關於PM2.5的專家會議，溫啟邦「十問莊秉潔」炮火猛烈，指出「PM2.5主要來源是吸菸，吸菸、嚼檳榔是得癌高風險群……要防治高癌症率，最重要的是靠菸害防制、檳榔防制，提高價格，高談PM2.5於事無補。」

在二〇一五年三月，將溫啟邦、謝顯堂、陳昭文、蔡善璞聚首的那場「破除PM2.5大迷思」的座談會議，順理成章得出這樣的結論：「別忽略室內問題，菸比空汙嚴重二十倍，怕空汙者，請加入菸害防制的行列。」

菸害防制不但有學者呼籲、政府配合，還有企業贊助。二〇一二年，由國民健康局（後來的國健署）、臺灣醫界菸害防制聯盟（發起人為溫啟邦）以及董氏基金會合辦的「二〇一二戒菸就贏」，發出高額戒菸獎金，由王詹樣信託基金贊助活動經費。在麥寮當地，台塑集團也在二〇一一年起，每年開設為期六週的戒菸班，配合雲林長庚的戒菸門診，深入社區幫忙居民戒菸。台塑衛生健康處處長王景哲說：「戒菸班一期有十五到二十人參加，能成功戒菸的大概占三分之一。我們也深入校園，認養兩所國中的戒菸班，國中扎根有成，我們發現麥寮高中生的抽菸比例不高。」

空汙和香菸都會引起肺癌，但空氣汙染來自四面八方，難以界定元凶；而抽菸是個人行為，甘願吸菸活該承受，後果得由個人自行承擔。

香菸致癌的因果關係容易推定。流行病學界的元老，英國流行病學家多爾（Sir Richard Doll），建立吸菸和癌症相關的世代研究，地位崇隆；多爾於二〇〇五年以九十三歲的高齡過世後，所有文件捐贈給圖書館，歷史學家才在多爾所留下來的文件中，發現他長期接受化學產業的贊助，接受孟山都每天一千美元的諮詢費長達三十六年，還有多家化學公司、石綿公司的捐款。多爾與產業界的利益輸送，在生前不為人知，而他是流行病學權威，多次擔任環境訴訟的專家證人，為企業脫罪。

「工廠排放無罪，都是個人吸菸造成癌症。」這樣的論述，放在當今臺灣，似乎也成了石化廠及其關係友好科學家，最有力的託辭。

二〇一七年四月，調高菸稅挹注長照財源，在立法院三讀通過，一包菸漲價二十元，預估一年可以增加二百三十億的稅收，菸害防制取得重大進展。

在這場科學戰爭下，上百根煙囪繼續以噸為單位大量排放，但只要將當地居民手中的那根菸捻熄了，也算是功德一件吧。

杜文苓在《環境風險與公共治理》一書中，曾提及環評中專家學者對於「風險修辭學」的操弄，「以『不存在』（對於風險做為客體存在的拒絕）、『可忽略』（承認風險存在，但影響很小以至於可以合理地忽略它）以及『可管理』（認為風險可透過計畫、監測與評估加以控制）的宣稱，來操作『可接受風險』。」[7]

當健康風險已成官方制定的技術規範，層層演算參數糊成一片濃霧，「不存在」、「可忽略」、「可管理」、「可接受」的修辭話術，給了真正危險的怪獸一個隱形斗篷。當怪獸撲咬過來，熟悉遊戲規則的專家這麼說：「你弄錯了，咬你的不是大怪獸，而是你養在家裡的那條小狗，誰叫你活該要養狗呢？」

（本文作者：房慧真）

台塑集團：六輕已設置八層空汙防護網

二〇一八年一月十八日，台塑安全衛生環保中心副總經理吳宗進，面對外界質疑六輕汙染嚴重，接受《報導者》訪問，提出六輕的汙染防制方向如下：

一、台塑跟雲林縣政府簽署備忘錄，二〇二五年前，六輕麥寮電廠三部燃煤機組將改為天然氣。在二〇二五年前的過渡階段，燃燒生煤加裝汙染防制設備，改用溼式的靜電集塵器，可以捕捉到PM2.5以下的塵粒子。更換M-PM型NOx的燃燒器，以及改成較高效的SCR觸媒轉換器，NOx就能降低二〇至三〇%。

二、六輕製程尾氣回收，循環經濟再利用。廢氣燃燒塔在環保署修法後，平時不能

7 杜文苓，《環境風險與公共治理》（臺北：五南出版，二〇一五年），頁四九。

排放，只有緊急狀態時能排放。原本要去廢棄燃燒塔的氣體，做循環經濟資源整合的改善，把它回收到製程的加熱爐，做熱回收、能源回收之後減少排放。四十四座廢氣燃燒塔全部做了回收，費用是二二·七億，花了大約五年的時間，已經完成了。

三、設置麥寮園區八層空汙防護網。麥寮園區內、外之相關空汙監測設施，依法規、環評以及自主管理需求設置八層空汙防護網，園區內設置五層，進行源頭管制，園區外半徑四十公里內設置三層，即時監測空氣品質變化，所有監測數據皆連線至園區環境監測中心。

麥寮園區八層空汙防護網

管制層面	監測設備	監測位置	設置數量	監測項目
一	固定式氣體偵測器	各廠內製程區	8109個	毒性與可燃氣體
二	GasFind IR	各廠內製程區	39套	VOC氣體逸散源
三	CEMS連續監測 固定汙染源	發電鍋爐、 焚化爐、加熱爐	34支	煙囪不透光率、 SO_2、NO_X
四	移動式FTIR 連續監測	各廠內製程區	6套	386項VOC
五	固定式FTIR 連續監測	園區周界東環路旁	8套	386項VOC
六	光化（VOC）測站	豐安國小／台西托兒所／海豐等11所學校	10座光化站 1座VOC測站	乙烯、丙烯等54種臭氧前驅物
七	自動採樣GC／MS 分析（異味採樣站）	鄰近9所學校及 3個人口密集點	12套	100項VOC
八	空品監測站 空品監測車	鄰近10所學校及 5個移動式監測站	10座固定站 1部監測車	PM_{10}、THC、 SO_2、NO_2、CO 及O_3

（資料：台塑安衛環中心提供；設計：黃禹禛）

第6章　六輕二十年總體檢

過去二十年，六輕帶來龐大經濟產值，從地方到中央政府卻未同步發展強有力的監督機制。二〇一〇年六輕連續大火，凸顯工安製程與廠區管理出現嚴重問題；近年來台塑集團各廠區出現空汙數據申報「系統性造假」，則讓各級政府的空汙防制變得更為困難。

六輕二十年總體檢的意義，不僅在於防弊，更在於把失靈的監督機制打掉重練，重新建構監督標準與進步典範，進而擴及整個石化產業及高汙染工業。這是一場為了公共安全與居民健康的長期戰役，這一回，公權力能夠讓我們看見希望嗎？

1　六輕總體檢——空汙數據，請問是真話還是假話

二〇一七年三月八日，司法改革國是會議正密集展開分組會議，其中第三分組聚焦於「環境犯罪」議題，希望從法制面研議如何因應日益嚴重的「環境犯罪」案件。時任環保署副署長詹順貴有備而來，在第三分組開會時丟出震撼彈，矛頭對準台塑集團。他一口氣

列舉「台塑集團空汙數據申報不實」的九件案例，其中數件官司已判決華亞汽電、南亞塑膠、台灣化纖等台塑集團所屬員工有罪定讞，最受外界矚目的台塑六輕，則遭雲林縣政府追繳空汙費高達近十億元的空汙費。

這份由環保署正式提出，名為「環境案件之偵查與訴訟程序之檢討」的簡報檔，雖以「台○集團」做為台塑集團代稱，但詹順貴在發言說明時，以他一貫急促的語氣直接點名「最近有環保團體舉發了台塑集團」（「綠色公民行動聯盟」指控台塑六輕二萬五千筆超標紀錄消失），並直指台塑集團是「系統性的造假」。

詹順貴在會中更強調：「其實它（台塑集團）不是真正要減省空汙費，它是要搏得一個對環境很友善，避免大量的賠償。」他認為，台塑集團員工認罪之後，能夠判的罰金

雲林麥寮環保署環境監測車與監測設備（攝影：余志偉）

很少，即便雲林縣政府以「不當利得」裁罰六輕十億元，「以它（六輕）去年最後盈餘超過二千億，這種罰也是沒有達到犯罪的懲罰效果。」

這場司改國是會議分組討論內容，當時並未引起外界高度重視。然而，環保署副署長在重要會議批評台塑集團「系統性的造假」，顯示台塑集團的空汙數據申報出了很大問題。

二〇一八年六輕營運二十週年之際，我們耗費一年以上時間追蹤調查六輕總體檢相關問題，發現台塑集團的空汙數據申報出現三大類型弊端，第一類是「偽造數據遭判刑」，第二類是「軟體汰換遭罰款」，第三類則是「第三方監測廠商也作假」。

也就是說，台塑集團空汙數據申報問題比詹順貴所說的還要普遍而嚴重。事實上，早在二〇一〇年，台塑集團子公司華亞汽電就被查獲偽造空汙申報數據，但相關弊端仍層出不窮，到二〇一七年詹順貴重炮質疑，已經整整過了七個年頭。

弊端一：偽造CEMS數據，華亞汽電首遭判刑

依照法規，排放廢氣設施超過一定規模的工廠，就必須在煙囪裝設連續監測系統CEMS，做為空氣汙染防制費的申報依據，並將即時數據傳到當地環保局上網公開，以便監督排放情形。

位於桃園市龜山區的台塑集團子公司華亞汽電，就是全國第一起遭查獲利用CEMS偽造數據的案例。

當初查獲華亞汽電造假的桃園市環保局綜合規劃科科長蘇振昇，接受我們訪問時表示，二〇〇九年他在一次CEMS的教育訓練裡，被主講人問了一個問題：「你相信連續自動監測系統的數據嗎？」他因而開始思考，CEMS系統已經連線運行十年以上，卻幾乎沒有工廠超標被罰過，「我直覺判斷有人數據是假的。」

然而，CEMS數據成千上萬筆，要如何追查是否可能出現造假？蘇振昇想到一個突破點：在環保局進廠稽查的時候，工廠數據應是無法造假。於是桃園市環保局和顧問公司開始整理列管的三十支煙囪，過去幾年來共數百萬筆的監測數據，鎖定幾間稽查時間點前後數據出現巨大變化的業者，華亞汽電便是其中一家。

因為CEMS系統非常複雜，監測設施又安裝在廠內，一定要現場稽核才可能找出偽造數據的直接證據。桃園市環保局特地請教CEMS維護工程師、學者專家，找出可能被動手

CEMS連線運作示意圖

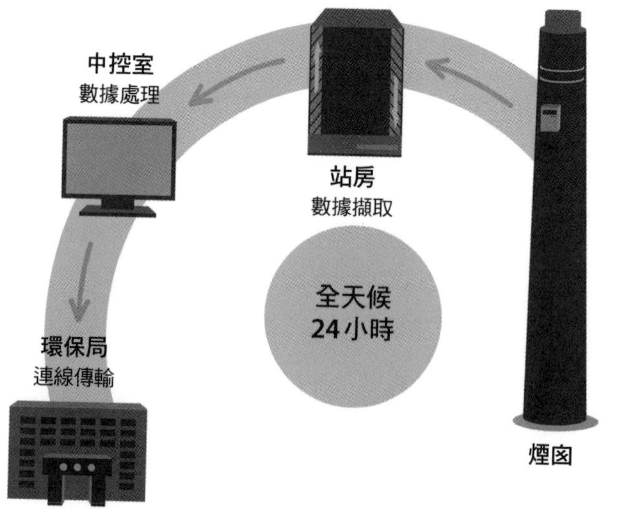

（設計：黃禹禎）

腳的環節以及判斷不合理數據的方法，並透過每次進場稽查的機會蒐集資訊，來鎖定可能有問題的流程。

蘇振昇說：「詳細分析過後，兩個地方會有數字，一個是分析儀，它是原始數據；一個是中控室電腦，它會把分析儀的數據再傳到環保局。分析儀數字造假機會很小，要造假的話應該是中控室電腦。」

麻煩的是，工廠的煙囪比較特別，必須搭上特製的小電梯才能抵達五十公尺高的分析儀，但電梯操作方式又只有廠方人員才知道。為了避免打草驚蛇，環保局先前就利用其他查核名義熟悉各項開關、按鍵位置。

最後，桃園市環保局稽查團隊在二〇一〇年某個晚上，對華亞汽電發動突襲。

• 兵分三路夜襲工廠，地檢署再補槍

稽查團隊兵分三路，一批人直上煙囪，記錄分析儀數據；一批人記錄中控室電腦數據；最重要的，還要有人阻斷廠區警衛通報。「因為他們切換監測系統只需要幾十秒時間，我們就直接叫警衛不准通報。」蘇振昇說。

分析儀和中控室電腦前的兩批人馬，不但對儀器畫面進行錄影，更用電話聯絡，即時比對兩邊數字，果然發現應該一模一樣的數字出現落差，且分析儀的原始數據還已經超標。

儘管如此，華亞汽電並沒有在第一時間認罪。桃園市環保局其後書面要求說明，廠方仍

稱數據有落差是因為時間差、傳輸過程誤差等造成，並非刻意偽造數據。因為不知道數據是如何造假，環保局的稽查行動只能告一段落。最後，此案以偽造文書罪嫌移送地檢署偵辦。在桃園環保局、顧問公司與兩名檢察官合作長達十個月後，再次於二〇一一年四月十三日發起大搜索，出動不同單位共四十名人力。

不過，有了上次被突擊稽查經驗，華亞汽電這回已做好準備防制稽查。工廠不但早已加裝警報按鈕便於通報，並全面強化電子門禁，讓搜索工作一度被迫停止，最後在檢察官出示搜索票後，廠方才只好解除門禁，並提供設備操作紀錄、原料購買紀錄等。

在長達十二小時的搜索過程中，仍然發現跟上次一樣，分析儀和中控室電腦數據不符的證據。但這次檢察官直接把工廠CEMS的程式設計師找來問話，工程師終於認罪，坦承工廠CEMS監控程式有偽造監測數據的功能，電腦能夠模擬一套假的數據傳到環保局，等到環保局來稽查時就會切換系統、關閉該功能，讓稽查人員看到真實數據。

這次搜索行動還發現，華亞汽電工廠防治設備操作紀錄也有兩版本，一本記載真實紀錄的數據是給內部主管查看，裡面的加藥量數據都不符合規定；另一本數據都符合規定的版本，則專門用來給環保局稽查。

其後，桃園環保局動員近三十人、為期三個月，比對了一千六百多萬筆數據，統計出華亞汽電五年內所有偽造數據的時段，因為涉及刑事，追討空汙費金額還加倍，一共六．五九億元。第一次被抓包，台塑集團並未提起訴願或訴訟，將空汙費一次付清；而華亞汽電經理、廠長等八名員工則因違反《刑法》、《空氣汙染防制法》的詐欺和申報不實罪，被判徒刑五至十個月不等，並向公庫支付五十至一百萬元。

•全國大搜查，引爆一連串造假事件

其實，CEMS系統一直都有防弊的設計，平行比對系統是其中之一。該系統能直接擷取CEMS分析儀的訊號，不透過工廠的中控室電腦，直接將數據回傳到環保局，只要與工廠回傳的數據進行比對，便知工廠數據有無問題。但因平行比對系統架設費用昂貴，

台塑集團空汙申報不實案件表

違規時間	違反法律	開罰原因	違規公司	裁罰／判決結果	追繳空汙費
2005.10~2011.4	刑法詐欺罪、空汙法申報不實罪	利用CEMS軟體模擬偽造數據	桃園華亞汽電	廠長等8人有期徒刑5至10月，緩刑，並各向公庫支付50至100萬元。工廠罰鍰100萬元。	5年共6.59億元（注1）
2006.4~2011.6	刑法詐欺罪、空汙法申報不實罪	利用CEMS軟體模擬偽造數據	新北南亞塑膠	廠長等2人有期徒刑7、8月，緩刑，並各向公庫支付30、40萬元。工廠罰鍰80萬元。	5年共2.57億元（注1）
2007.10~2011.3	刑法詐欺罪、空汙法申報不實罪	利用CEMS軟體模擬偽造數據	新港石化	運轉課員工等3人有期徒刑7至10月，緩刑，並向公庫支付10至30萬元。工廠罰鍰100萬元。	5年共5.49億元（注1）
2010.7~2013.3	空汙法	CEMS軟體汰換未依規定報備	六輕台塑石化	工廠罰鍰160萬元。	3年共10億元（注2）
2011.7~2011.11	空汙法	CEMS軟體汰換未依規定報備	六輕台化	工廠罰鍰30萬元。	—

注1：因案件涉及刑事，所追繳的空汙費以積欠費用的2倍計算。

注2：因案件行政訴訟進行中，追繳空汙金額尚未確定。

（資料來源：司法院；設計：黃禹禛）

各地環保局很少架設，實際使用次數少，監測效率不佳。

直到華亞汽電案爆發後，桃園環保局特別針對有偽造前科的華亞汽電和南亞塑膠，裝設平行比對系統，進行二十四小時連續監測，系統裝設費用也由台塑集團負擔。此後，這兩家公司就沒有再出現偽造數據的情形。

不過，華亞汽電爆出全國第一起CEMS數據造假後，由於負責撰寫華亞汽電CEMS軟體的聯宙公司，在全國市占率接近一半，環保署因而下令各地環保局全面清查設有CEMS軟體的工廠，沒想到，台塑集團「系統性造假」的案例竟一一曝光。

從二〇一一年華亞汽電桃園龜山廠開始，台塑集團旗下的南亞塑膠桃園錦興廠、新北樹林廠，及台灣化纖雲林六輕海豐廠、嘉義新港廠，全都因為CEMS數據申報不實而遭當地環保局開罰，其中南亞錦興廠、樹林廠及台化新港廠同樣也有員工被依《刑法》詐欺罪及《空氣汙染防制法》申報不實罪判刑。

弊端二：軟體汰換未申報，六輕被追繳近十億空汙費

就在華亞汽電被發現數據造假後，雲林縣環保局也發現，六輕園區台塑石化麥寮一廠、三廠回傳的CEMS即時數據有問題。除了開罰一百六十萬元，更對六輕追繳高達近十億元的「不當利得」。

負責此案的雲林縣環保局空噪科科員曾建閩，抱著一堆高高的資料接受我們訪問。他在

二〇〇八年進入雲林縣府工作，二〇一二年起負責六輕相關業務，卻赫然發現，環保局收到的即時值數據跟廠方申報的月報數據有很大落差，「這是它（六輕）給我們的資料，幾乎都是零（未測出數值）。」

曾建閩在二〇一二年進廠稽查時對數據落差提出質疑，結果反被六輕質疑是環保局接收CEMS數據的機器故障。這一質疑，反而激起曾建閩更想追查到底，要求廠方人員調出原始數據，「我們（曾建閩和會同稽查的顧問公司經理）就坐在那邊討論說是什麼原因。廠方就不理我們，坐在旁邊看。」

不調原始數據還好，一調竟出現了連小學生都能看懂的數學錯誤。曾建閩比對後發現，二氧化硫、氮氧化物等校正後數據平均值竟然沒有落在最大值和最小值之間，「調出來後他們發現說，慘了。然後問我（質疑環保局機器故障）的那個人，他就走掉了。」

發現數據出問題後，雲林縣環保局要求六輕調出過去幾年的數據，廠方卻拿不出來。追問之下才知道，六輕的CEMS軟體並非廠方所稱的僅是軟體更新，其實整套軟體早在兩年前就已汰換掉，以致沒有留存舊數據。「不過，到法院他們（六輕）又有一套講法，他們跟法院說他們只是更新不是汰換。」曾建閩說。

依照法規，業者須於CEMS軟體變更或汰換前後一個月，向各環保局提出申報和確認連線報告。由於六輕台塑石化廠共八根煙囪的CEMS軟體汰換未經報備，雲林縣環保局開出一百六十萬元的裁罰（一根裁罰二十萬元）。且因二〇一〇至二〇一三年的CEMS數據不被雲林縣環保局認可，在沒有進行檢測、無法查核排放量的情況下，只好使用公告係數（利用公式去推估計算排放量）來回推計算排放量，算出來的空汙費竟高達九億九千九百零七萬七千四百七十六元，將近十億元的金額，一舉破全國紀錄。

然而，不同於第一次華亞汽電案的接受裁罰，台塑集團這次並沒有認帳，接連提出訴願和行政訴訟。

• 台塑稱無造假必要，訴訟到底

這場台塑六輕與雲林縣政府的長期戰役，六輕廠方在法庭上一開始主張，CEMS軟體僅是更新並非汰換，就如同微軟公司不定期會對電腦程式漏洞修補一樣。而之所以會發生數據錯誤，是因為軟體設計人員原始碼撰寫錯誤，但廠方一發現問題後立即修復，並無故意或是過失責任。

臺中高等行政法院審理後卻認為，軟體確實是汰換並非更新，判六輕敗訴。六輕不服繼續上訴，到了最高行政法院判決卻是同樣結果，確定要繳交罰款。雲林縣環保局據此以「不當利得」開始追繳近十億元的空汙費，但六輕仍不服環保局罰款的計算方式。

CEMS數據有月報值、日報值，以及每十五分鐘一筆的即時值等不同數據。在軟體汰換訴訟判決定讞後，六輕再度提起訴願，僅承認提報給環保局做為空汙費計算的月報值有錯誤，但即時值並沒有錯誤，希望用每筆累加的即時值去計算空汙費；因為用此方式算出來的空汙費可能只有幾千萬元，跟以公告係數算出來的十億元有相當大差距。雲林縣環保局則堅持，六輕未依規定申報軟體汰換，軟體產生的數據未經環保局認可，依照規定就是要用公告係數計算。

對此，台塑安全衛生環保中心副總經理吳宗進接受我們訪問時表示，CEMS法規制定不夠明確：「我們不會無緣無故興訟，我只是改裡面系統，又不涉及監測數字的改變，到底什麼東西要申請，什麼不要申請？」他更進一步強調：「我們同仁絕對沒有造假的動機，也沒有必要。」

環保署訴願審議委員會在二〇一七年初裁決駁回六輕提起的訴願，六輕不滿，繼續提起行政訴訟。二〇一八年十月、十一月，臺中高等行政法院分別判決兩項空汙費補繳案六輕勝訴。法院認為，六輕提供的監測數字並非完全無效，認定環保局不應以公告係數計算空汙費，要求雲林縣環保局退還六輕已繳納的罰鍰。但雲林縣府不服，對兩項空汙費補繳案皆已提出上訴。縣府對十億元空汙費能否追繳成功，還得看最高行政法院判決結果。

台塑安衛環中心副總經理吳宗進（攝影：吳逸驊）

•今日還是稽查戰友，明日變台塑員工

俗話說「今天的朋友，可能是明天的敵人」，很符合雲林縣環保局的處境。

為了維護企業形象和主張權益，台塑六輕面對大大小小的裁罰，幾乎都會提出訴願。因為追繳十億元空汙費這個案子，環保局科員曾建閩前後跑了五次法庭，他自己雖說早已習慣，反而是上級主管替他抱不平。雲林縣環保局長張喬維不滿地說：「同仁遭受到的待遇，是要一直跑訴訟，他幫國家多爭取九億多的空汙費，他得到的是什麼？」

更讓環保局錯愕與氣憤的是，曾建閩有次去開庭，卻發現坐在法庭對面六輕陣營的，竟然是過去一起去六輕稽查的戰友。台塑集團高薪挖角攻勢顯然奏效，今天的稽查人員，轉眼間就可能成為六輕的高級專員，成為反過來協助六輕與環保局打官司的重要助力。

「會同我去查汰換程式日期的經理（環保局委託顧問公司），我們去訴訟，他就坐在六輕後面。這是我最氣的地方。我自從知道後，這個人我根本不想理他！」曾建閩提到此事時，一改原本平淡口氣，忍不住提高了音量。

這種「朋友變敵人」的情況並非個案，而是常態。光是這幾年，雲林縣環保局就被六輕挖走一位待了八、九年的老手；有稽查專業的顧問公司經理，更是前後被挖走三人。他們轉換身分到六輕後，月薪不是比原本多一、二萬元，就是翻倍跳。

在高薪挖角攻勢下，雲林縣環保局好不容易培養的稽查人力和經驗累積，一下子就變成

六輕反制政府稽查的即戰力。這就是環保單位跟台塑六輕之間攻防戰的日常。

弊端三：第三方檢測廠商也作假，重罰加吊照有效嗎？

經過長期追蹤調查，我們發現台塑集團除了爆發偽造CEMS數據、汰換軟體並未申報等問題，連台塑集團委託的第三方廠商監測，竟然也出現嚴重作假等弊端。

依空汙法規定，大型工廠除了裝設CEMS系統，還需委託第三方廠商定期檢測。第三方廠商雖由台塑六輕進行委託，但必須獲得環保署所屬、位於中壢的環境檢驗所核可。目前全臺約有一百家獲得環檢所核可的第三方檢測業者，其中約五十家是執行空氣汙染檢測。

煙囪檢測相當耗時耗力，檢測報告完成後雖會送到地方環保局審核，但因檢測過程並無錄影，再加上檢測時間是由被檢測的業者來安排，檢測費用更是由業者自己出錢，環保局的書面審核難以判斷檢測數據是否真實。也因此，實務上檢測報告的不合格率極低。

為了確認第三方檢測數據品質，各地環保局或環檢所會派人到檢測現場抽檢監督，環檢所更會發送樣品給檢驗公司進行盲測，確認其檢驗技術。環檢所副所長巫月春接受我們訪問時表示，「如果有人檢舉，像是雲林縣環保局說這家（第三方檢測公司）報告有點問題，我們就會特別關注它的個案；沒有的話，通常性大概兩年會去巡一次實驗室或是現場。」

・關鍵還是錢：「檢測不合格就收不到款」

儘管如此，第三方檢測仍出現各種弊端。包括六輕、中油等大型石化廠委託的多家第三方檢測公司，近年都曾出現各種嚴重違規，有的第三方檢測公司甚至因「檢測過程虛偽不實」，而被處以最高額一百萬罰鍰，並吊銷許可證一年的嚴重處分。

成功大學永續環境實驗所助理研究員簡聰文，是國內嫻熟CEMS相關法規的專家，曾協助各地環保局稽查台塑集團的華亞汽電、南亞樹林廠、台化新港廠CEMS數據查核。另外，簡聰文團隊也曾接受環保署專案計畫委託，對於第三方檢測公司進行抽查。

為何第三方檢測公司頻頻出問題？最大關鍵是「檢測不合格就拿不到錢」。

簡聰文指出：「被檢測工廠出錢給檢測機

台塑六輕排氣（攝影：余志偉）

構，如果檢測不合格會被罰，但這樣（不合格）報告出來工廠會不付錢，所以檢測機構一定會出可以過關的報告給你。」此外，因為檢測行業是自由市場，削價競爭之下，劣幣驅逐良幣的情形並不少見。

第二個關鍵是人力不足。雖然檢測業平均月薪可達五、六萬元以上，但因耗費體力、工作風險高，流動率也相當高。全國檢測從業人員三千人中，工作一、二年以上就算得上資深。簡聰文表示：「有人早上去到現場，看到煙囪（很高），就說不幹了。」有時候檢測公司老闆願意開出月薪六萬元的待遇，還聘不到人。

而以台塑六輕為例，六輕園區四百支煙囪中只有三十四支排放量較大的煙囪裝設CEMS系統，其餘三百多支排放量較小的煙囪，就要靠檢測人員定期帶儀器來檢驗排放量和汙染物質濃度等是否符合法規標準。因此，六輕廠區內每天都有不同檢驗公司人員到各廠區進行檢測，檢測量頗為驚人。

檢測量持續增加，檢測人員卻不增反減。這讓檢測公司就算想依規定好好檢測，也不一定有足夠的人力或經驗，「有時候不一定是工廠授意的，可能是帶隊的人累了（就便宜行事），」簡聰文說。

巫月春更指出，對於六輕的第三方檢測「有先天困難」，因為六輕被視為國防重鎮，檢測公司與環檢所都無法隨意進出，車輛須裝滅煙器才能進廠區；而六輕基於「商業機密」等理由，更拒絕檢測過程進行錄影。但詹順貴駁斥「六輕因為商業機密，拒絕檢測過程錄影」

的做法。他強調，為了公共安全，「我可以簽保密協定給你（指六輕），但我是執法單位，你沒有權力對我拒絕。」

・環保署推《環境檢測法》，盼成立第三方獨立機構

業者委託的第三方檢測公司出現問題，環境汙染排放管制自然就難以落實，如何解決這項困境？

曾在華亞汽電案中提供桃園市環保局諮詢的中央大學大氣科學系特聘教授林能暉建議，可以成立第三方驗證的獨立基金會，由民間、官方代表聯合組成委員會，而受檢的業者將檢測基金直接交給基金會，再由基金會支付給檢測業者，杜絕檢測公司怕拿不到錢而出假報告的弊端。

簡聰文以國際經驗為例指出，韓國因為政府人力充足，檢測人員都是官方發派，很難出現民間業者動手腳的空間；英國則是有嚴謹的檢測人員證照制度，將檢測人員分為四等級，學科原理、術科通過後才有level 1資格，執業兩年後才能考level 2，「等到level 4可能已經有十年經驗，才能帶隊（到工廠檢測）……，考試通過還要複訓，當然，薪水待遇也比較好。」

為了一舉解決檢測業長久以來的弊病，環保署已打算訂定《環境檢測法》專法。在環檢所研擬的草案中，短程做法有「要求裝設錄影監視設備」、「明定報告簽署人罰則」等；中長程做法如同學者的建議，評估建立第三方保證支付方式，由業者將檢測費用繳入基金，待檢

測機構檢測並將報告送到主管機關審核後，再由基金撥付檢測費用。

面對台塑集團「系統性造假」諸多案例，政府究竟應該如何強化監督？「機制始終存在，只是看有沒有落實。」當初查獲華亞汽電造假、擁有多年環境汙染稽查經驗的蘇振昇如此強調。

攤開與台塑集團相關的一連串空汙裁罰案件，從華亞汽電CEMS電腦偽造數據，桃園市環保局分析上萬筆資料後，陪同地檢署搜查出關鍵證據；六輕CEMS數據有誤，雲林縣環保局追查原始碼後發現六輕軟體汰換未報備，追繳十億空汙費；環保署環檢所則鍥而不捨，抓到六輕委託的第三方檢驗公司人員登載不實檢測數據。這些案例都顯示，政府相關單位只要肯花時間、有毅力，就能在上百萬筆資料中，揪出一筆筆有問題的數據。

再如二〇一七年初，綠色公民行動聯盟發起的「透明足跡」計畫，揭露了台塑六輕的空汙超標數據。這項計畫連續十一個月不間斷，從雲林縣環保局連續監測資訊公開網站下載了六輕三十四根煙囪的CEMS數據，分析原始資料後發現，六輕自二〇一六年初起竟累積二萬五千多筆的超標紀錄，其中至少二百六十二筆達到開罰標準。其後環保署立刻查證與進廠抽查，雖因法規漏洞而只能裁處十二件違規事件，但已證明民間團體也能透過公開資訊監督六輕。

解方：落實環境稽查，追討不法利得

除了落實環境稽查，時任環保署副署長的詹順貴指出，環保署希望從法制、制度、執行等三個層面進行改革：「（台塑集團空汙數據造假案）以前一罪不二罰，判了《刑法》，關三個月易科罰金，有的還緩刑。檢察官一起訴，我們反而不能處理，像行政處罰的不當得利那些都不行，因為《刑法》優先，表面上看起來重，其實反而更輕。要修法，以不當利得當地板，所有處罰不能低於不當利得。我就在盤點各種汙染防制法，空水廢土海洋這些。」

立法院已在二〇一八年六月三讀通過空汙法修正案，新增「不法利得追繳」及「吹哨者條款」等重要規定。詹順貴說，這是落實司改國會的結論，「一定會有一些技師、有專業證照的，到最後、或者退休了以後會看不下去，這些其實一直都有。」因此在環境犯罪中增訂「吹哨者條款」（指揭露內部組織非法、不正當的行為的人）相當重要。

空汙法修正案上路後能否有效遏止「系統性作假」弊端？《環境檢測法》何時才能完成立法？各界正拭目以待。

未來《環境檢測法》若完成三讀，將可在法制面與空汙法共同建構高汙染工廠的監督防弊機制。《環境檢測法》讓第三方檢測公司擺脫目前困境，能夠真正獨立監督高汙染工廠，以彌補政府環保機關人力與資源的不足；空汙法的「吹哨者條款」則讓業者不敢一手遮天，「不法利得追繳」更可讓違法企業付出巨大代價。這些都是政府在打擊「環境犯罪」層面應有的立法作為。

經濟部：企業應強化法治教育

徒法不足以自行，企業本身的觀念能否改變，更是關鍵。

針對台塑集團所屬工廠接連因空汙數據造假遭法院判刑定讞，台塑集團主管機關經濟部也提出警告。

經濟部工業局副局長游振偉在辦公室接受我們訪問時強調：「企業內部對它的同仁的法治教育要加強。」對於台塑集團接連遭調查作假，游振偉指出：「你如果是故意的，不是只有行政法，還有《刑法》，企業內部要去做這些有關適法性教育的部分，我是覺得要加強，這些都是違規的動作，本來就應該被處罰。」

游振偉並提醒，在空汙法修法之後，「如果像現在你是負責人，故意的話，它還要加重其

二〇一七年環保署副署長詹順貴（左）與彰化縣長魏明谷（右）出席台西村居民座談（攝影：吳逸驊）

刑。」目前水汙法、空汙法都已具有這樣的精神，工廠作假如果是故意，都會遭到加重刑罰。

（本文作者：林雨佑、何榮幸）

2 六輕總體檢二──政府監督失靈：重設工安基準線

二○一○年台塑六輕連續大火震驚各界，此後經濟部召開近二十場聯合督導，但二○一七年仍出現四人受傷的工安事故。環保署為了落實六輕環評承諾而召開的監督會議，總共開了七十多次，卻成效不彰。經濟部工業局從二○一八年開始以三年時間全面體檢六輕五十七廠，這項六輕二十年總體檢能夠真正發揮監督效果嗎？

二○一八年六月五日晚上，台塑六輕廠區出現大火，周遭居民立即拍照上傳Facebook，並引起一陣恐慌。雖然事後證明虛驚一場，六輕廠方強調這是已先報備的燃燒塔排氣現象，但很多人心中已再度浮現當年六輕連續大火的陰霾。

六輕於一九九八年正式投產營運。石化業一般評估，新建工廠營運十年會進入工安危險期，而六輕又因海風吹襲，管線鏽蝕特別快。然而，政府並未在六輕十週年進行有效的監督行動，導致其後六輕工安事故不斷。

二○一○至二○一一年，六輕廠區一共發生七次大型火災，以及一連串大小工安爆炸事件。當時雲林縣長蘇治芬堅持「沒有工安，就沒有石化」，數度斡旋後才得以勒令六輕停工檢修，促使園區管線更新。

此後六輕整體工安意識提升，台塑集團投資一百二十億元更新全部管線，台塑總裁王文淵更簽署安全衛生環境保護政策，宣示提升工安決心。

即便如此，一直到二〇一七年，六輕仍持續發生工安事故。

賺錢、安全孰重？心態仍未扭轉

二〇一七年三月，六輕廠區發生兩起閃燃事故，其中三月六日的台化麥寮SM2（苯乙烯）廠事故更造成四人灼傷，追究其原因並非意外，而是廠方便宜行事，關掉安全連鎖系統「旁通（bypass）」，以及人員管理不佳所致。

我們走進位在臺中市的勞動部職安署中區職業安全衛生中心，承辦此案的技正劉琪璋解釋，台化SM2廠是比較舊的廠，雖有裝設安全裝置，卻是十年前的技術，有些細節部分沒有注意到。事故當天，製程正好要從燒天然氣改成燒重油，調整過程中產生的黑煙就會導致誤訊號，誤訊號一出現就會導致停俥，廠方怕停俥會中斷產能，於是就將安全裝置關掉，改採人為控制，結果爐火竟熄火。按照SOP，理應要停俥後再重開俥，但「他（領班）覺得裡面溫度夠應該會點著，結果沒點著，瓦斯累積在裡面，一開，溫度到就爆掉。」劉琪璋說。事故後，台塑意識到嚴重性，才花錢提升安全設備跟加強人員訓練。

追究事故原因，除了安全系統有問題外，領班為何沒有按照標準程序停俥？劉琪璋指出，以前只要一停俥，因為會造成停產損失，六輕相關人員就要一直寫報告，後來台塑集團心態已有調整，台塑董事長承諾，標準程序該停就直接停，不停反而會有事情；但台塑集團以前都說賺錢比較重要，現在雖然說安全比較重要，還是出事，「那你（指台塑董事長）現在說這個是真的還是假的？（領班）為什麼不關掉就好？還是怕啊，怕停產的損失！」

劉琪璋比喻，石化廠運作就像人在開車一樣，發生車禍之後就裝一顆安全氣囊，再發生車禍就再裝一個安全裝置，隨著事故不斷去檢討，提升安全裝備。

只不過，石化廠的工安問題茲事體大，真有辦法等到爆炸之後再來檢討嗎？

問題關鍵出在PSM——製程安全管理

二○一七年三月連續發生工安事故後，縣長卸任轉戰立委的蘇治芬仍緊盯六輕一舉一動，隨即要求六輕主管機關經濟部工業局發動總體檢，工業局也從善如流，著手安排聯合督導。

聯合督導並非法定的例行性檢查，必須靠立委辦公室持續要求才能落實。三一八學運健將劉李俊達，因緣際會在六輕聯合督導中扮演重要串聯角色。

花蓮出身的劉李俊達長期關注環境議題，先後在綠色和平組織、綠色公民行動聯盟工作過，他在三一八學運期間成為立法院議場核心幹部，更被冠上「學運五虎將」之一的稱號。學運結束、服完兵役的他，決定進入體制好好闖一闖，輾轉來到蘇治芬國會辦公室負責環境議題。

為了瞭解六輕工安議題，主修哲學的劉李俊達一開始費了一番工夫。他在仔細研究後發現，六輕大火後管線全面汰舊換新，換的都是公共管線，確實換得很好。但六輕建廠時因為要省成本，很多設備跟製程都不是原廠整套買來，而是自行加購拼裝出來的，導致最大的工安隱憂，其實是在於上游的製程端。例如二〇一七年三月的爆炸事故，就是在「製程安全管理」(process safety management, PSM)上做得不夠確實。

但是，劉李俊達向經濟部工業局、勞動部職安署分別索取六輕的製程安全管理資訊，希望提供體檢時參考，卻發現兩單位手上竟都沒有資料：「工業局說這是職安署管的，職安署說沒資料，但依法你應該是要有的。」

政府是在幾年前才開始重視PSM，勞動部於二〇一五年初實施《製程安全評估定期實施辦法》，規定如石化裂解業中屬於甲類危險性工作場所的工廠，每五年要進行一次製程安

劉李俊達持續追蹤監督六輕（攝影：林雨佑）

全評估，並提供相關報告給職安署備查。整個六輕園區中，有將近三分之一的比例、共二十多家工廠屬於需要報備的範圍；但截至二〇一七年底，只有兩家工廠已完成製程安全管理的報備，比例還不到十分之一。

劉琪璋說明，因為法規才剛實施，六輕大部分工廠都還沒到當初申報時起算的五年期限，於是目前就只有兩家工廠依法需要申報備查。他也強調，六輕內部自己有在做製程安全管理，「不是我們管制的，他們（六輕）也會排。」此外，因為法規只要求業者備查，職安署也會組成PSM小組，直接進廠查看業者有無落實管理，但這個PSM小組的常態稽查人員僅有七人，要應付六輕園區全部成千上萬個製程和元件，幾乎不成比例。

二〇一七年經濟部安排聯合督導過程中，經過幾番催促，劉李俊達總算從原本聲稱「商業秘密」而無法提供資料的台塑集團手中，拿到好幾疊厚厚的資料，但卻出現表格不夠完整、安全裝置缺漏、沒有元件使用年限等問題，「（體檢）表格到底要填寫什麼項目？一開始都還是我們幫忙列的，」劉李俊達直言，職安署雖有法源依據可以監督六輕工安問題，但不僅人力極度缺乏，更缺少系統性建置，因此過度仰賴廠商自律，「問題不僅在六輕本身，而是國家工業治理政策出了問題。」

監督會議多流於形式

其實，早在六輕開始營運後，環保署就固定召開「六輕相關計畫環境影響評估審查結論執行監督委員會」（簡稱六輕監督會議），以定期監督六輕環評承諾的落實情形，二十名委員包括環境工程、安全衛生方面的學者專家，工業局、環保局等機關代表，以及環保團體和六輕所在地麥寮鄉長、村長等。

六輕監督會議每三個月召開一次，場地在臺中環保署環境督察總隊、雲林六輕廠區輪流舉辦，近二十年來已召開七十多次會議。每次監督會議皆由六輕廠方代表針對上次會議定的題目進行專案報告，再由委員輪流發問，統問統答。

二〇一八年三月二十九日下午，我們來到臺中市，採訪在環保署環境督察總隊會議室召開的第七十次六輕監督會議，觀察這項定期會議是否具有監督成效。

在監督委員提出多項疑問後，輪到六輕廠方回應。「這個我有研究，環保署應該要普查，不要每次都在討論這個，地下水講了一百年，它就是不合格嘛！」面對委員質疑周遭地下水水質超標是受六輕影響，六輕委託的學者在回答時流露不耐的情緒，高分貝脫口而出。第二位受六輕委託的學者接著發言：「這個灰塘也回答很多次了……，這可能是環保局瀆職喔，如果是環境造成的，那我們就無法處理。」

麥克風交到台塑安全衛生環保中心副總經理吳宗進手上後，吳宗進先替剛才隊友一些情緒性的發言打圓場，改以委婉的語氣表達委屈：「環團委員會有很多質疑，我們都有在聽，但其實都是擔心過頭。」對於先前有委員質疑六輕影響居民健康，他更補充一句：「六輕來了之後，生病的慢慢變好了，我講這句話我負責。」

其後監督委員紛紛批評六輕回答態度草率、資料提供不完整、實問虛答。雲林縣環境保護聯盟推派的監督委員陳椒華認為，六輕都把地下水超標責任往外推，她不滿地說：「去查一查地下水水流，六輕並不是都在下游喔。」長期調查台西鄉民健康狀況，發現台西人罹癌率愈來愈高的台西鄉自救會成員吳日暉更要求：「你們（六輕）都說台西人健康愈來愈好，那就一起來做調查吧！」

但不管是地下水資料還是健康調查都沒有下文，因為這場監督會議已足足開了四個小時，主席隨即宣布會議結束，這場馬拉松會議才告一段落。

監督委員質疑六輕數據有問題、資料不齊全，六輕代表則抱怨早已回答多次、各項超標原因是環境所致與六輕無關，委員再度質疑六輕回應避重就輕，然後會議已達四小時宣布結束……這樣的情景，在六輕監督會議一再重複上演。

•「實問虛答」諜對諜

「六輕是我開會最長的，通常四小時是無法結束……六輕的委員們都很積極。」環保署環境督察總隊副總隊長姜祖農長期主持六輕、中科三期、南科、中油三輕等環評監督會議，對於各項監督會議有很多觀察。

針對六輕監督會議被批評缺乏成效，姜祖農接受我們訪問時分析，在地的委員比較在意的是交通問題、六輕回饋和工安通報機制，這部分仍屬六輕環評承諾範圍，還能受到會議監督；但有時環團委員提出空氣、水汙染方面的問題，就只能回歸空汙法、水汙法去做後續處理，因為監督會議只能針對環評承諾的部分進行監督。

然而，儘管超出環評承諾範圍無法在會議上實質監督，卻仍可做為環保單位調查的依據。姜祖農強調：「我們也有掌握，有時候會設計問題，可能後面要出手，會間接請六輕提供資料。」許多次督察大隊、雲林縣環保局針對空氣汙染、副產石灰等的環保稽查、執法開罰，都是從六輕監督會議上取得相關資訊才能有所行動。

姜祖農坦言，六輕確實針對敏感問題會避重就輕，也會隱匿數據，「如果（六輕）敷衍，那下一次來就做專案報告。」他更直指六輕對於監督會議的態度不佳，「履行環評承諾是最基本的要求……不是在商言商，付出愈少愈好，敷衍了事過關。六輕在企業責任這一塊，我是不滿意。」

・進廠才看到資料？聯合督導成效遭質疑

再來看經濟部進行的聯合督導。把場景拉回到二〇一七年七月十一、十二日，經濟部工業局召集負責職安、消防、環保、建管的中央及地方機關，以及環境工程、安全衛生領域學者專家和環保團體，分組進入六輕，抽查台塑四大公司共十個製程廠。台塑集團也提出體檢計畫，表示會在四年內投資經費六十億元，改善管線、靜態設備、轉動設備、儀控設備及電氣設備等五大項目，並對於督察委員提的二百多項建議，提出書面回應。

事實上，從二〇一〇年六輕連續大火到二〇一七年七月聯合督導，工業局一共進行十八場次的聯合督導，大部分集中在連環大火後兩年內的單廠檢查，其模式也不脫集合各業務單位進廠一、二天，召開綜合會議，接著做出督導結論。

參加二〇一七年七月聯合督導的成功大學環境工程學系教授吳義林向我們表示，政府各單位各自監督自己的部分，並沒有太多橫向聯結，「有監督當然是有進步，問題是那個進步夠不夠，還是比較大的問題。」

瞭解聯合督導過程的劉李俊達也認為，六輕廠區很大，工廠又多，製程等問題相當複雜，但「學者專家都是到了現場才看到資料，只能根據自己的經驗判斷，想到什麼部分該看就看哪裡」，並非事先就有一套系統去判斷哪些元件需要更換等。他期待六輕能像德國洛伊納（Leuna）[1]工業區一樣，每五年停機大修一次，從全歐洲調來專業技師，一口氣在六週內完成全面性的檢修，並改善設備與修改製程，最後還得通過第三方獨立機構的檢查，才能真正符合工安標準。

1 洛伊納工業區位於德國中部，占地超過十三公頃，是德國最大的化學工業園區。洛伊納吸引了六家全球前十大化學工業業者設廠，目前每年產值約超過四百億臺幣。洛伊納是東德當時重要的汽油和人造纖維產地，但重產值卻忽視環境的做法，卻讓周邊地區成為全歐汙染最嚴重的地區。兩德統一後，當地政府確定永續發展方向並制定特別法開始整治環境，除了成立汙染整治局，更由政府負擔場址土地整治費用，在政府和業者的努力下，園區的廢水最後全部處理到比擬自來水，可以直接放流到河裡的程度。

六輕二十年總體檢，建立全新基線指標

把時間拉回二〇一七年年底，由於經濟部聯合督導有所局限，蘇治芬遂在十月於立法院經濟委員會提案並做成決議，要求工業局再度對台塑六輕園區進行全面性的二十年總體檢。

蘇治芬指出，經濟部希望推動產業升級，提出「零廢棄、零排放、零事故」的三零願景，零廢棄和零排放需要時間去升級技術和設備，但零事故則是現在就能做的。因此「本次體檢的重中之重就是製程設備安全檢驗，從源頭做起才能根除工安意外和汙染排放」，希望能藉

經濟部體檢六輕三大基線指標

能源基線指標（3項）

單位產品用電量、單位產品用汽量、單位產品能源消耗總量（油當量）

職安基線指標（15項）

MI項目檢查率、MI故障損失率、PSM製程危害分析重審率、PSM自主稽查改善件數率、製程事故調查提案改善率、MOC落實率、製程安全訓練和能力落實比率、SOP落實程度、製程安全事件數、製程安全事件率、第一層製程安全事件嚴重度權重率、重大職業災害人數平均數、台塑石化消防隊火災出勤平均次數、高風險管線／設備洩漏點平均數、受傷住院職業災害人數平均數

環保基線指標（19項）

管道汙染物排放量、各項設備洩漏率、廢氣燃燒塔緊急使用情形、汙染防制設備操作參數之變異率、CEMS之有效監測、溫室氣體、廢水排放量、園區用水回收率、園區雨水再利用量、水資源年使用量、有害及一般事業廢棄物、廢棄物產生量、焚化量、掩埋量及資源回收再利用率、毒化物運作量及釋放量、毒化物全廠演練、無預警測試、永續發展目標、環保處分數、民眾陳情數

（資料來源：經濟部工業局；製表：林雨佑；設計：黃禹禛）

著這次二十週年總體檢的機會，輔導六輕朝產業升級轉型邁進。

在正式全面體檢之前，經濟部工業局首先召集能源局、環保署、職安署和專家學者前後開了七次會議，討論檢驗項目並請台塑技術部門表達意見，最後針對能源、環保、製程安全等三大指標訂定共三十七項的檢驗基線（baseline），有了這些基線，就能讓體檢前後的資料有評估對照的依據。

工業局副局長游振偉表示，基線建立後，就要審視國際石化廠的相關規範，跟國內實際情況一起討論後，訂出全面體檢要達成的明確目標，最後再確定各廠的改善期程。

經濟部次長曾文生也強調，這次總體檢目標之一就是落實課責制度，讓企業能做好「自主管理」。只要企業內部自主管理機制完善，就能解決九〇％的問題，剩下的一〇％才由外部的行政機關監督。行政機關就能專心在新管制方法的建立，以因應環保、工安的新型態問題，「否則我每天重兵壓陣（監督）不會解決問題。」

因為很多模式是首創，台塑集團相當重視這次總體檢，經濟部長沈榮津召開的會議，即由台塑化董事長陳寶郎親自與會。游振偉說，討論過程中台塑也會擔心，基線指標裡提到的設備和製程很多屬於商業秘密，一旦公布有可能會受到影響；在工業局表示會讓進廠的人都簽署保密協定後，台塑才願意開放資料，讓體檢前置工作能繼續進行。

三年內要全面體檢五十七個廠，已有兩廠開罰

游振偉指出，工業局預計在三年內，體檢完六輕園區全部五十七廠。第一波體檢的六個廠中，四個廠是根據近三年事故、停工頻率、環保署及職安署處分數、陳情數、化學品運作風險等風險評量指標計算出來，屬於風險最高的製程廠；另兩個廠則是應蘇治芬要求，認為其高毒性物質及高溫高壓性質不容忽視，而加入通盤檢討。

游振偉強調，六輕二十年體檢不論在規模、前置工作都跟之前有所不同，過去的聯合督導比較像是「缺失矯正」，發生工安問題就來檢查，也僅要求符合相關法規；但這次全面體檢除了採用新建立的基線指標，更僅將法規當作是底標，不再局限於既有法律標準，算是歷年來針對六輕「最完整的一個檢查」。

「台塑如果做得到，國內的其他石化業者，應該讓它們跟進。」游振偉認為，此次最完

六輕總體檢進度表

2017年10月
立法院經濟委員會通過蘇治芬提案，要求工業局對台塑六輕進行總體檢。

邀集各單位及專家召開7次籌備會議確立能源、製程安全、環保共37項檢驗基線

2018年5月
開始進廠體檢，3年體檢全部57廠，總經費約2,100萬。

體檢6廠

2019年

體檢51廠

2021年

（資料來源：《報導者》採訪整理；製表：林雨佑；設計：黃禹禛）

整的檢查模式，如果順利進行的話，將來甚至可能成為國內石化業的範本。蘇治芬同樣期待此次總體檢能成為國內甚至是國際間石化業轉型的範本，此外，她也希望能透過修法，讓主管機關更能積極負起監督責任，例如讓職安署的製程安全評估辦法能從備查改為實質審查。

截至二〇一九年二月，六輕已有五個廠體檢完畢，其中就有兩個廠出問題。環保署中區環境督察大隊在二〇一八年五月二十二日發現，台化的聚碳酸酯樹脂（PC）廠煙道（PW06）之空氣粒狀汙染物濃度為88 mg/Nm^3，未符合排放標準（50 mg/Nm^3），依空汙法第二十條開罰十萬元。五月二十五日環保署會同雲林縣環保局督察發現，台化的芳香烴2（Aroma-2）廠未依固定汙染源操作許可證內容進行操作，依空汙法第二十四條開罰二十萬元。

政府幫企業免費體檢？

六輕二十年體檢雖以能源、環保、工安等技術層面為重，但民間環團仍參與其中。彰化環保聯盟總幹事施月英、環境權保障基金會研究員林彥廷，皆以「公民監督六輕促進環境權行動平臺」成員身分，參與經濟部二〇一七年七月聯合督導和二〇一八年總體檢的籌備會議。他們認為，這次全面體檢仍有所不足。

「工業局來做，跟環保署來做，強度當然不同，」林彥廷說，當年六輕大火後所做的第一次總體檢是由環保署來主導，當時不但規模較大，更納入六輕對於海洋、地形環境以及在地人文的影響研究；這次工業局主導的體檢卻少了這一部分，相當可惜。

此外，林彥廷也認為，由石化業者自己繳納工安基金，交由第三方獨立機構進行系統性檢驗才是長久良策，不但可以提升體檢可信度，也回歸公平機制，「政府用納稅人的錢幫企業做免費體檢，這不是很奇怪？」

環團主張社區知情權

二〇一七年七月經濟部進行六輕聯合督導時，「公民監督六輕促進環境權行動平臺」在現場即提出「社區知情權」的概念，希望能加強六輕對於附近居民的工安通報機制，但並未引起官方與六輕重視。

其實，早在二〇一四年高雄發生石化管線氣爆，地球公民基金會主任李翰林就已開始倡議「社區知情權」。李翰林說，高雄氣爆造成三十二人死亡（含七名消防員）、三百二十一人受傷，當地居民才驚覺自己長久以來一直住在石化管線上頭。後來，他們要求高雄市政府公布管線資料，市府第一時間稱會造成市民恐慌、影響房價而拒絕，直到隔年才願意公布管線圖面對石化問題。

三年之後，環保團體持續利用六輕聯合督導機會鼓吹進步觀念。「全場只有我們在講這個（社區知情權），好像我們是怪胎一樣，」彰化環保聯盟總幹事施月英笑說，六輕廠方和學者專家都認為即使發生爆炸，也都能控制在廠區內，對於周遭居民影響根本不大。但她就住在六輕附近，有時看到六輕廠區火焰竄好幾層樓高，六輕卻對外稱是消防演練，讓她相當恐慌，

「地震都可以在幾秒內收到簡訊，只是告訴我們現在空氣中有什麼危險物質，有這麼難嗎？」

儘管如此，工業局副局長游振偉仍表示，「只要法規有要求的，台塑它一樣不會少……所以現在該申報的、該揭露的它都有。」包括毒化物質的操作、煙囪監測連線到環保機關等，台塑集團都有做到。至於民眾參與的部分，在每三個月一次的六輕監督會議裡也有鄉公所代表參與，要求台塑集團提供相關資料。

專責單位監督六輕下一步？

然而，證諸先進國家對於「社區知情權」的重視，大型石化工廠有哪些資訊需要公開？必須公開到什麼程度？仍是六輕營運二十年值得重視的關鍵課題。

六輕在雲林立足二十年來，已然成為政府難以忽視的龐然大物，歷任雲林縣長蘇治芬、李進勇都感於地方政府管理監督上的無力，希望中央能成立專責機構，甚至訂定專法管理六輕。不過，石化業主管機關、經濟部次長曾文生卻認為，臺灣難解決的問題都是跨部會或是跨領域，如果不是舊的法律規定已不敷使用，一味要求立專法和專責機構反而無法有效解決問題，「法不會不夠，就是『落實』兩字。」

二十年前，六輕營運被視為臺灣經濟成長重要指標，其後六輕帶來上兆產值，占臺灣GDP高達一成；二十年後，六輕卻被視為臺灣環境汙染的重要元凶，學者指控六輕空汙影響健康，在地居民甚至提出控告。

不論六輕二十年是非功過如何，外界已期待經濟部工業局及各單位此次總體檢「玩真的」，不能再像過去監督會議、聯合督導一樣成效不彰，必須要能真正提升六輕的製程安全管理，並督導六輕做好各項汙染防制工作，讓六輕與時俱進、轉型提升。

從六輕周遭承受汙染卻無法離開的環境難民，到六輕汙染無定論的科學戰爭迷霧，再到六輕二十年總體檢的監督成效，所有核心課題，其實都圍繞在「人」與「土地」之上。

讓高汙染石化廠周遭的人們消除心中恐懼及健康陰影，不但是政府責無旁貸的重要任務，也是企業必須承擔的社會責任。讓這片你我安身立命的土地能夠永續發展，更是每個人無所迴避的時代命題。官方進行六輕二十年總體檢之際，民間自主監督的公民力量已然興起，這場攸關人與土地核心價值的戰役，沒有人會是局外人。

（本文作者：林雨佑、何榮幸）

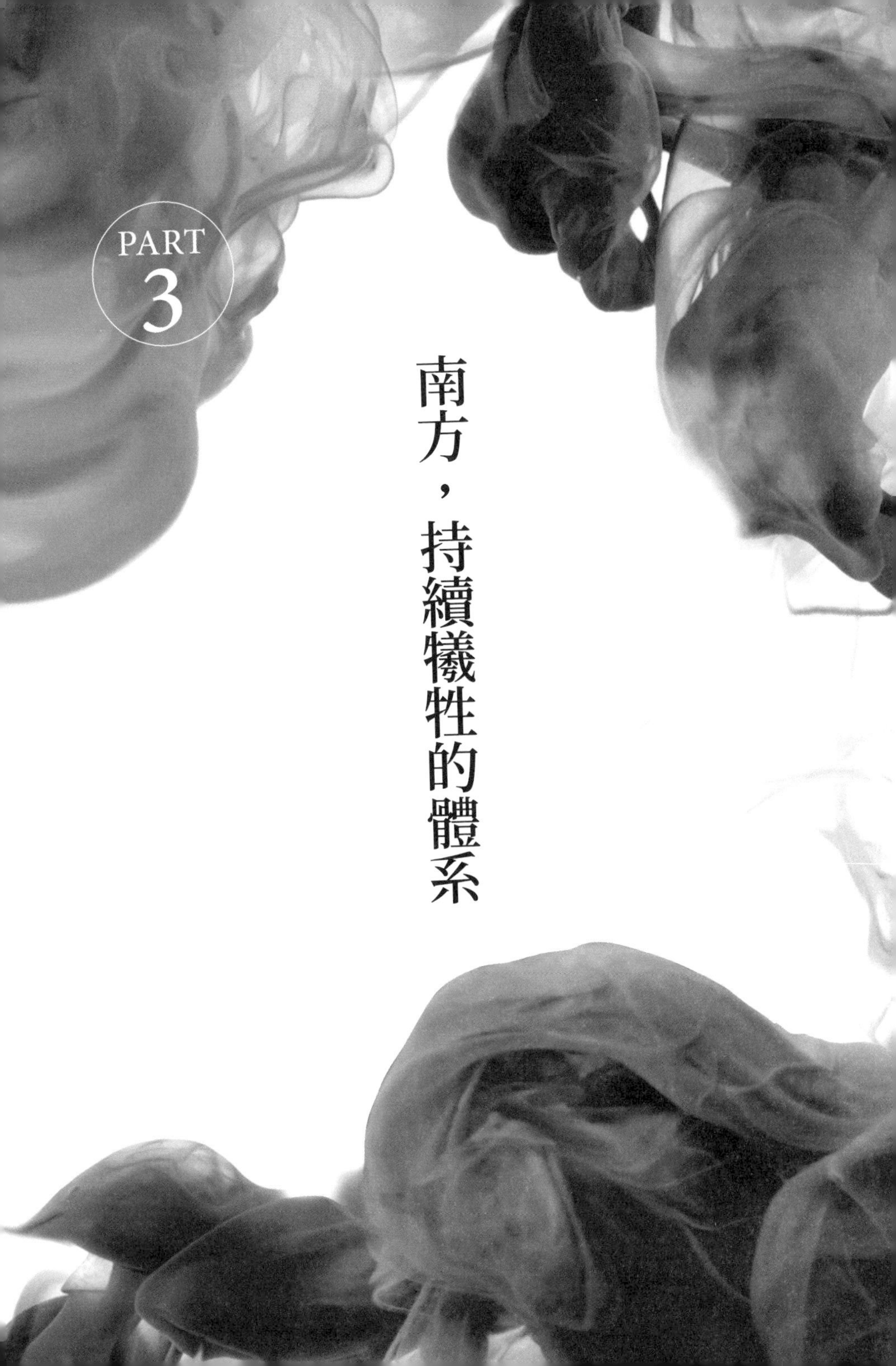

PART 3

南方，持續犧牲的體系

第7章 如何移走一座石化廠：後勁面對的三次危機

一九八七年，後勁人阻擋一座輕油裂解廠的興建，費時三年，一九九〇年五輕動工，以失敗作終。螳臂擋車的環境抗爭終究失敗了，以回饋金補償，是臺灣這塊土地的常態。後勁人不願因循「常態」，面對新的石化怪獸就此盤據，曾被擊潰的後勁人，決定整隊再起，然而要移走一座石化廠，談何容易？這次他們必須尋找新的兵器。環境運動比氣長，上個世紀的圍廠抗爭，匯入下個世紀的公民科學，一九九〇年夭折的花朵，化作春泥，沃養深埋於凍土中的種子，二十五年後終於發芽。

一九九〇年九月二十一日，高雄煉油廠在兩千五百名鎮暴警察戒護下，結束了後勁反五輕居民從一九八七年七月開始的圍廠。隔天，各大日報的頭版頭條，「五輕宣布動工」的粗黑醒目標題，昭告三年抗爭的失敗，中油回饋後勁居民的十五億回饋金，經行政院核定後火速撥到臺灣銀行左營分行。這筆錢以定存方式放在銀行，孳息用來回饋後勁地區。

怪手開入，大興土木，三年來在煉油廠西門外，搭棚輪守，埋鍋造飯，喊著堅定三不口號：「不談判、不妥協、不協調」的抗爭主將劉永鈴等人黯然退出。雖則最終迎來的是失敗，但不能說一無所獲。在剛解嚴的臺灣，三年來頑強不退，讓當時的行政院長郝柏村不得不公開宣示：中油五輕廠將在二十五年後遷廠。

世事如浮雲，政壇大風吹，橫跨四分之一世紀的政治承諾，要找何人兌現？從一九九〇到二〇一五年，後勁進入漫長的「後抗爭時代」。沒有爬上燃燒塔拉起「反五輕」布條的吸睛，也沒有擺出宋江陣式與鎮暴部隊對決的驚心動魄，昔日衝撞的主將紛紛散去，剩下來的是平淡瑣碎的事務：監管回饋金的運用，成立後勁福利基金會，孳息的用途包括瓦斯、水電費、醫療急難、獎學金以及老人福利補助等。

後勁福利基金會的所在地，建起了大樓，裡頭有游泳池、圖書館、會議室等現代化設備，後勁人不再望著煉油廠員工子弟獨享的福利而興嘆。讀書是翻轉階級的方式，後勁子弟也能在裝著空調的圖書館裡K書，新建的圖書館，比煉油廠裡中油子弟所使用的更嶄新光亮。

嶄新光亮的應許之地，只存在於一九九四年五輕完工之前。一九九四年五輕啟用後，五月二十日隨即發生五輕裂解爐氣爆而導致火災，九月二十二日第五硫磺工場發生火警，隔年的十一月二十四日再度發生火警。一九九六年八月九日，燃燒油大量噴出，後勁地區下起漫天油雨。

洩漏、爆炸、火災、油雨……不過幾年相安無事的時光，噩夢通通回來了。

第一次危機：五輕尋求就地轉型vs.後勁啟動科學汙染調查

五輕開始運轉，中油也始終想鬆動二〇一五年的遷廠大限。二〇〇二年底，中油董事會通過高雄煉油廠就地轉型計畫，預計投資九百億興建高科技石化園區，發展奈米、生技、半導體，並對外招商，吸引國內外科技廠進駐。表面上號稱「高值化、低汙染」，但實際上仍打算在高廠內的原二輕建地重建輕油裂解廠，年產乙烯七十萬噸。

就地轉型計畫掩蓋的真相是：五輕之後還有年產乙烯七十萬噸的中油六輕，層層累加上去，噩夢何時終止？

二〇〇二年民進黨政府的執政口號正是「拚經濟」，九百億的鉅額投資十分具有正當性。中油並主張五輕遷廠會拖累石化產業的中、下游廠商，讓同樣位於北高雄的大社、仁武工業區缺少原料。媒體配合中油鋪天蓋地的宣傳：將有十多萬人失業，造成大量失業潮。

高雄煉油廠的就地轉型計畫，來勢凶猛，後勁居民縱使有再強的凝聚能量，都難免在時間的流沙裡，漸漸將意志潰散，難敵讓十多萬高雄鄉親失業的罪名。

後勁人無法坐以待斃，但不能像從前只懂圍廠抗爭，面對打不死、一再重來的石化殭屍，必須尋找新的武器。

早在二〇〇〇年開始，後勁福利基金會就委託高雄海洋科技大學研究團隊，進行「後勁地區空氣與地下水汙染調查計畫」。這是在臺灣環境公害史上，第一次由民間團體委託學術單位進行單一地區的汙染調查。

計畫主持人是高雄海洋科技大學海洋環境工程系的教授沈建全。搭捷運到後勁站，高雄海洋科技大學就在步行不出十分鐘路程內。儘管學校離高雄煉油廠不遠，也是後勁人的鄰居，沈建全一開始對後勁人的印象，都來自媒體的宣傳，他說：「報紙說後勁人都是環保流氓，我跟同事說：『我們去要小心，如果要違背學術良心的話，寧願不接。』到了基金會，裡頭的人的確黝黑壯碩，一副『流氓』樣，坐下來談之後，我說只有一個條件：『監測的數據，一個字都不能改』，他們很爽快地答應了。」

第一階段（二〇〇〇年）的空氣與地下水監測計畫，基於幫忙資源不多的地方民眾，海科大團隊的收費只有四十幾萬元，是幾無利潤的工本價。這筆費用是由基金會所管理的回饋金孳息所支出，沈建全說：「銀行利息本來一年有七至八％，後來降到只有二至三％，拿來做研究，對地方的回饋就變少了。黃石龍去說服後勁六個里的居民，讓他們點頭。」

黃石龍是出身後勁的議員，縣市合併前曾經做到副議長，在質詢時，他時常抨擊高廠的汙染，卻是雷聲大雨點小，因為後勁居民長年苦於空汙的味覺、體感，無法化為實際的數據，他說：「中油一直說自己沒有汙染，我當民代質詢，需要數據，就去跟基金會提議，要拿錢出來找學者做檢測。」

儘管貴為副議長，但在後勁這個歷史悠久的古老聚落，孳息的動用，也無法由黃石龍一人說了算：「要拿錢出來做監測，有人說這應該是政府來做，怎麼會是民間拿錢出來自己做呢？」黃石龍花了很大的力氣一一說服，最後才投票表決通過。

第一階段四十萬元，第二階段（二〇〇二年）的費用是九十八萬元，前兩階段都是調查空氣與地下水汙染，到了第三階段（二〇〇四年）則加入高雄醫學大學潘碧珍、洪玉珠團隊的〈後勁地區流行病學調查報告〉，花費更是倍增為二百二十萬元。三階段研究前後時間大約五年，花費大約三百六十萬元，沈建全說：「做出來的結果，後勁居民真的一個字都沒改。」

學術單位沒有公權力，被中油擋在門外，只能在煉油廠周圍找了十幾個點做監測。即使只是在周界，做出來的數據都超標甚多，沈建全說：「在廠區外菜園，中油監測井NW24的地下水，抽上來是深褐色，顏色像咖啡，檢測結果苯超標二百六十倍。」「咖啡」所澆灌的菜園，只有耐髒的花椰菜種得活。菜園、稻田、

高雄海洋科技大學海洋環境工程系教授沈建全，是「後勁地區空氣與地下水汙染調查計畫」主持人。（攝影：余志偉）

民居緊鄰著高汙染工廠，長久失衡的環境不正義，存在高雄已久。

學術界接中油的計畫案來做，所在多有，這是被鼓勵的「產學合作」方式。以成本價接下後勁福利基金會的案子，無利可圖，為的只是科學上實事求是的學術良知。中油也曾想收買沈建全，要他放棄後勁的委託案，「無論我想做什麼計畫，他們都可以提供研究經費。」

沈建全沒有往油水多的地方去，第三階段還找了高醫大的團隊加入，加碼流行病學調查，得出後勁社區女性得到喉癌的機率高於臺灣平均值的十五倍，淋巴瘤的發生是平均值的十倍等種種與石化汙染相關的結果。

中油的金錢攻勢無孔不入，除了學者，地方民代更容易買通。

黃石龍並非反五輕運動的要角，一九八七到一九九〇年的圍廠抗爭，他那時忙著做生意，並沒有參加。一九九八年他以無黨籍選上楠梓區議員，後勁出身的議員，當然也是中油亟欲攏絡的要角。黃石龍說：「他們透過很多關係來跟我說，叫我在議會質詢演演戲就好，說如果就地轉型的話，兩百億的工程款處理好了要給我。我說不要說工程了，兩百億的現金我也不要，不是錢的問題，是對後代子孫無法交代。」

一九九〇年圍廠抗爭失敗，開啟長達二十五年的「後抗爭時期」，黃石龍選上議員後及時補位上來，解嚴後街頭的熱鬧冷卻，抗爭場景轉進議會。

二〇〇二年，煉油廠內的P37油槽漏油，漏了二千八百萬公升，相當於一百四十家加油站，汙染十分嚴重，中油卻全盤隱匿資訊，在煉油廠工作的後勁人暗中將此訊息告訴黃石龍。

黃石龍在議會質詢，轉播的第四臺卻總是跳過他，「我質詢中油的部分全部沒有播放，你看要把它的汙染逼出來，要花多少力氣，議員它們都敢這樣對待了，你說一般老百姓要怎麼揭穿它們？」

委託高雄海科大、高醫大的三階段報告完成後，二〇〇四年五月，黃石龍拿著這些數據彷彿利刃在手，在議會質詢時終於能擊中要害。他說廠區外的汙染已經那麼嚴重了，更何況是廠區內，才逼著高雄市政府編列預算，讓環保局進廠檢測。

即使有公權力介入，仍困難重重。高雄環保局委託第三方的峰將顧問公司做檢測，所採出的樣本，三番兩次都遲了五、六天以上才送檢驗，出來的結果都是沒有汙染。

地方的科學戰爭，詮釋權長久以來完全被中油壟斷，無論是環保局或是中油，委託第三

「後抗爭時期」的要角、時任高雄市議員的黃石龍。（攝影：余志偉）

方檢測公司做出來的數據，有太多的技術干擾方法，可讓帳面數字好看。例如在陽光下曝曬過幾日，待有機化學氣體揮發後再送檢驗；或者故意將監測井挖深，深入不透水的黏土層，好讓黏土層隔絕上面的汙水層，所取出來的就是相對乾淨的地下水。

黃石龍只好使出殺手鐧，首先要求將疑似被中油收買的峰將公司移送法辦，結果卻是不起訴，但對黃石龍而言，警告的目的已達成。其次施壓怠惰的公務員：「環保局科長、股長都在檢測現場，我在議會對他們說，如果再兩個禮拜無法拿正確數據出來，就要告他們瀆職。」

科學檢測有太多眉角，只要一個步驟偏移，失之毫釐便差之千里。黃石龍沒有科學背景，他只繼承了後勁難纏的民風，採取緊迫盯人的黏功，全程參與環保局的採樣過程。

「環保局長很好心，說天氣那麼熱，議員你回去休息，我和科長在現場看就好。但是對抗中油真的要事必躬親，每一次環保局進去，我都是跟在那邊整天的，好像要捉小偷一樣。所以中油的人很氣我，怎麼會碰到這種傻瓜，都已經當到副議長了，還每天來這裡曬太陽。土剛挖起來，我在現場一聞就知道有沒有汙染，不監督的話就會被掉包，說沒汙染你也沒辦法了。整個中油哪裡汙染嚴重，每個點都是我在現場監督出來的。」

後勁居民委託學術團體檢測，打破長年被壟斷的科學詮釋權，讓中油的汙染得以現形，居民更堅定二十五年遷廠的信念。從二〇〇二到二〇〇四年，中油大力推動的就地轉型計畫無疾而終，當時的報紙說：「中油去年（二〇〇三）呈報經濟部九百億之高雄廠轉型方案，但因後勁民眾反對解除民國一〇四年遷廠令，即使在二〇〇三年十月全球招商大會大力推銷，也無法吸引廠商進駐。」

「就地轉型」的危機暫時解除，然而石化殭屍還沒死透，將會變換不同的外貌偽裝，一直再來。

第二次危機：新建脫硫工場vs.後勁發動第二次圍廠

二〇〇七年，後勁人又遭遇第二次危機——中油投資八億元，要新建日煉一萬八千桶汽油的加氫脫硫工場。黃石龍說：「起先中油有來跟後勁溝通，但他們只說五輕要加新的設備，沒說要蓋脫硫工場。後來因為脫硫工場要環評，環評委員、臺灣大學的徐光蓉教授打電話問我，說你們有同意中油蓋脫硫工場嗎？我說沒有呀，後勁人完全不知道。」

脫硫工場預計二〇〇七年興建，二〇〇九年完工，距離原本承諾的二〇一五年五輕遷廠，只有六年的時間。後勁居民知道，一蓋下去，才啟用不到十年的新設備，中油怎麼會心甘情願關廠？

環評的程序正在走，儘管有良心學者的通風報信，在其他官派環評委員的強力護航下，後勁人沒有多少勝算，環評案最終「有條件通過」。

強渡關山的脫硫工場，讓二〇一五年的關廠承諾顯得更不堪一擊。二〇〇七年環評通過後，照例要在地方上開說明會，就在後勁福利基金會舉辦，後勁反五輕儘管已經是十七年前的事情了，但後勁的民風剽悍，始終讓當局芒刺在背。單純的一個室內說明會，在當天出動二百位警力以及鎮暴車輛，彷彿重現戒嚴年代。後勁這邊也動員上百人，說好當天不簽到，以免讓中油拿去做為「居民同意興建」的依據。

二〇〇七年是高廠多事之年，七月，高煉廠內的第六蒸餾工場發生嚴重大火；十月，又發生氣爆，火勢延燒十幾個小時。隔年一月，氫氣管線爆炸起火，方圓二十公里都可聽見巨大的爆炸聲。短短不到半年，發生三次嚴重工安事故。在二〇〇八年一月二十八日舉辦里民大會，後勁人決定再度抗爭，重現一九八七年的圍廠，只不過這次從西門改成圍北門，帳篷又搭起來了，日夜輪守的班表也排好了，神明也再度從廟裡請出來鎮守。

因為後勁居民的反對，以及地方政府遲遲未核准整地開發，脫硫工場最終沒有蓋成。二〇〇八年五月，中油董事會決議，將脫硫工場轉移到大林蒲的中油大林煉油廠。

趕走了脫硫工場還不夠，最終目的是整個高雄煉油廠的遷移。大火過後，後勁人衝進廠區內，用噴漆四處噴上「滾蛋」。

圍廠持續了二百二十一天，到了二〇〇八年八月十三日，當時的經濟部次長鄧振中終於南下，在當地的信仰中心聖雲宮前做出口頭宣示：將維持當年的承諾，在七年後的二〇一五年確定將整個高雄煉油廠遷離這塊傷痕累累的土地。

儘管有了一九九〇年行政院長郝柏村所批示的遷廠公文，加上二〇〇八年經濟部次長鄧振中給的口頭承諾，雙重保證卻不足以撐過最後七年，故事還沒結束。

第三次危機：五輕民營化vs.後勁以汙染控制場址凍結

二〇一〇年，中油與十八家石化廠商共同投資的國光石化（八輕），在彰化大城溼地的建廠與否爭論未休。中油欲興建國光石化，一方面為了追趕民營的六輕乙烯產值，二是為了補上二〇一五年五輕關廠的石化原料缺口。彷彿銅板的兩面一陰一陽，國光石化能否順利建廠，同時也牽動著五輕能否順利關廠。二〇一一年四月二十二日，當時的總統馬英九宣布停建國光石化，五輕這廂再度死灰復燃。同年六月，國光石化主要的民股股東徐旭東希望「五輕民營化」，不必遷廠，可調整架構後，讓國光石化接手經營。

五輕延役並民營化的說法，在二〇一一年四月國光石化停建後，經常出現在報紙版面。隨著二〇一五年的關廠政策進入最後倒數計時，此種說法便愈演愈烈。二〇一三年一月，《聯合報》報導：「五輕的去留，攸關國內石化原料供應鏈，產生的『骨牌效應』，連帶影響附近仁大工業區在二〇一八年是否確定由甲種工業區改為乙種，一旦降為乙種，區內十一家五輕下游石化業者，必須全部關廠，每年近八百億產值不再。」

失業、經濟產值滑落的恫嚇始終存在，與五輕共存同榮的仁大工業區，在最後關頭也要為工作權奮力一搏。在資方那邊，二〇一四年八月初，高雄氣爆才剛發生沒過幾天，仁大石化區裡的台聚、國喬、東聯等民營業者，研擬出共同出資將五輕買下來，以公辦民營的方式，由民間業者籌組團隊向中油承租。

在勞方這邊，仁大工業區的石油工會，更是聯合中油工會，集體抗議二〇一五年五輕關廠時程。由中油高雄煉油廠、大林廠、林園廠三廠員工所組成的「石油工會第一分會」，動輒有五千以上的會員，曾是一九九〇年代挑戰黨國體制的自主工會運動主力。在一九八七年的後勁反五輕運動中，中油工會成員罕見地站在居民這方，裡應外合。到了屆臨關廠，第一分會轉而積極動員讓五輕延役。

黃石龍說：「他們說要發動萬人上街抗議，也不斷抹黑我，說我一邊抗議一邊包很多中油的工程。我常講我是內憂外患，外患是中油聯合仁大工業區抵制我，內患是（一九九〇年抗爭後期）五輕公投的時候，還是有百分之三十幾的人贊成，有的人還是喜歡回饋、喜歡領瓦斯費，對我有意見呀。內憂外患不是十幾天，十幾天熬一下就過去了，是十幾年耶！」

二〇一五年中油的租約到期，那麼換個民間房東，無論是敗部復活的國光石化，或者想要延續產業生命的仁大工業區，看起來都合情合理。而中油在當地的敦親睦鄰政策，不只是後勁，還覆蓋整個楠梓、左營區，里長議員辦活動就跟中油申請經費，黃石龍說：「中油用外圍的力量來壓迫後勁，他們一直講，中油已經改善很多了，把中油趕走沒一點道理。」

「還有黑道，中油放出一些利益給黑道，說五輕不要搬，在這裡就地轉型有多少好處，那些黑道的人一直要找我們出去談。本來我早上都會去爬山，後來就不敢去，改成跑步也會變換不同的地點，晚上除了正常的喜宴，有朋友說要去喝酒，我從來不去參加。」

就地轉型，重新開發的利益如此之大，地方的居民希望雨露均霑，黑道也想來分一杯羹。

後勁地方頭人中，曾混跡江湖道上的羅董負責去和黑道談和；二〇〇八年二度圍廠後所成立的高雄煉油廠遷廠促進會，擔任會長的黃奕凱，負責去擺平後勁內部傾向接受回饋金的居民。

黃石龍說：「二〇一五年底關廠前，整個高雄市百分之九十的人都認為中油不可能遷走，公部門、調查局、警察單位，所有人都這麼認為，那麼大的廠，又是國家的，哪有可能會遷走。我就一直堅持它們一定會遷走，只要我們內部堅持、團結，後勁領導的人手腳都很乾淨，不會跟中油拿東西，所以才有辦法。」

黃石龍的角色，是回到議會繼續打那場科學戰爭。二〇〇〇年之後，剛好也是新的環保法令《土壤及地下水汙染整治法》公告施行，熟悉法令的沈建全告訴黃石龍，如果地下水或土壤經檢測後，被宣告為汙染控制場址（指單一汙染物濃度超過管制標準二十倍），那麼在完成整治前，土地就不能有任何的開發或增建。黃石龍說：「我們朝這個目標來打。」

黃石龍拿著學術單位的數據，陸續在議會質詢，使得環保局不得不進場稽查，高雄煉油廠的汙染地圖終於一塊一塊地拼出來。法令通過後，二〇〇三年第一個宣告的汙染場址，就是黃石龍檢舉的P37油槽，經過十年耗費六億元才整治完成。

後勁版《永不妥協》：人是最強的資本

訪談間黃石龍特別提到茱莉亞．羅勃茲（Julia Roberts）所主演的電影《永不妥協》（*Erin Brockovich*），他反覆一看再看。這部片改編自真人真事，劇情是一位單親媽媽艾琳．布羅克維奇（Erin Brockovich）發現美國的辛克利小鎮水質受到六價鉻重金屬的嚴重汙染，罪魁禍首是太平洋電力公司，大公司隻手遮天，讓汙染事實被隱瞞。單親媽媽與律師以小蝦米之力挖掘真相，讓受害居民獲得賠償。

黃石龍可說是後勁版本的艾琳．布羅克維奇，在二〇一五關廠之前，高雄煉油廠被公告為汙染控制場址的土地，超過二百公頃，這一大片汙染壞死的土地，範圍超過八個大安森林公園，是黃石龍花了大約十五年的時間，盯著環保局一步步檢測、宣告，最後留待整治。汙染嚴重的土地，花二十、三十年的時間整治都跑不掉，何以能再整建開發，就地延役？

二〇一一年十一月，煉油廠轉型生態公園促進會成立，由沈建全擔任執行長，倡議轉型為生態公園，就是要讓傷痕累累的土地不做其他用途，能徹底休養生息。

五輕關廠後廠房機具陸續拆除，周邊房市地價也逐漸上漲。（攝影：余志偉）

陪後勁人走完最後一哩關廠路的，除了學界，還有NGO。成立於二〇〇七年的地球公民基金會，是第一個將總部設於高雄的環保團體。在基金會成立之前，國小美術老師李根政就已走入後勁社區，他說：「地方環保抗爭，要獲得全國的關注，通常要有很強的自然資本，例如反七輕的黑面琵鷺、反國光石化的白海豚。後勁沒有自然資本，但有很強的人文資本，就是他們的社區力量，讓進去的人都會被感動。」

環保人走進去，後勁人也走出來。地球公民基金會成立後所舉辦的第一場活動，是二〇〇七年十二月的「響應全球抗暖化行動──高雄大遊行」，後勁人也一同上街，執行長李根政說：「每年辦反核遊行，後勁人都會包一臺遊覽車來。」從二〇一一年開始，每年的九月二十一日（五輕動工日），地球公民基金會都會協助後勁福利基金會舉辦「反五輕週年大型晚會」，李根政說：「九二一晚會一方面凝聚社區的共識，一方面要不斷藉由大型晚會提醒政府：不能反悔！」

從二十一週年、二十二週年、二十三週年、二十四週年，倒數計時，在後勁鳳屏宮前不分日夜都有個計時器，倒數計時二十五週年的到來。

倒數計時到了最後一個月，二〇一五年十二月，中油仍不死心，找市政府經發局的人搭橋，仍要到鳳屏宮前開說明會。黃石龍說：「我說中油算哪根蔥，誰叫它來跟我們開會，我們有行政院的公文，一〇四年要停下來，它代表行政院嗎？政府訂了二十五年後遷廠，人無信不立，要不然它去改二百五十年呀，我也沒意見。」

「它們萬萬沒想到，二十五年過得那麼快。」黃石龍對我們說這句話的時候，已經離關廠又過了三年，來到二〇一八年深秋。

三年來，不再有令人屏息的惡臭，當年抗爭的主力李玉坤、劉永鈴都在這幾年接連凋零，生前享受不到幾口好空氣，多年堅持拼搏來的遺產，讓後勁人夜晚睡覺不必再緊閉門窗，得享一夜好眠。

二〇一八年八月時，高雄下了幾場雨，高煉廠旁的半屏山上面籠罩著雲霧，讓黃石龍看了很激動，他說：「我十幾歲的時候，還看過半屏山上的雲霧，民國五十七年開始蓋一輕以後，因為煙囪整天排放，上空溫度很高，就再也沒看過雲霧了。沒想到到了六十幾歲才又重現小時候的面貌。」

在後勁人的回憶裡，童年的半屏山，雲霧繚繞，只要聽到山上那隻有靈性的老山羌

地球公民基金會創辦人李根政是投入反五輕長期抗戰的NGO參與者之一（攝影：余志偉）

「咳吼～咳吼～咳吼」嘹亮地鳴叫，就知道，雨終於要落下來了。

（本文作者：房慧真）

第8章 我家住在全國最大汙染場址旁

時代持續滾動，整個社會的環境意識逐漸抬頭，二十五年後政府還是被迫兌現了五輕關廠承諾。然而歷史開始秤斤論兩，高雄煉油廠這塊廣闊土地受到的傷害，要由後代子孫繼續承受苦果。五輕固然為國家經濟產值做出重要貢獻，犧牲的環境成本卻難以估計。未來很長一段時間，後勁人仍需與這片汙染廠址共存，漫漫等待不知何時才會出現的果陀。

二〇一九年二月二十二日，我們走進主管石化產業的經濟部次長曾文生辦公室，曾文生和相關主管說明，中油已編列高達一百一十二億元預算，規劃以十七年時間進行高雄煉油廠地下汙染改善作業。但經濟部官員坦承，由於五輕拆遷涉及文化資產保存，有待相關部門協調，這項汙染整治工作可能還會延宕。

五輕營運了二十五年，這塊被嚴重汙染的土地，後續整治卻要耗費一百億元以上經費、近二十年的時間，而這還只是保守估計，這筆帳到底划算不划算？

環保署公告全國最大汙染控制場址

「我記得，那一天傍晚的氣壓很低，快要下雨，空氣裡的油味很重，忽然轟了一聲爆炸。」

二〇一五年十一月，五輕關廠前夕，南國豔陽天，七十多歲的後勁社會福利基金會副董事長王信長精神奕奕，騎著摩托車引路，帶我們在鐵道和油槽區之間的小路穿梭。空氣中隱隱帶著酸味，到了中油高雄煉油廠的東門口，王信長停了下來，眼前是金屬工業研究發展中心，這位老人家的記憶，回到了多年前的那場大爆炸。

讓王信長永生難忘的這場爆炸，發生在一九八八年八月十五日。當時任職金屬工業研究發展中心的工程師林英傑，在宿舍抽菸引發氣爆，全身八五％燒傷。一個尋常的雨

五輕關廠前夜景（攝影：林聰勝）

前低壓日，抽根菸竟然引發爆炸，後勁居民憤而以「公共危險罪」控告中油。

這場爆炸的幾年前，後勁就曾發生離奇事故。王信長的摩托車騎過熙來攘往的高楠公路，停在稔田里另一片已被夷為平地的空地前，他以手勢比一比說「就在這裡啦！」早在一九八三年，有一位歐巴桑在半夜點蚊香，結果因為油氣引發大火，歐巴桑雙腿燒傷，「阮後

後勁社會福利基金會副董事長王信長指著這片空地表示，一九八三年這裡曾因點蚊香發生爆炸。（攝影：林聰勝）

門口內紅色建築物就是當年發生爆炸的金屬工業研究發展中心（攝影：余志偉）

勁社人都在這種驚恐中過日子啦！你說，這種日子怎麼過？」

明明離煉油廠還有一段距離，抽根菸、點個蚊香，就有性命之危，這是什麼樣的居住環境？

王信長，只是無數擔心害怕的後勁居民之一。他們當年並不知道，這幾起公安事故，已經預示了多年後這片廣大土地的壞死與衰亡，而這些頭髮早已花白的老人家，原來大半輩子都住在全國最大汙染控制場址旁邊。

高雄市楠梓區，昔日以經濟部設立的楠梓加工出口區、中油設立的高雄煉油廠聞名，當年經濟起飛的象徵，多年後卻成了汙染土地的代名詞。先後容納一輕（一九六八年啟用）、二輕（一九七五年啟用）、五輕（一九九四年啟用）等四十幾座大型工場的高雄煉油廠，更成為官方認證的最大汙染區域。

石化業對空氣和水造成嚴重汙染，廢氣排放時可產生三百種以上的汙染物，廢水排出則連帶有機化合物，每一項都是高致癌物質。二〇〇〇年《土壤及地下水汙染整治法》公告施行前，後勁居民只聞空氣中的酸臭，不知道這座龐大廠區的地下世界，已變成後代子孫的最大噩夢。

如前章所述，直到二〇〇二年，後勁地區選出的市議員黃石龍接獲中油員工密報，才知道煉油廠P37油槽因破裂嚴重漏油。經過確認，該油槽漏出原油高達二萬七千八百五十公秉，等於漏掉一百四十座加油站的油量，其後中油公司只挖除地表約三十公分表土，即宣稱整治完成。高雄市環保局因而報請環保署，在隔年公告P37油槽區為土壤及地下水汙染控制場址。

這也是土水法公告施行後，第一個遭公告為汙染控制場址的國營事業。對照五輕建廠前，中油公司曾信誓旦旦做好環保的宣示，實在是莫大諷刺。

面積廣達二百六十二公頃的高雄煉油廠，其後因工廠區、鄰近油槽、油管輸送管途經路

高雄煉油廠汙染整治計畫

受影響地區	後勁地區
汙染責任	中油公司，未做好汙染防治工作
監督單位	高雄市環保局，環保署
開罰狀況	因計畫連三度退回，高雄市環保局開罰20萬元
後續整治	中油公司宣稱將耗費112億元、17年完成整治。但外界評估整治時間可能更久

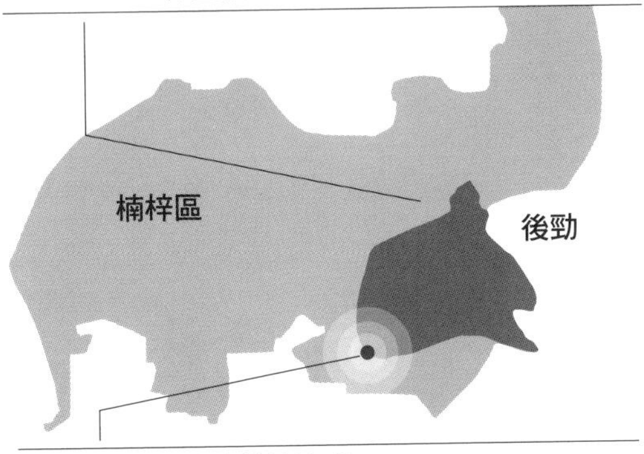

汙染地點	中油高雄煉油廠
汙染現狀	環保署公告全國最大面積土壤及地下水汙染控制場址
汙染面積	超過200公頃（約為八個大安森林公園，或一個成功大學校總區面積）
汙染原因	總石油碳氫化合物

線及周邊地區汙染嚴重，被公告為土壤及地下水汙染控制場址的面積，總計竟然超過二百公頃，其中地下水汙染控制場址即達到一百七十七公頃。換算成北部人熟悉的地標，這一大片汙染壞死的土地，範圍超過八個大安森林公園；以南部人熟悉的地標來看，則超過一整個成功大學校區總面積。

公告為汙染整治場址是什麼意思？根據土水法規定，若該控制場址的「單一汙染物濃度超出管制標準二十倍」，環保署便可將其汙染範圍公告為整治場址，而高雄煉油廠的土壤主要汙染物是「總石油碳氫化合物」[1]，其超標會高達四四．二倍。

一般人會在什麼情況下暴露其中？根據國家環境毒物研究中心資料顯示，「居住在石油產品灑出或滲漏之附近區域」、

二〇一五年十一月，高雄市環保局到中油高雄煉油廠W28油井採樣，發現地下水含有濃稠油汙。（照片提供：高雄市政府）

「接觸到被總石油碳氫化合物汙染的土壤」、「工作職務會接觸到石油產品」、「於加油站吸入空氣、飲用被總石油碳氫化合物汙染的水」都有可能。

這四點，後勁社區全部命中，後勁居民根本無處可躲。但弔詭的是，目前並沒有任何醫療檢驗，能量測出自身是否已暴露於總石油碳氫化合物中。這就是後勁居民的真實處境，以及長期承受的無奈與悲情。

一百億？三十年？超乎想像的整治長路

高雄煉油廠正式停工前夕，我們在二〇一五年十月二十九日深入場區各處，觀察這塊全國最大汙染控制場址的現況，當時全部廠區仍處於嚴格管制人員進入狀態。

一九九〇年關廠的一輕原址，二十多年之後依然是水泥覆地。至於一九九四年關廠的二輕，表面上雖然覆蓋了綠地，但中油員工坦承：「還需要持續整治」。這兩座曾經在臺灣石化發展扮演重要角色的場區，如今依然是地下水汙染管制區。

一輕、二輕尚且如此，規模更大的五輕及其他毒性工廠呢？

二〇〇二年遭黃石龍檢舉的P37油槽，是最早完成整治、解除控制場址的區域。P37油槽遭汙染土地面積約二．三公頃，從二〇〇三年公告到二〇一三年解除整整耗了十年，整

1 總石油碳氫化合物Total Petroleum Hydrocarbons是許多不同化合物所組成的混合物。某些總石油碳氫化合物會影響到神經系統，導致頭痛及暈眩。

治費用超過六億元。高雄煉油廠公告的汙染控制場址，則是P37油槽區的一百一十倍，未來究竟要花多少錢，耗上多少時間才能完成整治？

中油曾在高雄煉油廠停工前夕提出土壤及地下水控制計畫，預估編列一百億元預算、分二十年整治廠區，但該計畫遭到高雄市環保局三度退回，更因超過土水法三十八條三次補正規定，遭裁罰二十萬元。當時高雄市環保局長蔡孟裕指出，不會同意長達二十年的整治計畫。由於高雄市府要求縮短期程，如今中油整治計畫才會提前至十七年。

「三十年恐怕跑不掉！」不願具名的中油員工，當時在五輕工場附近向我們分析，因為整治問題相當複雜，在關廠全面性調查後，汙染範圍恐怕只會更廣。

更嚴重的是，高雄煉油廠的四十二座油槽與地下輸油設備，在關廠後仍將持續運作。時任中油煉製事業部執行長李順欽強調，「這是為了戰備儲油的需要」，未來這些油槽仍需供應臺中以南民生用油，及嘉義、臺南機場等軍事設施戰備用油。高雄海洋科技大學教授沈建全認為，以一百八十七公頃工廠區加上宿舍區、行政區，「一百億元的整治費用恐怕是低估，預估至少要耗費三百億元臺幣，二十年也只是保守估計的時間，油槽區恐怕是汙染最嚴重的區域。」

關廠不關槽，拆遷支票跳票

後勁人對於「關廠不關油槽」的憂慮，其來有自。除了P37油槽漏油事件陰影仍在，高煉廠所屬的苓雅寮儲運所油槽，早在二〇〇五年就被高雄市環保局公告為土壤汙染控制場址。而在關廠前夕，高雄市環保局對高煉廠W28油槽下方的地下水層檢測，更已驗出高濃度殘油。

過去後勁社區長時間使用地下水，而汙染早已透過地下水全面擴散，尤其是往東邊擴散至稔田里。沈建全認為，中油是明確的汙染行為人，「中油必須進行全面性調查，周邊地區的土壤及地下水也列入整治範圍，不僅只是廠區內，在整治期間其土地不能買賣、分割、建築與讓渡。」

後勁反五輕運動在二〇一五年十二月三十一日展開「跨年抗爭」，目標就是高煉廠油槽及管線。李順欽雖強調，中油會與後勁民眾持續溝通，但地球公民基金會副執行長王敏玲批評中油行政怠惰，不論保留油槽是為了民生或戰備用油，「早就知道二十五年後要遷廠，為何不提早準備？」

二〇一六年一月中油與後勁居民談判，後勁居民要求以兩年時間將五輕工場及油槽全部拆除淨空，中油只承諾，除了少數附屬設備及部分油槽，五輕將於二〇一八年底全數拆遷完成。但到了二〇一九年的此刻，五輕拆遷問題仍未解決。

陳菊任內與後勁居民多次溝通的高雄市經發局長曾文生，如今變成在中央主管中油公司與石化產業的經濟部次長，他率相關官員接受我們訪問時指出，五輕原本規劃以「整廠輸出」方式輸出國外，但因五輕已無法達到現代輕裂工廠之經濟規模要求而找不到合適買主，因此改為「標售案」方式，以國際標、公開招標、最高標決標方式辦理，最後由馬來西亞的一家廠商得標。但「目前遭遇瓶頸為五輕設備尚待主管機關釐清是否具有文化資產價值而須保留，於釐清前本案先保留決標」。

曾文生進一步說明，文化部文化資產局審議會還在評估五輕設備是否具有文化資產保留價值，未來經濟部、文化部還須對話協調。[2]而因五輕正位於高煉廠第一期汙染整治範圍內，「若五輕不整治後面也無法整治，整個整治期程會卡到，所以我們也希望能找出好的解決方法。」

也就是說，中油承諾二〇一八年底五輕拆遷完成這張支票已確定跳票，至於何時能完成拆遷？仍是充滿不確定的問號。

後勁居民的飲用水受到汙染，中油為了補償，還特別拉了一條自來水管供水。
（攝影：林聰勝）

生態公園、賽馬場或材料研發專區？

在此同時，高雄煉油廠原址如何轉型，後勁社區、高雄市府、經濟部已出現三種不同規劃方向。

早在二〇一二年，後勁社區意見領袖已與環保團體、學者共同成立「煉油廠轉型生態公園促進會」，陸續以舉辦全國競圖比賽等方式，希望將高雄煉油廠原廠區轉型為生態公園，將受汙染的土地和地下水轉成為清新空氣、乾淨水源的提供者。

然而，陳菊領導的高雄市府與中油公司，卻希望利用高雄煉油廠未受到汙染的十七公頃土地，設立「中油新材料循環經濟產業研發專區」，讓高雄的金屬與石化產業升級，朝高值、綠色與環保材料的開發邁進。陳菊任內更與臺大、成大、中山大學簽署合作意向書，希望在研發專區設置「材料國際學院」。

二〇一八年底韓國瑜當選高雄市長後，則提出在高雄煉油廠舊址「興建賽馬場」構想。韓國瑜說，未來打算引進香港成功經驗，發展賽馬產業鏈，只要落實最少可以增加五千至一萬個工作機會，每週舉辦兩場賽馬，高雄的飯店一定客滿。

不過，高雄煉油廠土地使用分區為「特種工業區」，依都市計畫法令規定，僅得供作政

2 文化部文資局委託研究團隊調查，認為五輕廠區設備有九十三項具文資保存價值，但中油僅認定三十三項，雙方落差極大。

府公告之特種原料及其製品之儲藏或處理等使用。不論是後勁社區倡議的生態公園，或是高雄市長韓國瑜構想的賽馬場，都必須經過都市計畫變更，經高雄市都委會、內政部都委會二級審議通過。而且依中油整治計畫，高煉廠要到二〇三一年後才能全區整治完成。

曾文生對此表示，他在高雄市經發局長任內就主張重整高雄材料產業聚落，而經濟部提出的「循環經濟推動方案」（設立「循環技術暨材料創新研發專區」），已在二〇一八年十二月四日報行政院核定成為既定政策，並由中油公司在二〇一八年底向高雄市政府申請都市計畫變更，未來高雄煉油廠未受汙染的行政區成為研發專區後，可快速連結附近的小港機場、高鐵，兩個捷運站還可合理開發。

針對後勁居民的生態公園訴求，曾文生認為「（材料研發專區）若能帶動地方發展，合理的規畫，對環境影響小的，人民會不會接受？我認為反對比例不會很高啦。」

中油公司則表示，現階段高雄煉油廠業務區都市計畫方案中，已劃設一定比例的公園綠地銜接廠區內半屏山綠地，未來工廠區也將整體構思銜接半屏山自然公園，規劃生態池及生態公園系統，以逐步實現融合生物多樣性與歷史氛圍的生態公園。中油將在正式都市計畫變更前召開座談會進行說明溝通，並廣蒐民眾意見納入規劃討論評估。

五輕熄火，新三輕登場

把鏡頭拉到大高雄上空，高煉廠走入歷史之後，高雄的環境就會變好了嗎？

「高煉廠關廠，其實只還給高雄人一半的公道」，地球公民基金會副執行長王敏玲指出，取代五輕的新三輕早已開始運作，臺灣環境公害也已南移到高屏溪畔。

為了因應五輕及高煉廠關廠，二〇〇八年中油提出新三輕擴建計畫，在高雄林園廠區裡，建完新三輕後拆掉舊三輕。年產八十萬噸乙烯（比五輕產量多三十萬噸）的新三輕，在二〇一三年完工營運，以更新之名行擴張石化產能之實。

五輕熄火讓後勁人鬆了一口氣，新三輕製造的新汙染卻讓高雄人皺眉，高雄的天空同樣灰暗。王敏玲強調，從雲林六輕、中部火力發電廠飄來的大尺度空汙依然沒有解決，南臺灣的空汙問題依然嚴重，而五輕關廠雖有助於後勁地區局部空汙減量，高雄其他石化業發展卻依然影響後代子孫的環境權與生存權。

「高雄擁有全臺灣面積最大的土壤及地下水汙染控制和整治場址，卻也是最具震撼力的環境教育現場。」學環境教育出身的王敏玲無奈地說。

過去幾年，地球公民基金會舉辦多項攝影展、藝術展，希望更多高雄市民體認，環境汙染不只是後勁人的事，而是全高雄人的事，「這塊土地上的傷口不只是高雄人的，更是所有臺灣人必須要共同面對的。」

「一個人從三十幾歲最精華的時候等到六十幾歲，一個人有多少的二十五年可以等？」反五輕運動健將黃石龍說，「我們現在出來拚，還圖什麼？只是為了下一代能吸乾淨的空氣、喝乾淨的水罷了。」

後勁居民與全國最大汙染控制場址共存的日子，已是南臺灣環境教育的最真實寫照。這一頁環境崩壞的歷史，並未因為五輕關廠而煙消雲散，而是透過其他高雄石化廠的煙囪繼續飄盪。

（本文作者：何榮幸；共同採訪：陳怡樺）

五輕熄火讓後勁人鬆了一口氣，新三輕製造的新汙染卻讓高雄人皺眉，高雄的天空同樣灰暗。圖為中油高雄林園廠。（攝影：林聰勝）

第9章　高雄環境難民大風吹

被八百九十一支煙囪圍村的大林蒲夜景（攝影：余志偉）

1 填海造陸，升起一座石化孤島：大林蒲

石化之都高雄，北邊有高雄煉油廠、大社石化工業區，南邊有位於大林蒲的臨海工業區，以及更往南的林園工業區。南北交織起如蛛網般的產業經濟連動，高煉廠內的五輕從興建到關廠，始終牽動著南邊石化板塊的挪移。一九九〇年五輕決定蓋在後勁而非大林蒲，南邊居民鬆一口氣；二〇一五年底五輕關廠，中油在林園早規劃了新三輕擴建來因應。抗爭勝利的喜悅，和繼續與汙染為鄰的悲情互為對照。環境難民大風吹，吹向八九一根煙囪圍村的大林蒲；在外海的大規模填海造陸計畫，又堵住最後的一線生機。

「森氧、人文、樂活、悅讀」，在已經停止運轉三年的高雄煉油廠旁，房地產的文案，如今隨處可見。

長期與汙染為鄰，後勁曾有多年未起新房；五輕在內的煉油廠二〇一五年底關廠後，高樓如雨後春筍破土而出，後勁人黃石龍說：「現在空氣變好，建商看這邊土地便宜，一窩蜂進來買地蓋大樓蓋透天厝，中油還沒遷的時候，一戶三樓透天的二百萬左右，現在要賣六、七百萬，新蓋的都千萬起跳。二〇一八年八月分整個楠梓區遷進來的有二百四十人，後勁就占九十一人，可見我們這邊環境好，大家都要住進來。」

經歷八〇年代的圍廠抗爭，以及九〇年代堅持不斷的要求關廠，新生的後勁，現在晚上再也不必關窗睡覺，忍著中油頻頻收買的支票沒入袋，守得雲開見月明。

從一九六八年一輕完工開始與石化業為鄰，歷經半世紀後，後勁人才終於擺脫石化業汙染，黃石龍如今去到高雄的其他汙染重災區，就特別有感觸，「我前陣子去大林蒲，小時候去那裡，汙染沒那麼嚴重，是生活條件很好的地方。我現在去，看到大林蒲沒有一間房子是新蓋的，全都破破舊舊的，看到真的很傷心。」

二〇一八年十月才有一則新聞，「史上最便宜，大林蒲透天厝才賣六十五萬元」，報導中當地居民直言不諱：「買這邊住進來就是等著被毒死。」相較於後勁的房價飆漲，被石化重工業包圍的孤島大林蒲，在金錢市場中，土賤人低微。

夜間往往是工業區周邊居民的噩夢，工廠常利用夜深人靜的時候偷排廢氣，大林蒲居民黃義英家中，每個房間都配備一臺半人高的空氣清淨機，關窗睡覺，開清淨機，已是必要步驟。

此消彼長的房價背後，正是高雄石化汙染的南北消長。

繼續負荷石化業上中下游的南高雄

重工業之城高雄，往昔北邊有中油高雄煉油廠，前身是日治時代的海軍第六燃料廠，陸續建了一輕（一九六八）、二輕（一九七五）、五輕（一九九四），提供原料給石化中下游產業的仁大（仁武、大社）工業區，鄰近還有需要大量石化原料的楠梓加工出口區。從石化上游、中游，到下游的加工出口，一體成形。

七〇年代，有鑑於加工出口區需要大量的石化原料，石化業被列為重點發展產業，政府同時推動十大建設，在高雄南邊成立臨海、林園工業區。

臨海工業區的旁邊，就是中油的大林煉油廠，更往南邊去的林園工業區有中油的三輕（一九七八）、四輕（一九八四），中油的煉油以及輕油裂解的石化事業分據相鄰不遠的兩大工業區，工業區內也有許多石化中下游產業。

中油在南邊和北邊，各自完成石化業自給自足的供需體系，在二〇一〇年縣市合併前，將高雄市包夾於內。南北並非各自為政，而是互通聲氣，地下管線高達八

高雄南北石化地帶分布

A. 中油高雄煉油廠
1946年完成開發，面積262公頃
2015年底關廠

B. 仁大工業區
大社工業區1975年完成開發，
面積109公頃
仁武綜合工業區1973年完成開發，
面積21公頃

C. 經濟部大發石化工業區
1978年完成開發，面積375.51公頃

D. 經濟部林園石化工業區
1975年完成開發，面積403.2公頃

E. 中油大林煉油廠
1969年成立，面積300公頃

F. 前鎮石化儲槽區
儲槽共130座

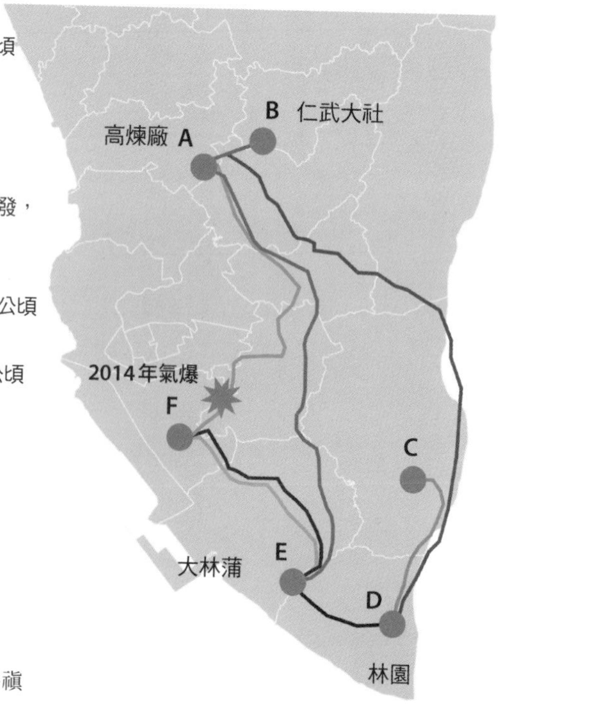

資料來源：高雄市政府
資料整理：房慧真；設計：黃禹禛

十九條，南北貫穿的則有二十八條。二〇一四年七月發生高雄氣爆，由南向北，前鎮往大社工業區輸送的管線爆炸，平時埋藏於地下的石化火龍翻了個身，將繁榮的市中心開膛剖腹。

在二〇一五年底五輕熄燈之前，中油早有準備。原本北邊的產量，並非從此如輕煙消散，而是累加在原本就已不堪負荷的南邊石化區。

二〇〇二年中油提出高雄煉油廠就地轉型計畫，然因推展不順利，二〇〇四年初《自由時報》報導：「高雄煉油廠被迫遷離現址似難避免，為及早準備，中油已全力推動林園廠擴建，長期則寄望雲林石化專區。」

第一個受懲罰的是林園。二〇〇四年八月，經建會通過中油提出的林園新三輕擴建計畫，準備投入四百二十六億元更新三輕設備，乙烯由原本的年產二十三萬噸，增加到八十萬噸。名為更新舊設備，其實是將產量加倍，等於新建一座石化廠。

二〇〇七年輪到大林蒲。中油要在高煉廠內新蓋加氫脫硫工場，通過環評後，後勁人仍激烈抗爭，二〇〇八年中油董事會決議通過，將脫硫工場轉移到大林蒲去。甲地抗爭成功，汙染轉由乙地承受。

中油多管齊下，在不斷延遲五輕關廠承諾的當下，也同時加碼南邊的林園廠、大林煉油廠的擴建。高雄長久以來密密織起的石化網絡，牽一髮而動全身，後勁、林園、大林蒲這三地的居民，成了賭桌上的不同籌碼，北邊減碼，造成南邊加碼，汙染彷彿大風吹，吹向下一個倒楣的環境難民。

石化近鄰的連串抗爭與命運牽動

後勁、林園、大林蒲，同是石化近鄰的難兄難弟，在八〇年代末的環境抗爭中，早已互相牽動。

一九八七年七月，由後勁反五輕打頭陣，面對剛解嚴不久的國營事業高雄煉油廠，後勁人象徵性地駐守西門（西門為行政區，真正運料進出的在北門），圍廠長達三年。

一年後，一九八八年九月就發生林園事件，工業區未經處理過的毒水隨著豪大雨溢流出來，造成下游的汕尾漁港浮滿魚屍。在此之前已經事故連連，居民終於忍無可忍，抬棺圍廠，導致工廠全面停工。

林園事件無論抬棺或是圍廠的手法，都和發生在一年前的後勁反五輕雷同。林園事件雖然做到了實質意義上的圍廠，迫使十八家工廠停擺，然而在地方民代帶頭談成十三億元的回饋金後，圍廠不到一個月就落幕。

後勁人性情剛烈，抗爭長達三年，這期間高雄其他地區的人，也十分害怕五輕這顆燙手山芋會丟過來。一九八七年八月，五輕抗爭正烈之時，大林蒲居民在市長蘇南成巡視職訓中心時下跪陳情，希望「勿將五輕廠設於大林蒲」。

五輕還沒來，大林蒲已是汙染重災區，一九九二年五月二十四日的大林蒲事件，中油大林廠硫磺工場氣體外洩，憤怒的居民圍廠抗議。圍廠的手法，包括請地方信仰中心鳳林宮的神明去坐鎮，以及每戶都要出一個人出來輪班，都和後勁反五輕如出一轍。

大林蒲人也學會站出來，得到的卻是比後勁、林園更慘痛的下場，不但沒有林園的鉅額回饋金補償，也不像後勁人在司法整肅中幾乎能全身而退。大林蒲最後共有三十九位居民被起訴，鎮壓的強度也高於以往，鎮暴部隊不但連婦孺都打，更是追捕居民直到家中，一九九三年明明已經解嚴，卻像戒嚴年代重現。

今年六十三歲的黃義英對當年的鎮壓還有印象。二〇一一年退休後，他與太太洪秀菊投入環保抗爭，在大林蒲以及高雄市區都辦過反空汙遊行。黃義英說：「在高雄市政府前面開記者會，大林蒲人看到警察，還會有當年的陰影，所以抗爭時常有氣無力的。」

「以前產烏魚，現在產煙囪」

除了中油大林煉油廠，此地還有台電的大林燃煤發電廠，以及台船、中鋼，重汙染的油、電、鋼、船俱全。除此之外，臨海工業區內還有五百家工廠，以及代處理其他縣市垃圾的南區垃圾焚化爐、專門焚燒醫療廢棄物的國鉅公司。大林蒲聚落被八九一根煙囪包圍住，是六輕離島工業區四百根煙囪的兩倍多。

石化、鋼鐵等重工業汙染集大成於此，大林蒲濱海的那一面，卻仍不被放過。從一九九〇年開始填海造陸的南星計畫，日日夜夜載來建築廢土、爐碴煤灰。川流不息的大型連結車彷彿一群洄游的鋼鐵巨鯨，輾壓道路，震裂磁磚，帶來廢氣與噪音，讓住在道路旁的居民夜不成眠。

填海造陸前，南星路的前身是海龜會游上來產卵的美麗沙灘。黃義英回憶童年，大海有如取之不盡的撲滿，大人捕鰻魚苗，日進斗金，小孩缺零用錢時拿小網子去撈虱目魚苗，就可以變現去買枝仔冰吃。大林蒲開發得早，在荷蘭時代以捕烏魚聞名，黃義英說：「我們這裡吃烏魚子，沒有在切片的，都拿一整條像冰棒一樣啃！」

黃金時光在七〇年代戛然而止，十大建設來了，煙囪油槽來了，將農田魚塭賤價收購；九〇年代堆填海岸線，我們站在已填海二百多公頃的南星計畫上，要開車經過荒煙蔓草一大片、野狗無數隻，才能來到這人工岸邊，黃義英說：「這底下都是外面不要的髒東西：爐碴、汞汙泥……」南星計畫的開發單位一開始是高雄市環保局，目的是解決高雄市處理不了的建築廢土，以及工廠的爐碴煤灰。

「破窗效應」說的是，當一個地域被汙染之後，便會導致這種現象的惡化與擴展，人們會覺得，既然已經汙染了，那麼繼續汙染，也只是程度的加重而已。臺灣北邊的深澳燃煤電廠興建與否，可以引發全國性的公投，而南邊大林蒲的台電大林廠，黃義英說：「同樣是超超臨界的燃煤電廠，大林廠一百六十萬千瓦，是深澳六十萬千瓦的幾倍，但外界對大林蒲沒什麼關注。」

石化板塊遷移的受害者

造成高雄石化業板塊的挪移，除了五輕關廠，還有二〇一四年七月的高雄氣爆事件。

氣爆後形成共識：讓危險的石化管線不再穿過高雄市區。首先是將北邊因五輕關廠所閒置的上百個儲槽往南遷。中油投入一千億元，將在二〇二四年落成高雄港洲際貨櫃二期「大林石化油品儲運中心」。大林蒲北邊的紅毛港聚落，已經在二〇〇七年完成遷村，原地興建一期洲際貨櫃中心。洲際貨櫃中心二期，是在一期的西邊繼續填海造陸四百二十二公頃。「大林石化油品儲運中心」，將有十座以上石化油品碼頭，一〇三座儲槽，以及銜接至大林、林園石化廠的管線三十三條。

南星計畫分近程、中程以及遠程，從只是處理廢棄物的近程（一九九〇年）開始，填海造陸一則可省下廢棄物的處理成本，二則填得的土地寸土寸金。二〇一七年，高雄市

一九九〇年開始填海造陸的南星計畫區（攝影：余志偉）

政府和臺灣港務公司合資成立高雄港區土地開發公司，填得的土地可議價出售，大林蒲附近的海埔新生地逐漸增生擴大，原本對居民說好的機場、水岸公園不見蹤影，即將進駐的是更多的石化油槽與管線，南星中程計畫內容，成了「大林石化油品儲運中心」。

南星遠程計畫，也稱為「大南星二〇四〇計畫」，那是在南星計畫之外，又往西邊填海出去，並向南延伸至林園外海，預計填海造陸三千公頃，規劃成石化科技園區。在二〇一四年高雄氣爆之後，由當時的行政院長江宜樺提出來此構想。如此一來，便可將北邊的仁大工業區也往此遷移，一來將石化廠

填海造陸的石化孤島：大林蒲

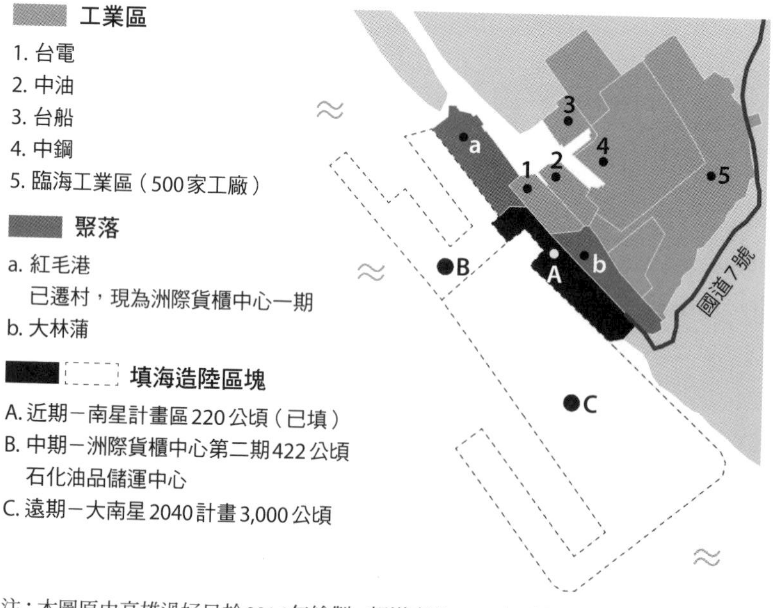

注：本圖原由高雄過好日於2016年繪製，報導者於2019年重製。
資料來源：高雄市政府；資料整理：房慧真；設計：黃禹禛

集中於此，使得危險的化學管線不必再穿過市區，二來二〇一五年底五輕關廠後，高雄煉油廠無法再提供原料給仁大工業區，遷廠於此，大林煉油廠可就近供料。

二〇一九年二月，經濟部次長曾文生駁斥前朝填海造陸三千公頃的構想，他說：「你知道大社石化工業區多大嗎？二百公頃。三千公頃是要搞出十五個大社？十二個高雄煉油廠？根本不可能，這是常識判斷。政府目前沒有填海造陸三千公頃的計畫。」

二〇一六年政權輪替後，「二〇四〇年大南星計畫」暫時被打入冷宮，但石化業總是伴隨著「拚經濟」口號，等待死灰復燃。在韓國瑜當選高雄市長後，昔日國光石化投資案大股東、遠東集團的徐旭東接受訪問說「絕對會加碼投資高雄」，並說很看好過去高雄的石化業，認為「現在這些產業都被政府『消失了』，應該要把這些石化重工業找回來，做為往後高雄的重要經濟命脈」。韓國瑜在上任前拜會企業界，也得出「高雄要經濟起飛，需振興石化、電子、金屬、傳產與港口等命脈」之結論。

石化的幽靈將一再復返，盤據在高雄的西南角，大林蒲、林園的上空。

除了將北邊高雄煉油廠的儲槽遷移於此，位於前鎮舊港區的三百多座石化油品儲運設施，也將全數遷來。

前鎮舊港區已成為高雄的精華地帶，自二〇一三年起打造成「亞洲新灣區」。夢時代、世貿展覽館、高雄總圖書館、海洋文化及流行中心、駁二藝術特區，環繞著新灣區成立。前鎮加工出口區功成身退，城市面貌不再「又老又窮」。

新灣區豪宅紛紛林立，其中包括中鋼集團子公司在此興建的高級住宅大樓，創下三天完售的銷售紀錄。中鋼除了蓋豪宅，還是高雄捷運的最大股東。設廠於大林蒲的中鋼，壓煉製程所用的燃料是生煤，帶來空氣汙染，所產生的廢爐碴就近在當地填海造陸，出資的捷運路線卻沒有大林蒲的份。黃義英說：「捷運在北邊都可以蓋到以前屬於高雄縣的橋頭，但最南卻只到小港。」

遭拚經濟輾壓的居住權

在工業區來之前，從大林蒲騎腳踏車去小港只要幾分鐘，如今去一趟小港要繞一大圈，車程需要二十分鐘。出入只有一條中林路，沿途遭逢的大卡車、聯結車不斷，無論是開車或者騎車，都充滿壓迫感。

二〇一四年高雄市環保局委託正修科技大學所做的臨海工業區一千多位住民的健康風險評估報告，原本遲不發表，在地球公民基金會對高雄市政府提起訴願後，才終於公布：此地的空氣汙染物有一百二十二種，包括一級致癌物的苯、甲醛、氯乙烯。

黃義英夫婦剛收到二〇一六年的健康檢查結果，他打開報告給我看，其中有許多刺眼的紅字，他說：「明明吃得很清淡，生活正常，也勤於運動，十分注重身體健康，得出來的還是這種結果。」

他更擔心妻子洪秀菊的健康報告，血液中重金屬「砷」的濃度超出正常值，「正常是一

○○，秀菊卻是一四○，附近居民還有很多做出來是五○○多。」砷是國際癌症局（IARC）確認的一級致癌物，可引發肺癌、皮膚癌、膀胱癌，而煉鋼時的燃煤或熔煉則會釋出砷。

黃義英夫婦住在最南邊的鳳鼻頭，再往南就是林園工業區，黃義英說：「大林蒲、林園好像難兄難弟，燃燒塔輪流排放。我們被前後夾住，酸的嗆的什麼味道都有。」

石化圍村，如實就是大林蒲的寫照。二○一六年十一月，當時的行政院長林全親自到大林蒲向居民道歉，遷村議題被提出。遷村是一了百了最後不得已的手段嗎？預定遷村的地方在小港機場北側，黃義英說：「和工業區的距離還是在三公里以內，一樣汙染呀。我們遷走後大林蒲蓋新工廠，和林園加起來是更大的汙染源，整個高雄都會受影響。這裡遷，那林園要不要遷？遷得完嗎？」

大林蒲如能順利遷村，政府規劃將轉型為「綠色循環經濟園區」，推動金屬、石化等產業轉型。園區內循環廢棄物再利用，跨區域整合臨海、林園工業區，讓國營企業中鋼、中油、台電當領頭羊，建置廢熱、廢水的回收循環設備，可將餘熱、餘電賣給下游的廠商。

二○一九年十月行政院核定「新材料循環園區」，已於二○二○年春天進入二階環評。預計開發三○一公頃，由大林蒲遷村後的一五四公頃加上既有填海造陸的一四七公頃組成。如順利通過環評，園區將引進三大產業，以新材料占地一五一公頃最廣，工業局的說法是引進中油五輕廠新材料創新研發成果，生產化學原材料、肥料、塑橡膠原料。雖更名以「新材料」，仍不脫石化業的本質。

「綠色循環經濟」或「新材料循環經濟」都有個好聽的名稱，彷彿抹上一層綠，就能刷淡石化工業的汙名。在高耗能、高耗水的石化工業區，廢熱、廢水的循環回收設備，當然可以幫助節能減碳，雲林麥寮的六輕，近幾年也強調園區內的循環回收設備有很大成效。節能減碳的設備固然值得鼓勵，但是仍然不能忘記石化業的本質就是高汙染，能藉由煙囪排放、管線溢散，讓揮發性有機毒物以及重金屬進入空氣、土壤和水中。

石化業的擴張虎視眈眈，中油在二〇一三年蓋了新三輕之後，又準備推動新四輕。老問題又來，高汙染的輕油煉解廠是「嫌惡設施」，要蓋在何處？果不其然又是難兄難弟二選一，林園或大林蒲。中油新四輕曾劍指大林蒲，看上的就是這塊遷村後的「循環經濟園區」，但因為牽涉到兩萬人的遷村案曠日廢時而作罷，四輕擴建計畫又被丟回林園。

填海造陸加上遷村，將來可能迎來的是「石化油品儲運中心」（南星計畫中程：洲際二期填海造陸）加上「循環經濟園區」（遷村後用地）再加上「石化科學園區」（南星計畫遠程：填海造陸三千公頃），事關「拚經濟」，臺灣石化業的未來。在七〇年代的第一次「拚經濟」十大建設，大林蒲人已經被輾壓過一次，經濟巨輪底下的螞蟻，仍然為了家鄉勤快奔走，擋得了一天算一天。

國道七號將淪為「石化運輸道」？

黃義英夫婦不是沒有能力搬走，是因為各自都有不願搬離家鄉的長輩。兒女都在北部工作，也都有了下一代，黃義英想孫的時候，只能透過電話視訊，「小孩子一回來馬上就咳嗽過敏，我說我去臺北找你們就好了，叫他們不要帶孩子回來。（工廠）晚上、雨天幾乎都在偷排，從懷胎就在餵毒，這裡不適合養育下一代。」

夫妻兩人都各自肩負著一個環保團體組織，黃義英是高雄健康空氣行動聯盟理事長，洪秀菊負責「要健康婆婆媽媽高雄團」，為的是北上參加環評會議時，在短暫的民眾發言時間，就有兩個環團名額可發聲。

洪秀菊從前在前鎮加工出口區的織衣廠工作過，訪談時，她在縫紉機前，熟練地將舊衣拼成牛仔布包，義賣後籌措抗爭基金。除了不斷擴張的南星計畫，目前正在擋的還有國道七號，進入二階環評後，範疇界定會議已開到第二十二次，夫婦倆擋了兩年多，沒有一次缺席，「每次上去搭高鐵，一個人來回三千，兩個人就六千。」

花那麼多時間、金錢推擋，是因為這條道路對於大林蒲人而言，不是簡單的國道公路，洪秀菊說：「這是一條石化運輸道。」國道七號的起點就在大林蒲南星路，終點在仁武及附近的大社工業區，起點終點都是石化工業區。洪秀菊認為，仁大工業區在高雄煉油廠熄燈後，原料的缺口正可經國道七號，從大林煉油廠運來。

儘管經濟部次長曾文生接受訪問說：「國道七號絕對不會拿來以槽車運送石化原料，石化原料還是要用地下管線輸送。」然而貫穿南北，經過人口密集居住繁華市區的地下石化管線，始終是高雄的公共安全隱憂。

二〇〇〇年規劃國道七號的目的之一，是為了配合填海造陸的「南星計畫」、「高雄港洲際貨櫃中心計畫」。填海造陸需要廢土，建造國道七號所產生的棄土及砂石，正好可以用來填海，一舉兩得，早寫入一開始國道七號的環說書中。「石化油品儲運中心」的預定地：洲際貨櫃二期，就準備回收國道的廢土用來造陸。洪秀菊說：「這還是一條『廢棄物運輸道』，如果國道七號做起來，二〇四〇年（南星遠程計畫）的三千公頃就填起來了，這裡會變成更大的石化區。」

國道七號如建造，將會破壞鳳山丘陵，也穿鑿過駱駝山，那是整個高雄，也是大林蒲僅存的一點綠意。黃義英說：「再不站出來就會被消滅，消滅的不只有人，還有自然，每年大冠鷲都會來這裡過冬。」

來到鳳鼻頭最南端，僅存的一小段沙灘上，黃義英為我們示範如何捕捉海蟹。他望向僅存的一段海洋：「以前捕魚的人從海上

大林蒲黃義英（右）與洪秀菊夫婦為守護家園走上環保抗爭之路（攝影：余志偉）

看過來，這段丘陵就是鳳頭的形狀，所以這裡才叫『鳳鼻頭』，風景比墾丁還漂亮。」然而回頭一望，不遠處便是層疊如積木的貨櫃，前陣子黃義英夫妻才循著惡臭找來，「高雄氣爆後（化學原料）不用地下管線輸送，都用貨櫃車載，他們為了省處理費用，在晚上把貨櫃裡劇毒的丙烯酸打開來揮發。」

二〇〇〇年南星路通車後，飽受空氣汙染的小村莊，又加上大車震動，再無寧日，那是夫妻倆站出來抗爭的起點。突然有好一陣子安安靜靜，沒有轟隆隆的大車進出，洪秀菊沒有狂喜，反而心慌，她說：「冷清到我會怕，怕臺灣的經濟是不是出了什麼問題？我不只是顧環境，也擔心臺灣的未來耶。」

（本文作者：房慧真）

黃義英走在大林蒲鳳鼻頭僅存的一小塊沙灘（攝影：余志偉）

2 石化巨蟒纏繞四十年：窒息的林園

七〇年代政府推動十大建設，將高雄煉油廠的二輕、林園的三輕同時納入。一九七八年三輕完工，林園石化工業區運轉不到十年就頻頻發生公安事故，造成居民生命與農漁產品的損害，終於在一九八八年爆發林園事件。

林園事件的圍廠抬棺手法，處處都有前一年（一九八七）後勁反五輕的影子。抗爭三年後勁人堅持不拿錢，五輕依然興建；林園人則是在民代與工廠協商後，創下十三億公害賠償紀錄。拿錢的當下補充窮鄉家計，不拿錢的則贏得不值錢的骨氣。

兩地抉擇的成敗，要將時間拉長來看，回饋金最初只是一條小蛇，三十年後長成一條巨蟒，將抗爭的雙臂綑綁，讓異議的聲音啞然。巨蟒經年累月纏繞林園，腐蝕最嚴重的，不是石化管線，而是人心。

爬上中芸國小的天文臺頂樓，不遠處銀灰色的中油新三輕石化廠，宛如突然迫降於此的外星巨大飛行器，被鑲嵌進沿海漁村聚落，顯得格外突兀。

梁峻榮先前在中芸國小服替代役，他說：「前面是新三輕，右邊冒白煙的是李長榮。」學校和石化廠離得那樣近，「在大林蒲，是工業區包圍住村庄，在林園則是反過來，村莊包圍住石化廠。」

村莊逐石化廠而居，初次來到林園的人都免不了視覺上的震撼：幾個老婦人坐在芒果樹下話家常，旁邊有魚塭，自己家的翠綠菜園，視線稍微一往上抬就是吞雲吐霧的大煙囪，背貼背靠得如此近，無遮無掩，彷彿那化學白煙也無傷無礙。

臺灣第一高額公害賠償

林園有兩個漁港：中芸及汕尾漁港，這是二〇一八年高雄市市長選舉辯論會中，選擇設籍林園的韓國瑜答不出的問題。來到工業區下游的汕尾漁港，一九八八年發生林園事件，工業區排放的毒水流入大排，水面上覆滿死魚。三百多位居民激憤圍廠，在縣長、民代和廠商協商後，不到一個月即落幕，工廠復工，並發放回饋金。汙染最慘重

林園中芸地區與工業區（攝影：余志偉）

的汕尾、中芸，每人獲得賠償五至八萬元，林園其他地區每村獲得地方建設補助款一千萬元，共賠償十三億元，創下臺灣第一高額公害賠償的紀錄。

林園事件（一九八八）時常被拿來和同時期的後勁反五輕（一九八七）做比較，圍廠三年的後勁堅持不拿回饋金，在二十五年後終於爭取到五輕關廠。林園人收下錢，抗爭力量潰散，導致此後工廠不斷擴增、進駐。一九七八年完工的三輕，年限一到並不壽終正寢，而是續命為新三輕，二〇一三年開始運轉；而中油預備投資五百億元的「新四輕」也正蠢蠢欲動。

對於林園人拿錢的「汙名」，當地人蘇義昌有話要說：「我看過一些社會學的論文，林園人被說得很醜陋，當時沒有環評法、空汙法、水汙法……，如果你身歷其境，什麼武器都沒有，真的只能賠錢而已，要不然還能幹嘛！」

二〇〇五至二〇〇八年的中油三輕擴建案，讓林園重起抗爭，居民北上立法院陳情，並成立反公害護家園協會。二〇〇五年七月一日，中油林園石化三廠發生嚴重爆炸，更讓居民群情激憤，運來帳篷，打算要長期抗戰，重現一九八八年的林園事件。居民的訴求為：新三輕不擴廠，而老舊的三、四輕也應如後勁的五輕廠，訂出一個遷廠期限。

二〇〇〇年回鄉教書的蘇義昌，原本毫無抗爭意識，在他人勸說後加入，投入的理由很直接，蘇義昌任教的中芸國小，剛好就在新三輕的下風處，距離不過幾百公尺。冬天空汙季，吹東北季風時，工廠的下風處將首當其衝。蘇義昌除了自修環評相關知識，特地到北高雄的後勁去請益，曾幫忙後勁的高雄海洋科技大學海洋環境工程系教授沈建全，教他要打地下水，因為後勁成功讓高雄煉油廠內的土地被宣告為整治場址，阻擋了新的開發。

「我用論文檢索一個一個去找，發覺學者做的研究，（中油林園廠）地下水已經超標四百倍了，照理說政府要先釐清我質疑的東西，再來蓋嘛，怎麼會蓋了之後，環保局的檢測才出來，結果苯超標不是四百倍，是五千倍！」二〇一二年底，中油林園廠內的部分地段公告為整治場址，在土壤中，一級致癌物苯超標一五三六倍，地下水更是超標五二八〇倍。木已成舟，如此嚴峻的汙染事實，都不妨害隔年（二〇一三）已興建完成的新三輕試俥投產。

在後勁，市議員黃石龍的質詢逼得高雄市環保局不得不進場檢測，檢測期間後勁人全程盯梢，不容暗動手腳。長

林園區相關地圖

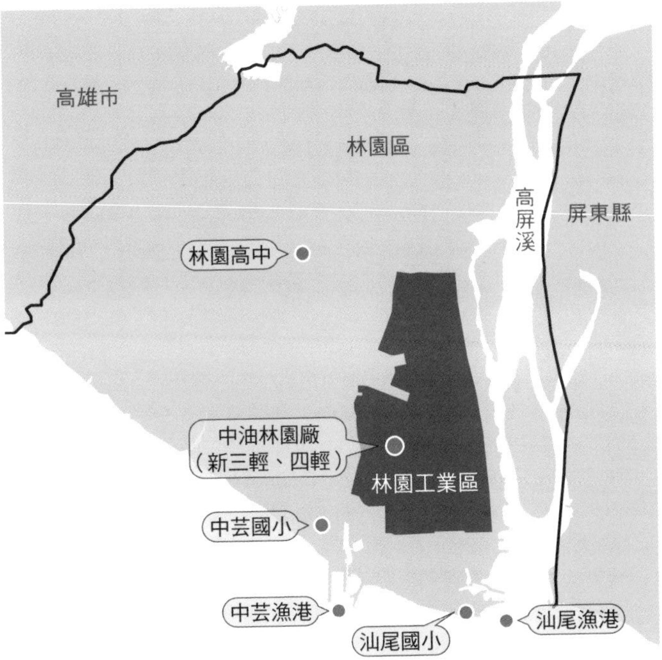

資料來源：高雄市政府民政局；資料整理：房慧真；設計：黃禹禛

達二十八年的時間，上至議堂民代，下至販夫走卒，同心協力要趕走五輕。

在林園，新三輕這場仗，蘇義昌孤軍作戰，打得辛苦，一直絆住他的，不是對立面的中油，而是林園人。環評期間，每每他要請假到臺北參加環評大會，當時的校長都不批准他的假單。

環評輪掉後，二〇一一年趁著高雄縣市合併，蘇義昌馬上申請調離，「冬天低氣壓，味道很明顯，去上班都聞到，而且學校都蓋口字型，擴散不好，知道我為什麼要逃跑了吧！我很精了，已經先看好要調哪裡，絕對要避開工業區的下風處。」

補助是糖水，自己人殘害自己人

進入中芸國小的天文臺，要開好幾道鎖，因為裡頭有耗資一百多萬的星象儀器，這是學

住宅包圍石化廠的林園（攝影：余志偉）

校引以為傲的獨特資產，網頁上寫著：「學區內有中芸漁港，居民大都以海為田，對於星斗轉移、潮汐漲落，因切身需要，頗具基本天文象常識。」網頁上少寫了：自從蓋了林園工業區，漁獲量大減，漁民無法再靠打漁維生。在近海偶爾捕到的魚，當地人都不敢吃。

星象儀經費從何而來？就來自不遠處的「好鄰居」。二〇〇三年，中油透過林園鄉公所，補助中芸國小天文館七十萬元；二〇一三年，中油直接補助中芸國小天文館一百四十萬元。其他還有鳳凰花開的畢業典禮、暑假時的夏令營、英語班、美術班，以及時常出現的清寒家庭繳不出的學雜費與課本費，中油都一起買單。北上打環評戰役的熱血教師請假被阻攔，也就不奇怪了。

補助是糖水，吸入的空氣是毒。人可以不喝糖水，卻不能不呼吸，特別是呼吸器官還在

中芸國小，牆上壁畫標注中油公司石化事業部補助字樣。（攝影：余志偉）

發育中的幼童，藉著百萬儀器仰望星空，卻被地心引力留在地上，一週五天，整整六年，被定在石化廠旁邊。

月球的暗面是走不了，被綁縛在汙染惡地的貧窮。在中芸國小教書十一年的蘇義昌說：「四分之一是弱勢家庭，家長在林園工業區裡工作的很少。我後來才恍然大悟，為什麼每間公司都有遊覽車，正式員工都不住林園，每天搭遊覽車上下班。住林園的大部分都包商，要不然工廠保全，去糾舉的時候都叫我手下留情，因為是他要顧的呀，這就是自己人殘害自己人。」

蘇義昌終究也被自己人背叛：「一開始大家還滿團結的，真正的決戰點還是中油敦親睦鄰的一波攻勢，有些會直接問你要什麼，就開始分化，個個擊破。環評打到最後，我轉頭一看，就剩我和幾隻貓，其他人都不見了，有些來關心的，是關心我們到底能擋不擋得住，看可不可以從中拿到什麼好處。」

「最近中油想推新四輕，有林園人問我的看法。我說：『拍謝！你們都當我是林園的癡情漢嗎？你們都不抗爭，我在那裡擋，擋三個月、五個月、半冬……請問誰爽去了？是那些要回饋金的爽去！因為條件可以愈談愈好。』」

回饋金巨蟒纏身：空洞的環保之鄉

工業區的回饋金像條蟒蛇，四十幾年來，從腳踝到大腿，再到軀幹、手臂，將地方愈纏愈緊，最後終於鎖住咽喉，無法發出一點聲音。

中油給林園的睦鄰支出，都由「石化事業部」支出，公益基金的孳息每個月發放給區公所回饋里民，一年大約兩千萬元，是固定的支出。其他的睦鄰對口，除了給傳統的農漁會、各里的社區發展協會，最大宗的是補助運動型社團，種類之多幾乎涵蓋了所有類型，同一種類型還時常唱雙胞，光跑步類就有三種（慢跑、聯合慢跑、清水巖路跑）。在中油的睦鄰名單上，出現過的運動社團就有二十五個。

從申請補助的名目來看，真正的比賽競技很少，大約只占一成，十之八九的理由都是「節能減碳」、「生態環保」活動。協會性質和活動內容也往往八竿子打不著，例如舞蹈協會宣導「反毒政令」，所申請的數目從三萬到十萬元不等，看起來不太多，但年復一年、月復一月，聚沙也成塔。況且，工業區還有其他私人企業，不必像中油需公布回饋流向，隱藏在

中油睦鄰金：林園運動社團

球類	網球、慢速壘球、大高雄慢速壘球、羽球、清水巖羽毛球、籃球、排球、排球發展促進會
慢跑	林園慢跑協會、林園聯合慢跑協會、林園清水巖路跑協會
舞蹈	舞蹈協會、拉丁舞、元極舞
健身	妞妞健康操、太極拳、八卦掌、外內丹功
其他	登山、游泳、水上安全救生、自行車
體育協會	林園體育會、高雄市全民運動環保協會、高雄運動志工協會

資料來源：中油公益及睦鄰支出公開資訊；資料整理：房慧真；設計：黃禹禛

檯面下的利益還有多少，就不得而知。

除了運動社團熱衷環保，中油回饋名單中，林園的環保性社團也多得不可勝數，彷彿就是「林園」、「健康」、「環保」這幾個詞在排列組合：林園健康營造協會、林園環境保護協會、林園文化環保協會、林園環保促進會、環保文化教育協會、高雄市環保促進監督協會等。林園有二十四個里，其中有八個里，三分之一的比例，也增生出各種小型環保協會，如中厝綠能環保志工協會、頂厝環保志工協會等，也時常向中油申請補助。只有一個環保社團孤零零地上不了補助名單，那就是二〇〇五年因為反新三輕而成立的「林園反公害護家園協會」。

如果遮去工業區的油槽煙囪，光看這些紙面上的活動，會覺得林園大概是臺灣最重視運動與環保的宜居之地，每個月都有數十個團

中油補助請中小學學生彩繪石化廠圍牆（攝影：余志偉）

體，舉辦著各種節能減碳活動。就連本該好好監督的「林園石化工業工環民間監督協會」、「高雄市石化監督協會」，也都十分熱衷向中油——他們理應監督的對象伸手拿錢。

始作俑者成了環保推動者，在地溫室氣體的最大貢獻者中油石化事業部，補助下風處中芸國小「溫室氣體改善計畫」（二〇一六年三月，補助十七萬元）。中油的圍牆提供給當地小學塗鴉作畫，畫的是青山綠水好環保。中油每個月遍灑村里學校的油水，不但模糊了監督者的眼，也模糊了加害者與受害者之間的界線。

回饋金重構的地方政治

五年間共獲得七十七萬元補助的高

中油睦鄰金：石化監督協會

林園石化工業工環民間監督協會　高雄市石化監督協會

年分	補助款項
2011	環保研習活動：10萬
2012	環保觀摩研習：10萬
2013	環保觀摩研習：10萬
2014	關懷弱勢活動：8萬
2015	弱勢宣導活動：10萬／生態教育研習：8萬
2016	環保生態宣導：10萬／淨灘活動：6萬／關懷老人宣導：3萬
2017	政策宣導：8萬／自然生態探索活動：8萬／生態教育活動：8萬
2018	關懷老人活動：8萬／營造健康活動：8萬／生態觀摩活動：8萬

資料來源：中油公益及睦鄰支出公開資訊（2011～2018）
資料整理：房慧真；設計：黃禹禛

雄市石化監督協會，有個看似專業的名字，在高雄市社會局登記的理事長為李文通，另一個身分是林園西溪里里長，在二〇一八年底的選舉又順利連莊。

在林園每逢選舉，里長的割喉戰比議員更激烈。二〇一八年底的東汕里里長選舉，兩人競選，其中一位謝姓候選人被起訴——他以每票一千元賄選，不止於此，他還接觸對手，以五十萬元為代價要對方棄選，選上之後還願意每月補貼對方一萬元。

里長一職，為什麼需要花費上百萬來賄選？只因傍著工業區，里長成了肥缺。中油的回饋挹注區公所，但區長為官派，沒有民意基礎，林園里務推展聯合促進會（簡稱里聯會），才是中油攏絡的重點，每年有三十萬到七十萬的經費補助。由各里里長選出的里聯會主席，是每逢選舉，政壇大老如宋楚瑜、陳菊都要親自拜訪的對象。

現任主席是王公里里長洪進財，和林園的其他里長一樣，都懂得斜槓之必要，身兼公益睦鄰促進會、林園市場促進會理事長。在二〇一四年底第一次選上里長之前，這兩個協會都會跟中油請錢，但在洪進財當選里長之後，二〇一五年開始補助便密集起來。以二〇一三年初成立的市場促進會為例，在當年底獲得中油補助八萬，隔年沒有補助，洪進財選上後，二〇一五年補助十八萬，二〇一六年二十三萬，二〇一七年三十五萬，可說是步步高升，而申請的名目，依然不脫「關懷弱勢」、「綠化宣導」這些空洞口號。

身上多外掛一個協會，就多一個可以請錢的管道。例如鳳芸里里長黃正忠，是林園牽罟文化發展協會理事長，也是義警分隊中芸小隊長，這兩個團體在中油回饋金的細項中，便總是前後相接，焦不離孟。

小小的里長，就已經懂得把雞蛋分裝在不同的籃子裡。更上層樓的市議員，更是宛如八爪章魚，協會一把抓。二〇一八年順利連任的國民黨籍議員王耀裕，來自林園政治世家，由王耀裕擔任理事長的林園地區協會高達十個，其中就有七個運動協會，十個協會每年請領的總金額約在五十萬到九十萬之間。

回溯王耀裕從政蹤跡，二〇一四年底選上議員，二〇一五年就接連新成立兩個協會：清水巖羽毛球、籃球協會，新協會的挹注，果然讓這年的總金額從二〇一四年的五十七萬元大幅飆升到九十三萬元。四年一次大選，中油重新盤點對地方政治人物的「貢金」。二〇一六年四月，回饋金明細直接寫著「拉丁舞蹈協會王耀裕」，「王耀裕」三字大剌剌地寫在上面，應是一時大意忘了抹去。

爆炸是林園的日常，每逢工業區出事，即使在深夜，也可以看見議員或者助理穿著印有議員名字的背心到場關切。人前抗議，人後請款，地方政治生態彷彿具有雙重人格，政客在臺前演出虛實難辨的皮影戲；而汙染愈嚴重，體質愈孱弱，居民愈弱勢的里，就愈容易讓貪婪的蟒蛇有機可趁，纏繞上身。

林園工業區所在的五福里，身處汙染第一排，里內的人口並不多，卻登記了四個協會：五福環保志工協會、守望相助協會、社區發展協會，以及環保文化教育協會。現任里長洪月珍，是「環保文化教育協會」理事長黃揚文的妻子，黃揚文是五福里前里長，因賄選案被解

林園民意代表與地方協會關係

民意代表／經歷	所屬協會
王耀裕／曾任鄉民代表，現任國民黨籍議員，出生政治世家	林園網球、慢速壘球、體育會、水上安全救生、拉丁舞蹈、籃球、清水巖羽毛球、東林社區發展協會、林園拖網發展協會、林園健康營造協會
韓賜村／曾任林園鄉長，現任民進黨籍議員	林園羽球協會、林園登山協會、祥和公益協會 注：理事長登記為他人，但和羽球、登山協會登記在同一地址
吳政勳／前高雄縣議員，父親為前高雄縣副議長吳鴻鳴	林園游泳協會
李雨庭／前高雄市議員，吳政勳之妻	頂厝社區發展協會、林園環保促進會
張朝統／蔡昌達(原高雄市副議長)辦公室主任	高雄市全民運動環保協會 注：常舉辦「石化盃」羽球比賽。
黃河澄／林園事件時為高雄縣議員，曾在議會擔任林園工業區環保監督小組成員	林園慢跑協會
洪進財／王公里里長	公益睦鄰促進會、林園市場促進會、林園里務推展聯合促進會 注：兩任林園里務推展聯合促進會主席
李文通／西溪里里長	高雄市石化監督協會
王福成／東汕里里長	林園漁民聯合發展協會
黃正忠／鳳芸里里長	林園牽罟文化發展協會 注：黃也是義警中隊林園分隊中芸小隊長
陳碧對／頂厝里里長	頂厝環保志工協會
劉錦池／前中厝里里長	中厝綠能環保志工協會
黃揚文／前五福里里長	環保文化教育協會
陳文協／前中芸里里長	林園排球協會
李進宗／前中汕里里長	清水巖路跑協會

資料來源：高雄市社會局；資料整理：房慧真；設計：黃禹禛

職，才讓妻子代夫出征，洪月珍在二〇一八年底又順利連任里長。

在二〇一二年公布的林園健康風險評估報告中，工業區排放的包括致癌物丁二烯、氯乙烯、苯等十九種。緊鄰三輕的東林里，以及工業區下風處的汕尾，致癌風險10^{-4}[1]為最高，遠大於健康風險技術規範的10^{-6}。[2]

致癌風險超標百倍的東林里，社區發展協會理事長正是現任國民黨議員王耀裕，東林里里長是同為國民黨的黃素娥，選舉政見為協助里內弱勢居民向中油公司等單位申請急難救助，「讓民眾真正感受到林園是雪中送炭有愛的好地方」。在二〇一八年的里長選舉，黃素娥的對手龔峯巨要來挑戰這位現任里長，提出「爭取東林里各項福利及敦親睦鄰基金透明

1 指一萬人當中，將可能有一人因為排放有害物質而致癌。
2 健康風險技術規範標準為百萬分之一，即10^{-6}。

高屏溪出海口的汕尾漁港（攝影：余志偉）

化」，最後沒有當選。

「下淡水河」的噱頭與悲情

地球公民基金會副執行長王敏玲，在十多年前開始做環境運動時，第一個接觸的案子就是林園新三輕案，「我搬來高雄十五年了，不是住在工業區附近，都可以感受到強烈的不平等。如果把工業區拿掉，高屏溪出海口很漂亮耶，生態很豐美，有溼地、紅樹林，不輸淡水河，高屏溪的另一個名稱就叫『下淡水河』。新三輕環評時我發言：『淡水河是情人在約會看夕陽，下淡水河卻是林園石化工業區，化學酸臭味、大爆炸……多悲情呀！』」

溼地、紅樹林，在林園，還是有的。來到林園海洋溼地公園，二〇一四年五月開幕，是林園亟欲洗刷石化汙名，所開發新的觀光景點。

實地來到這裡，地面光禿禿地沒有幾棵樹，但其中有一棵「市境之南」的黃槿樹，跨年時新任市長韓國瑜來此迎曙光，成了噱頭。原本的「市境之南樹」不敵強颱枯死，二〇一八年復植於溼地公園，由中油石化事業部補助林園紅樹林保育學會十萬元，舉辦「高雄最南一棵樹復植嘉年華活動」。種下一棵孤零零的樹，聊表環保心意。

溼地公園的噱頭之二是倒立水母，當地的紅樹林保育學會說，這是值得保育的「明星物種」，卻沒有提及水母的出現其實是生態的警訊。近年地球暖化海水溫度上升，造成水母大量於近海繁殖，讓海洋生態學家十分頭痛。水母的出現有時也因環境汙染，工業廢水流進海洋，造成水質優養化，含氧量降低，不利魚類生存，反利於水母擴張。

地方既然犧牲了，究竟能得到什麼？民進黨籍現任議員韓賜村曾參與二〇〇五年反新三輕抗爭，當時他是鄉民代表，欲角逐林園鄉長，順著民意出來一同抗爭。成功當選後，在二〇〇八年八月的新三輕環評會，韓賜村黑臉變白臉，他親自北上環保署坐鎮，提出二十一項、二十餘億元回饋地方條件。中油立馬一口答應其中十一項條件，包括：林園子弟工作權，未來三輕完成後，將會錄用九成在地人。

就學就業離不開石化體制

往常林園人在工業區能得到的工作都是守衛、保全，新三輕完工後，並沒有像當初宣示的會錄用九成本地人，要進入中油工作仍須通過考試，在地人唯一的優勢就是中油每年招考都有一定比例的睦鄰名額。以二〇一八年為例，全國一般名額共一四一九七人報考，錄取六二〇人，錄取率大約四%。睦鄰名額全國共一〇二一人報考，錄取六二人，錄取率只比一般名額好一點，約六%。

睦鄰名額競爭激烈，屢屢傳出舞弊事件，二〇一六年的舞弊案，中油事後開除了八位林園廠的員工，他們以一百多萬元的代價，透過補習班請槍手代考或帶無線耳機進場，考進中油雇員起薪二萬七千元。外人難以想像，花費上百萬只是為了當基層作業員，何況花了錢還不一定保證能考上，即使筆試通過還有第二關的面試。

汙染持續下去，錢進民代口袋，當初新三輕環評承諾的林園子弟工作權的確履行，但只開了一條小小的縫，大部分人只能在外頭張望。看似公正的考試，遇到習慣用錢解決事情的地方風氣，舞弊集團聞風而至，拿不出一百萬的窮人依舊難以翻身。

中油的回饋還有往下扎根。二〇一三年新三輕運轉之後，中油與林園高中產學合作，在二〇一四年開辦第一屆林園高中化工產業專班，當地人稱作「中油班」，只讓設籍林園十年以上的學生就讀（後來放寬為設籍高雄就能就讀）。中油班形同林園高中的資優班，高三可參加中油招考，不用和上千人擠破頭，中油每年保留給中油班十個名額，錄取率約三成。二〇一八年第二屆中油班應考，有一對雙胞胎姊妹花同時考上，她們的大姊也在前一年考進中油，同在石化廠工作的父親接受媒體訪問時笑得合不攏嘴，說可以提早退休了。

十八歲高中畢業進入中油林園廠工作，直到六十歲退休，這是林園子弟夢想的藍圖，也是父輩深切的期望。二十五歲的梁峻榮卻想問：「只能這樣嗎？沒有其他可能了嗎？」梁峻榮讀林園高中時，成績在後段班，沒留下來參加中油考試，反而讓他能離家到北部讀大學，大學畢業後他繼續讀研究所，論文題目想寫林園新移民二代的教育問題。梁峻榮在中芸國小服替代役，學校裡不少學生是新移民二代，家境弱勢，他說：「林園青壯人口流失嚴重，特別是靠近工業區的中芸、汕尾一帶，只有外配才願意嫁進來。」

「能去讀中油班的都是最優秀的，能考上清大、成大，更可以碩博士一路讀上去，但他們就僅止於高中學歷，去工廠當基層員工而已。林園有癌症巷、寡婦村，這裡的年輕人都知道，但還是覺得那是一份好工作。」

王敏玲說：「有一次我在小港發反空汙遊行的傳單，摩托車騎士停下來的時候，我把傳單拿給他們，從他們的眼神，我其實可以感受到很多的敵意，看他們的穿著，可以知道他們是在工業區工作。」

一旦讓自己的人生循著油管進入那條生產線，就再也看不到那些管線如蟒蛇緊緊纏住地方，直到窒息。保證就業的中油班是最佳的規馴方式，年輕人始終是能顛覆權力、掙脫結構的力量，趁著這些青綠的秧苗還沒長大，就提前收割。如果繼續讀大學，讀社會學、政治經濟學，瞭解經濟成長不必以環境犧牲為代價，也許還會讀到一九八八年的林園事件。

離家讀大學前，梁峻榮對林園的過去一無所知，在學校做報告時，他才知道一九八八年的林園事件。林園事件在社會學者眼中是一場

梁峻榮在汕尾漁港，陳述要讓年輕一代重新認識林園。（攝影：余志偉）

失敗的運動，說起當年抬棺抗爭的前輩，梁峻榮仍然把他們當英雄好漢，他想替林園事件拍一部紀錄片，也始終記住「起義」的日子：「九月二十日，我和社團的夥伴們都不會忘記，今年（二〇一八）是林園事件三十週年。我常回高中母校帶導覽，讓學弟妹重新認識林園，來到汕尾漁港的時候，我就會跟他們講林園事件。」

（本文作者：房慧真）

3 失憶的汙染歷史，被抹除的遷廠承諾：大社

一九九三年大社石化工業區毒氣洩漏，居民圍廠抗議，是為「大社事件」，政府承諾事故頻繁的大社工業區，在未來將隨上游的五輕一同遷廠。二十五年轉眼即逝，二〇一五年底，由於後勁居民頑強推擋，五輕終於關廠，下游的大社工業區卻仍屹立不搖，同樣是國家的一紙承諾，何以有全然不同的結果？關鍵在抗爭記憶的傳承上。後勁人反覆述說，迢迢抗爭路由兩代人接棒走完；在大社，歷史有了斷層，以至於有心於公共事務的年輕人，如今才要撥開一片迷霧。

「搬進新家第一個禮拜就後悔，窗戶關了也沒用，毒氣滲進來，臭得要死。到第二天早上，毒氣就不見了，你猜為什麼？都被人體吸收掉了。」

沈建全教授一家原本住在大樓裡，一九九九年發生九二一大地震後，「我爸媽說住十三樓很危險，叫我們去買透天厝。」二〇〇一年，沈建全新居落成、歡喜入厝。

沈建全相中一棟位於楠梓的四層樓透天厝，旁邊就是高速公路，離楠梓火車站不遠，門口還有國光客運，各種交通利多讓人心動，再加上建商原本開價一千六百萬，後來降價到一千二百萬，沈建全再殺價到八百萬，「我覺得自己賺到了，結果是災難的開始。」

買房子是大事情，前前後後看了好幾次，都沒有發現有什麼不妥。沈建全卻犯了一個致命的錯誤，看房子的時候都在白天，「雖然有看到工廠，但是白天都沒什麼味道呀，工廠都在晚上偷排，住進去之後我太太就開始咳嗽、氣喘，每個禮拜都要跑醫院，一年看病就要一百多次。」

到了二〇一八年終，我們和沈建全約訪，沈建全臨時又要帶太太去看病，不得不縮短採訪時間。近二十年後，沈太太仍然為氣喘所苦。

四十八條石化管線的匯聚點

沈建全的住家在楠梓與大社的交界處，隔著一條高速公路就是大社石化工業區，占地約一百公頃，區內有十多家石化廠，區外還有三芳、台精、台灣聚合等化學大廠。往

石化管線匯聚的大社工業區與住宅區（攝影：余志偉）

南兩公里就是仁武工業區、台塑仁武廠，大社、仁武合稱仁大工業區。

大社工業區的開發可遠溯到一九七〇年的第五期經濟建設四年計畫，當時配合中油在高雄煉油廠興建二輕。相較於年產乙烯僅五萬噸的一輕（一九六八），二輕建好後，乙烯將大幅度提升到年產二十三萬噸；既然有充足的原料，石化產業中游的大社石化工業區也同時啟動。一九七五年二輕完工後，以乙烯、丙烯、丁二烯為原料的工廠相繼在大社設立。

二輕的投產帶動大社工業區，一九九〇年九月，時任行政院長郝柏村下令鎮壓已圍廠三年的後勁反五輕行動，五輕順利興建後，乙烯的年產能達到五十萬噸，下游的大社廠商隨即準備擴廠。從五輕到仁大工業區之間的石化運料管線，就有二十五條。

「一榮俱榮，一損俱損」，同樣位於北高雄的高雄煉油廠與仁大工業區的關係，可用這句成語形容。高雄煉油廠關廠前，仁大工業區的廠商十分害怕將來會斷料，對外放話說會損失八百億的產值，還會經打算共同出資將高煉廠買下來。二〇一五年底，最後的大限終於來臨，五輕熄燈停產，然而仁大工業區並沒有斷料，上游截斷，中下游卻依然繼續生產。

狡兔有三窟，仁大工業區的原料也有三種來源。因原料不足而導致停工，對於石化業是非常嚴重的事，停工一日將短少上千萬營收，是利潤至上的石化業必須要排除的。

第一個來源是就近的高雄煉油廠一輕、二輕、五輕。第二個來源是進口原料，從高雄港邊的前鎮儲運所到楠梓、大社、仁武，地下共埋設八條管線，其中三條丙烯管線，正是導致二〇一四年高雄氣爆的元凶，深埋地底的石化管線因嚴重腐蝕而洩漏，引發大爆炸，最後導致三十二人死亡。管線的末端是位於大社工業區的李長榮化工，進口的丙烯先儲存於前鎮油槽，再沿著一條長達二十七公里的石化管線，加壓輸送過來。

從前鎮到北高雄的石化管線，輸送的乙烯、丙烯都極易燃，不適合用管線長途輸送。高雄氣爆發生前，中央及地方都沒有任何監督機制，只讓廠商「自主管理」，最終釀成悲劇。

第三個來源是位於高雄南邊的林園石化工業區，其中有中油的新三輕、四輕。新三輕的前身是三輕，設備完全複製高煉廠的二輕，乙烯的年產量都是二十三萬噸。

一九七六年三輕完工，從林園往仁大工業區埋設的石化管線也同時完成，貫穿南北長達三十五公里。二〇一三年八月林園新三輕試俥投產，往北邊仁大工業區輸

高雄南北石化地帶分布

A. 中油高雄煉油廠
1946年完成開發，面積262公頃
2015年底關廠

B. 仁大工業區
大社工業區1975年完成開發，
面積109公頃
仁武綜合工業區1973年完成開發，
面積21公頃

C. 經濟部大發石化工業區
1978年完成開發，面積375.51公頃

D. 經濟部林園石化工業區
1975年完成開發，面積403.2公頃

E. 中油大林煉油廠
1969年成立，面積300公頃

F. 前鎮石化儲槽區
儲槽共130座

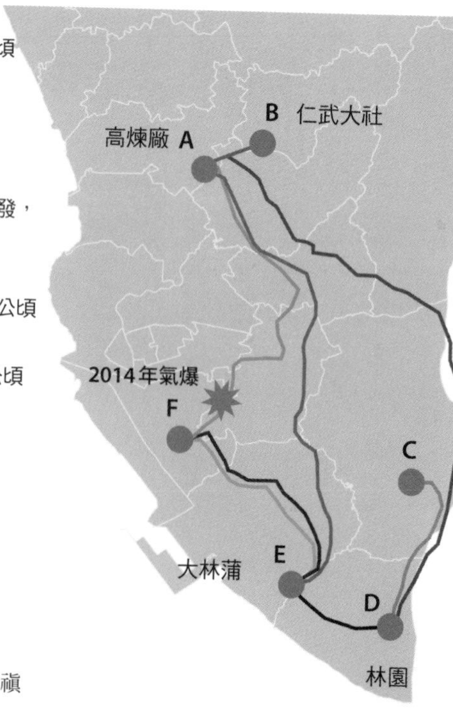

資料來源：高雄市政府
資料整理：房慧真；設計：黃禹禛

送的管線共有十五條，新三輕年產乙烯八十萬噸，比二〇一五年停產的五輕多了三十萬噸。

二〇一四年高雄氣爆後從前鎮往大社的石化管線不再回填，二〇一五年五輕關廠，狡兔三窟的確有其必要。目前仁大工業區主要的原料來源，是管線拉最長，距離最遠的林園石化工業區，地下如血管縱橫交錯的高風險管線，將石化業的命脈繼續暢通下去。

要解開纏繞高雄已久的石化管線，仍需回到源頭的大社工業區。

曾在大社鄉公所任職、並參與一九九三年大社事件的林見賢說：「二〇一四年高雄發生嚴重氣爆，本是停掉大社石化工業區最好的時機，大社的民意代表都被攏絡，沒一個站出來。民眾看在眼裡，痛在心裡。」

被遺忘的遷廠承諾

大社工業區的汙染歷史可上溯到七〇年代剛建廠沒多久，一九七八年發生洩漏氰氣事件，造成楠梓地區四百多人中毒，一人死亡。一九八三年，工業區內的大能公司發生氰化物外洩，造成上千民眾受傷，當地醫療資源不足，沒有大型醫院，大批傷者只能湧進外科診所。氰化物有毒藥之王的稱號，也是有機合成中不可缺少的試劑。早期無環評法規可監督，爆炸、毒氣外洩是家常便飯，沒經過處理的工業廢水直接排到河裡，常有野狗喝了溪水就口吐白沫、倒地不起。

沈建全轉述鄰居老太太的見聞：三十幾年前，一對從美濃來的年輕夫婦，因為貧窮，所以就在流過工業區的河川旁邊搭一個工寮，住在那邊。年輕夫妻在老太太家搭伙，有天早上他們一直沒出現，老太太去查看，才發覺這對夫妻在床上暴斃，「工廠半夜排廢水，以前脹大的死豬在河裡面好幾天都不會腐爛，因為太毒了，連蒼蠅都沒辦法下蛋。」

長期生活如賤民，終於在解嚴後、環保抗爭運動風起雲湧的九〇年代初爆發大社事件。

一九九三年四月五日，大社周界籠罩在一片白茫毒氣中，造成大量居民嗆咳、嘔吐，甚至昏厥。大社鄉長許正雄發動居民圍廠抗爭，縣議員林崑漢帶頭組成「大社鄉反石化毒害自救會」，將進出工業區的三個路口堵住。

圍廠堵路果然有用，大社事件上了新聞，引起全國關注。五月三日，包括當時的經濟部長江丙坤和立委王金平等人都南下，協調會在高雄國賓飯店舉辦，由高雄縣長余陳月瑛主持。大社鄉民提出訴求，希望年代久遠、設備老舊的大社工業區，能在五至十年內遷廠，協調後的結論為：「大社工業區內各廠應配合中油高雄煉油廠遷廠計畫，一併遷移。」

協調結果在一九九三年五月由經濟部發函，公文上有江丙坤用印，成為白紙黑字的證據。三年前五輕動工，郝柏村承諾動工的交換條件是二十五年後遷廠。五輕與大社環環相扣，但政治情況瞬息萬變，誰也說不準四年後的事，更何況是二十五年？五輕關廠仍有變數，大社的命運也還在未定之天。

二〇一五年十二月三十一日，誰也沒想到五輕依約關廠，二十五年來都沒有放棄爭取關廠的後勁人，終於迎來最後的勝利。勝利並不是慢慢坐著傻等，就會從天上掉下來，後勁人面對無數次的危機，包括五輕賴住不走的就地轉型計畫、中油要偷蓋脫硫工場、國光石化想要進駐……，都被後勁人一次又一次擋下來。

相對抗爭不斷的後勁，大社顯得安靜多了，二十五年間彷彿天下無事，老百姓安心度日。二〇一五年底，大社人只能五味雜陳地旁觀後勁人的勝利時刻。

「我完全不知道大社工業區要跟著五輕一起遷廠這回事，二十五年可以讓很多事情被遺忘，我問我爸，他說他知道這件事情，但不曉得是哪一年要發生！」三十八歲的吳忠穎，二〇一八年才與一些大社在地的年輕人組成「大社環境守護聯盟」。吳忠穎這一輩中壯年的大社人，幾乎都沒聽過大社事件，更不知道那份遷廠的政府公文。一九九三年參加大社事件的祖輩、父輩也有上千人，但都沒有把村里抗爭的歷史代代講述、流傳下來。

大社青年吳忠穎與在地年輕人組成「大社環境守護聯盟」（攝影：余志偉）

大社事件發生時，「大社環境守護聯盟」另一位成員吳同峯已經上大學了，他知道要跟著五輕遷廠的事，但曾擔任鄉民代表的父親一直勸他不要碰，「長輩常說不要去擋別人的利益！之前沒有動作，是因為我們相信政府的法令會延續，二十五年不只是政府對我們的保證，也是我們對政府的承諾，沒去吵吵鬧鬧，時間到了（工廠）不走就很奇怪。」

上一代選擇不說，下一代只能留白，抗爭力道無從累積，世代記憶的銜接，有其必要性，否則斗轉星移後，歷史會在不知不覺中竄改成另一種樣貌。

遷廠還是降編？一場遊戲一場空

二〇一八年，大社工業區躍上新聞版面，談的不是隨著五輕一起「遷廠」，而是降編為乙種工業區。媒體如此報導：「大社工業區年底將降編乙種工業區，以兌現二十五年前經濟部承諾。」

二十五年前的經濟部承諾是遷廠，而非降編。「降編」是何時冒出來的？在一九九八年臺灣省都市計畫委員會「變更大社都市計畫」的第三次通盤檢討，同時提到遷廠與降編為乙種工業區：

特種工業區內之廠商應於民國一〇七年以前完成遷廠並由縣政府依法定程序變更為乙種工業區。

在民國一〇七年以前除與建汽電共生、汰舊換新或為改善環境而增加之建設外，非經環保機關審核同意不得再行新建或擴建。

五輕關廠是民國一〇四年，通盤檢討中的民國一〇七年這個期限是怎麼來的？只因會議中，仁大工業區管理中心人員黃滿清說：「中油高雄煉油廠將於民國一〇七年以前遷移。」這明明不是事實，在場也無人察覺，卻被記錄下來成了結論。

除了年限往後延三年，在遷廠的主題之外又節外生枝，「並由縣政府依法定程序變更為乙種工業區」，本是遷廠和降編並行，然而到了二〇一八年的大限，沒有人再提遷廠了，只談降編，甚至連降編一事都有變數。大社石化工業區原本為重度汙染的特種工業區，石化業者為了要繼續生產，在二〇一八年八月高雄市「變更大社都市計畫」的專案小組會議中，由大社工業區廠商、議員，以及經濟部共同提案，要求將特種降為甲種即可，如果降為無煙囪的乙種工業區，就不容許石化廠繼續存在。

在專案小組會議前，照例要先在大社召開

特種／甲種／乙種工業區比較

	容許使用項目	負面衝擊
特種工業區	煉油、放射性工業、易爆物製造儲存業、液化石油氣製造分裝業 例：大社、林園工業區	有煙囪 高度公共危險 嚴重汙染
甲種工業區	除特種工業區的項目外，允許其他工業使用（例如化工業） 例：仁武、大發工業區	有煙囪 潛在公共危險 中高汙染
乙種工業區	限公害輕微之工業使用 例：楠梓、鳳山工業區	無煙囪 較無公共危險 低汙染

資料來源：《都市計畫法高雄市施行細則》

資料整理：房慧真；設計：黃禹禛

說明會，讓居民知情。高雄市都委會在二〇一八年六月、七月分別召開兩次座談，然而大社區公所及里長都沒有將此消息告知當地民眾。林見賢從友人處得知消息，「朋友拿公文給我看，說今年是最後的機會了。」區長里長都隱匿不報，消息出不去，怎麼辦？林見賢只能土法煉鋼，僱了一臺宣傳車，在六月第一次座談會的前一天穿街走巷廣播，才引起年輕人注意，在八月成立「大社環境守護聯盟」。

林見賢當年為了參與大社事件，特地從茂林請調回大社鄉公所，曾經擔任環保課長。參加運動令他付出了不少代價：黑函攻擊、考績被打乙等、人身脅迫等，「當年我一個人單打獨鬥，傷痕累累，本來我完全不想管了，看到年輕人站出來，不忍心不幫他們。」

在大社市區開照相館的李名，也曾參與一九九三年的大社事件，「最近我本來打算帶頭

第一代大社反石化運動者林見賢（攝影：余志偉）

去抗議江丙坤，但他過世了。當年我當面嗆他：『世界上沒有一個民主國家把劇毒的工廠蓋在住宅區旁邊，二十五年之後我五十歲，我還沒死，我等得到（遷廠）！』這二十五年來大社的民代都沒負起責任，應該每一年都要發聲，有人在時候快到才說：『怎麼來得及？』我說有二十五年讓你準備，怎麼來不及？」

二十五年看似漫長，但對於因循怠惰的人，二十五年彷彿一眨眼就過，大限逼到眼前，令人措手不及。

如今回憶起那場曾令自己熱血澎湃的大社事件，林見賢說：「後來覺得就像一場戲，背後都是政治人物的利益角力。」

環境抗爭如果很快走上談判桌，就免不了開始談回饋金。在一九九三年的協調會中，鄉長許正雄提出回饋金的要求：各廠商按年營業額提撥千分之一．五回饋給鄉民。經過協調的結果是年營業額的千分之〇．七五，雖然比原來提出的一．五少了一半，不過一年仍然有二千多萬的回饋金固定撥到鄉公所，目前一年大約回饋五至六千萬。

回饋金灑下，如千絲萬縷的透明蛛網沾黏鄉里，漸漸和工業區利益共生。當初成立自救會的民代，到了一九九三年底，紛紛選舉去了，也都順利選上。林見賢說：「選上他們就不管了，不只不管，還讓那些廠商一直擴廠。」

走不了的高社經環境難民

利益之下，隨人顧性命，公共事務在其中沒有著根的土壤。九年前升等教授的沈建全，已無後顧之憂，想全心全意來對付工業區的汙染問題。沈建全自印傳單，挨家挨戶投遞，組織早晚輪班的空汙巡守隊，只要聞到臭味，就循著軌跡去按工廠門鈴。曾接受後勁居民委託檢測的沈建全，是不被收買的良心教授，有科學背景，也有熱情，他的投入可幫大社增加很多戰力，然而空汙巡守隊卻不到三個月就結束。

沈建全說：「巡守隊成員，沒多久就疑似被收買，都說沒聞到味道。也有成員後來出來選里長，我發覺他是想利用我，不是為環保。還有人是為了吃便當才來，因為晚上來可以領八十塊的便當錢。我後來放棄走群眾路線，一點用都沒有！」

「我住五常里，離工業區最近的地方只有一牆之隔，汙染最嚴重，每一戶每年可以分到兩捲垃圾袋、一串衛生紙、一瓶洗碗精，大概就這樣，它就可以汙染你一整年，這很悲哀耶！但有些人還很喜歡，你把他這唯一的樂趣剝奪掉，他還捨不得讓工業區搬走，這是一個更殘酷的現實。」

沈建全是大學教授，是白領中產階級，是受人景仰的高知識分子——以上是月球的亮面。

在月球暗面，他是二〇一〇年縣市合併前三不管地帶的環境難民。聞到臭味，打到高雄縣環保局，說你是高雄市民，無法受理，打到高雄市環保局，說大社工業區屬於高雄縣，不歸我們管，他像顆多餘的皮球被踢來踢去。

他是憤怒又無助的空汙難民，有次凌晨一點又臭到睡不著，他打到高雄縣環保局，一直逼問終於要到局長手機，「我快兩點打過去，我說我是大社空汙的受害者，他說你知道現在是幾點嗎？我說我知道呀，但我快要窒息了，我沒有辦法呼吸，這是你的責任呀！」

他是心疼妻子受苦的丈夫，有次被高雄市環保局找去工廠開會，連同另兩位學者，討論如何改善三芳化工的製程。「我憤怒起來，手一揮把所有精緻的陶瓷咖啡杯掃到地上，摔成粉碎，然後掉頭就走。如果三芳要我賠，它敢來要，我就賠給它，但它傷害我太太的也要賠呀，我看賠個一萬倍都賠不起！」

受害居民的憤怒沒用，但受害居民加上學者，雙重身分的憤怒有用。製造合成皮，客戶包括Nike、Adidas，產值占全球一半的三芳，終於裝上汙染防制設備。「那次之後我就很少聞到味道，你不憤怒金剛，那些惡劣的廠商根本不知道它們傷害到人。改善製程它們完全可以做得到，但之前幾十年就是他媽的不做，這不是欺負人嗎？廠商為了省錢，一塊錢可以解決的事情放到環境裡，一百塊都補救不回來。」

高雄市衛生局曾委託美和科技大學團隊進行高雄市左營、楠梓、仁武、大社石化工業區居民健康風險評估，在二〇一二至二〇一三年針對這四個地區三公里內的居民與環境進行監測，於二〇一四年初公布結果。癌症流行病學的研究調查，從一九七一年至二〇一〇年的四十年間，左楠仁大工業區的男性在四〇至四九歲年齡層的癌症死亡比，顯著高於全臺。而且不分性別，在高年齡層的癌症死亡率皆高於全臺灣和高雄市其他非石化曝露區。在此區的空氣監測也發現，主要吸入致癌的有害空氣汙染物為苯、乙苯、丁二烯、甲醛和乙醛。揮發性有機物（VOCs）、醛酮類、重金屬與PAHs（多環芳香烴碳氫化合物）的濃度，左楠仁大工業區都高於對照區。

為什麼不搬離？當初搬進透天厝，以為來到夢想家園，除了房貸，也花了不少錢裝潢，沈建全至今仍揹著還沒繳完的貸款。

把房子賣掉去買別處呢？殘酷的是，五輕關廠讓後勁的房價直漲，沈建全所居住的楠梓區五常里，緊鄰大社工業區，房價直落。走不了的環境難民，如今已非刻板印象中的工農藍領階級，而是包括像沈建全這樣的中產白領階級。

沈建全說：「要把工業區趕走，除了健康，

二〇〇一年搬來大社的高雄海洋科技大學教授沈建全（攝影：余志偉）

還有財產的損失。有些人對健康沒那麼在乎，我就用後勁房價飆漲的例子去說服大社民眾，我說你拿那些衛生紙垃圾袋做什麼？那些東西成不了財富。反觀後勁蓋新大樓，一坪喊價到三、四十萬，大社人才有點被說服。」

要把國營企業的工廠趕走，還相對容易，因為不必牽涉到私人產權問題。政府的遷廠政策遇到私營企業的仁大工業區，節節敗退，從遷廠到降編乙種，從降編乙種到維持現狀——二〇一八年七月，當時的高雄副市長史哲受訪時說：「工業區十一家石化廠商仍可繼續生產，不過環境標準會加嚴，也不能擴廠。」

而今高雄都市計畫委員會雖在二〇一九年三月二十二日決議降編為乙種工業區（尚需送內政部決定），也只是名詞上的更換罷了。舊的不走，新的乙種無煙囪輕工業也進不來。在縣市合併前的二〇一〇年，與石化業一向友好的前高雄縣長楊秋興十一月敗選後，在十二月卸任前的看守期間，一口氣核准多張建築證照，給大社工業區內四家廠商（中纖、李長榮化工、國喬、磐亞）的擴廠案。沈建全說：「大社工業區的空地比（工業區內需預留綠地、消防通道等空地）原本就不足，現在是連一片指甲的空隙都沒有了。」

石化汙染不應是選擇題

二〇一四年高雄氣爆後，當時的政府曾有一種構想：在大林蒲旁填海造陸三千公頃成石化園區，便可以將大社石化工業區搬遷過去，如此一來魚與熊掌兼得，一來不必再讓石化管線通過市區輸送，二來可順便解決大社石化工業區本身的遷廠／降編爭議。

一個大社人說：「臺灣不可能完全沒有石化廠，遷過去至少是新的廠，汙染較少，如果繼續留在這裡就老舊汙染、無法更新。」另一個大林蒲人說：「我們這裡已經三面被工業區包圍了，還要填海造陸蓋石化專區，遷村又沒這麼容易，是要讓我們早點死嗎？」

以弱弱相殘的角度來看，大社的抗爭成功，很可能就會導致大林蒲的失敗，反之亦然。

二〇一八年八月才成立的「大社環境守護聯盟」，由大社的年輕人組成，是個歷練猶嫌稚嫩的環保團體。前輩李名這麼看這個新長出來的抗爭團體：「年輕人誤會我們這幾個前輩不參加，並非這樣，我們當初比他們現在積極多了，後來看多看透，變得消極，但並不表示灰心，在年輕人身上，還是可以看到我們當年

第一代大社反石化運動者李名（右）（攝影：余志偉）

的影子。」

二〇一八年十一月十一日，高雄反空汙大遊行，大社環境守護聯盟拉著用回收材料自製的「我愛大社不要石化廠」布條走上街頭，走入高雄各方自救會的隊伍裡，人群中有來自大林蒲的抗爭夥伴，幾股細小的支流在此匯成滔滔大河。高雄石化汙染大風吹的選擇題，應該改成是非題，不是誰活該被犧牲，而是共同抗爭，一起獲救。

（本文作者：房慧真）

PART 4

與石化共存的未來：產業轉型與新公民行動

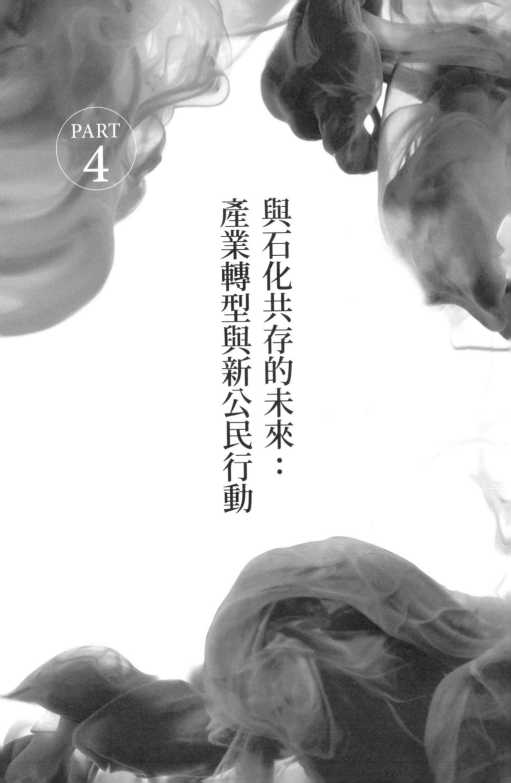

第10章 石化產業的未來與轉型——專訪經濟部次長曾文生

一九八〇年代初期，臺灣石化業沒有走上行政院長孫運璿規劃的「不再興建五輕，朝高值化發展」之路，從此五輕、六輕、新三輕一路擴張至今。三十多年之後，我們走進主管石化業的經濟部次長曾文生辦公室，曾文生的宣示似曾相識：「新四輕從長計議，高值化非做不可。」這一次，臺灣石化業能夠轉型成功嗎？

二〇一五年年底，五輕正式關廠前夕，我們在高雄一家餐廳採訪高雄市經發局長曾文生等官員，瞭解高雄市政府對於高雄煉油廠汙染整治的規畫與態度。曾文生是工運大老曾茂興之子，也曾擔任臺灣勞工陣線幹部，在二〇一四年高雄氣爆後規劃高雄石化、金屬材料聚落發展，深受高雄市長陳菊信任倚重。二〇一八年四月，他進入中央擔任經濟部次長，負責督導對臺灣發展相當關鍵的能源、國營事業及水利署。

二〇一九年二月二十二日下午，為瞭解政府對於石化業未來發展的規畫，以及詢問「六輕二十週年總體檢成效」、「高雄煉油廠未來用途」、「新四輕到底會不會蓋」、「大社工業區會降編成乙種工業區嗎」、「國道七號會不會變成石化通道」、「大林蒲遷村，然後呢」

等各界關心課題，我們再度訪問曾文生，但場景已從高雄餐廳換成臺北福州路經濟部。

石化議題複雜且多半具有歷史因素，曾文生帶著經濟部工業局永續發展組長凌韻生、工業區組科長陳建堂、民生化工組科長朱允方等官員共同受訪，經濟部相關單位、中油公司也提供書面回覆做為參考。這場訪問進行了兩個小時，曾文生從高雄經驗一路談到中央政策，其他官員進行補充，書面回覆則提供了執行面與數據資料。

從一九六八年中油一輕完工投產已來，臺灣人民已經與石化工廠共存了超過五十年、近兩萬個日子。一九七五年石化業產值占全體製造業的比重高達五〇．二%，是臺灣經濟奇蹟的基礎。整體檢視這段石化歲月，從早期帶動臺灣經濟發展的無限風光，到二〇一〇年六輕大火震驚臺灣社會，再到二〇一四年高雄氣爆後整體形象跌至谷底，石化業變成人人喊打的過街老鼠。

然而，即便是在高雄氣爆後的最惡劣氛圍，經濟部仍強調，石化業在二〇一三年產值高達一．九二兆元，占整體製造業產值的一三．八%，且與其他產業關聯性高，能間接帶動產值七．二九兆元，從業人數更是超過三十萬人，不可輕易偏廢。

既然石化業不可能一夕之間消失，因此，協助石化業轉型，擺脫高耗能、高汙染的負面形象，已成為經濟部的當務之急。綜合曾文生訪談內容，經濟部近年一方面推動「高值化」既定方向，另一方面則擬定「循環經濟推動方案」並報院核定，成為既定政策。

高雄第一科技大學環境與安全衛生工程系特聘教授陳政任指出，在臺灣缺水缺電的情況下，上游的乙烯產量絕對拚不過資源豐富的中國，因此應走精緻化路線，著重石化末端產品的生產，在少量資源下提高產品附加價值。他分析，目前臺灣電子業用到的許多化學品都還是進口自歐美，國內廠商可全力發展與半導體相關的電子化學品，以替代進口自國外的部分。

但石化業者並非一致看好。前國光石化董事長、現任台塑化董事長陳寶郎很早就質疑，臺灣目前缺技術、缺地、缺原料，「要怎麼高值化？」陳寶郎說，如果高值化真的好賺，廠商馬上就一頭栽進去、自己想辦法去做了，根本不需要政府鼓吹。目前政府無法幫廠商解決資源及土地的問題，廠商仍然只能單兵作戰，短期內高值化難成火候。

無論如何，「高值化」已是政府推動石化業轉型的核心思維。一九八〇年代就已被行政院長孫運璿正式提出的「高值化」，歷經大火、氣爆等重創後終於走到真正執行與落實的階段。石化業是否真能在「高值化」轉型目標下浴火重生？經濟部全力推動的「循環經濟推動方案」是否符合各界期待？仍有待各界進一步檢視與監督。

以下為曾文生及相關單位對於各項問題的訪談記要：

不再有下一座輕油裂解廠

報導者——政府對於臺灣石化產業發展的政策為何？經濟部在二〇一二年成立「石化產業高值化推動小組專案辦公室」，當時宣布投入三．二億元強化石化產業前瞻研發能量，預計在二〇一六年將石化產業附加價值由現行的一四．六％提升至一七．五％，並在二〇二〇年提升至二〇%。請問當前石化業高值化轉型成果?碰到哪些困難有待突破?

曾文生——不能說有困難，我這樣講，這個方向(高值化)廠商是有意願，它真的投資做研究，過去對於石化業來講，研發相對比例比較低，這幾年有提高，也選擇題目，政府當然有引導支持，它們也會選擇，我現在做這個產品，延伸出去有什麼高值產品我可以做。

我們有兩種高值，一種是世界還沒人做的新材料，台聚在做的CBC潛力材料，可以從同一個成分最軟做到最硬，它反應時候用氫化，控制軟硬度，好處可以回歸到循環經濟，例如奶嘴到奶瓶是同一個材料，這是世界沒有的，以後回收不用拆了。

還有就是舊材料升級，也是高值化，像是奇美，做PS做到世界第一，PS是

二〇一九年二月接受報導者採訪的經濟部次長曾文生(攝影：余志偉)

聚苯乙烯，保麗龍是其中一個，ABS最多就是電器外殼，但PS慢慢價格比較低，它（奇美）想說我們做大尺寸電視面板框架，尺寸大用原本PS材質會變形，所以把PS加PMMA，不同比例聚合反應，在原來工廠整個改變，變成最新材料，連日本SONY都跟它買這個。

朱允方——台塑雖然是PE（聚乙烯）、PP（聚丙烯），但是是世界第一，多賣一百塊美金，人家還是要跟它買，雖然比較貴。看起來是泛用塑膠，但我賣就比較貴，可以慢慢取代原本ABS特性，那其實就是高值化，我們也承認這種把品質做到最好的高值化。

工業局書面回覆——

一、石化產業政策說明：

（一）經濟部已於一〇一年三月三十日由行政院核定頒布的『石化產業高值化推動方案』，確立強化既有強項產業的產業鏈完整、加速石化產業研發比率及產品附加價值率二大石化產業高值化主軸。

（二）蔡總統上任後，經濟部也依據一〇六年二月二十日

	項目／年度	2014	2015	2016	2017
石化產業高值化成果	年產值（新臺幣億元）	19,543	16,780	15,821	17,846
	總投資額（新臺幣億元）	1,108	1,156	1,079	835
	高值化投資（新臺幣億元）	237	243	253	254
	研究發展經費占營業額比率（%）	0.45	0.98	1.08	0.92
	附加價值率（%）	11.08	15.1	19.9	19.8
	附加價值（新臺幣億元）	2,175	2,254	2,488	3,039
	總研發中心數（家）	8	11	13	14

「總統府經濟策略顧問小組第二次會議」結論，重新擬定「石化產業發展綱領」，並於一〇六年七月三日由行政院核定實施。該綱領之主要發展原則包括：A、石油之應用研發應以材料發展為主；B、穩固既有大宗石化產品的經濟規模基石，持續推動石化產業轉型高值化，發展綠色創新材料；C、不增加整體環境負擔，並朝循環永續方向發展，促進潔淨、安全、健康、科技之生活環境。

二、石化業高值化成果：第一期程（一〇三年至一〇六年）石化產業高值化推動計畫都已達成其既定的政策目標，主要KPI達成項目有三：（一）石化產業投入研發比率：開始推動產業高值化，整體產業的研發比例（研發投入金額／營業額）自一〇三年的〇．六九％成長至一〇六年的約一％，漲幅約一．四五倍。（二）石化產業產品附加價值率：一〇三年石化產業附加價值率為一一．〇八％，一〇六年的附加價值率來到一九．八％。（三）石化產業投資金額（含高值化項目）：石化產業投資金額一〇三年至一〇六年每年持續維持在八百億元以上，其中高值化投資金額比例逐漸升高，由一〇三年的二〇％上升至一〇六年的三〇％，一〇六年來到約二百五十億元。

三、遭遇困難說明：廠商積極投資高值化產品的開發，也在多項產品取得相當顯著的研發成果，但囿於國內社會對石化業的成見，這些產業高值化成果要商業量產時，都面臨到無法取得社會共識，以致建廠時程延宕，本部未來除持續督促現有廠商應加強工安環保投入外，對於新設廠商亦要求須以最新製程及汙染防治設備，以提升社會觀感進而落實各項投資案。

報導者——媒體報導中油去年十月與印尼國油公司PERTAMINA簽約，將在印尼合建輕油裂解廠，請問在國外興建輕油裂解廠是否已為既定政策？

曾文生——臺灣的石化業者在國外早就全面布局，例如李長榮在中東，長春在裕廊島的規模更大，對業者來說，哪裡有原料有生產優勢就去了，它並不跟中油完全綁定。過去業者去大陸投資的很多，東南投資也比比皆是，這是全球布局，台塑到美國也很久了，台塑到美國發現廠旁邊就是頁岩油，無意間的發展優勢，原料就近取得。

臺灣石化業現在是否百分百依賴中油？不。但跟中油合作，高值化東西大家願意討論，可能性也高。例如石化原來純度夠高，能做半導體材料，你做得到就是很高價值鏈可以產生，其實我們都試著努力這些事情。我們半導體產業如果都在而且領先，國際半導體供應商就開始來臺灣設研發中心或生產中心，有沒有可能帶動相關發展，是經濟部要努力的。

臺灣廠商出去的有，留在國內跟中油發展高值化也有，中油走出去確實都有跟印尼、印度接觸，但還沒定案。

工業局書面回覆——目前政府積極推動「新南向政策」，其中石化製品更是東南亞經濟起飛過程中會帶動大幅度需求成長的必要材料（民生及工業），因此中油公司先國內業者前往布建及構築完整的石化產業鏈。在此前提下才會衍生中油的海外投資計畫。

報導者——但中油一直有興建新四輕的想法，是否要繼續在國內興建上游的輕油裂解廠？

曾文生——中油就是會講說，四輕能更新也很好，就開始編理由。我去環評會，台電那時候為了蓋深澳（電廠），說居民反對天然氣，現在要改蓋天然氣了，它卻說不出來（興建天然氣電廠的理由），我也很想打它。你（台電）這一段要講清楚，深澳廠區很小，天然氣的管拉不到，但你講成天然氣比較危險，所以居民反對天然氣，那（燃煤電廠蓋不成）以後要不要蓋天然氣啊？

興建新四輕必須先通過政策環評，你沒做，後面都言之過早。而就產業發展來講，第一，石化原料基礎在石油的煉量，等你蓋好（新四輕），臺灣若跟世界潮流發展電動車，還需要那麼多石油？還有你哪來的石化煉量，這是另外一個要算的。我們不從環境面講，光從產業跟財務面就要想半天了。

四輕更新要從長計議，考慮財務面可行性跟產業發展趨勢。國際供應最近很怪，新加坡有神奇事情，汽油價格比原油價格低，等於是蛋糕加麵粉的價格比雞蛋低？傻眼，不知怎辦。這市場真的在動，是不是短期現象還不知道，奇怪現象已經跑出來了。亞洲過去發展投資就是這樣，對未來預期樂觀投資就進去了，等反方向起風了，廠都建了，一定會往後退。我若在臺灣投資，面對全球產能過大，要不要投資？附加價值高的也是好策略。

朱允方——我補充，乙烯都是氣體，做出來就盡量變成固體或是液體，若它用便宜價格做成聚乙烯、聚丙烯來賣，產業一定會被影響，所以要高值化，不要再做聚丙烯，跟它對衝，珍貴的乙烯應該讓它附加價值多一點，才有競爭力。另外汽柴油需求，如果從原油輕裂出來一定有汽柴油，世界趨勢是盡量不要做汽柴油，盡量做石化原料來源。若還要新四輕，要跟國際比較，不是跟自己比。

如果真的臺灣都沒有乙烯，可能從美國自己運過來，可能會變成液體，運輸比較方便，送到再還原變成乙烯，大家在研究這技術。未來趨勢就是很變動，中油當然是針對它自己本身的需求，可能還沒考慮其他的。

工業局書面回覆——石化產業發展綱領已明白表示未來臺灣石化產業：A、將不再新增新的輕油裂解廠；B、既有的輕油裂解廠及其下游的石化製程將加速引進綠色製程（汰舊換新），另引進國外頁岩氣等新原料及新技術以取代新建輕裂（或汰換），也是跳脫以原油為原料之評估選項。

六輕二十年總體檢與課責機制

報導者——經濟部工業局二〇一八年規劃以三年時間全面體檢六輕，請問這項六輕二十年總體檢工作希望達到什麼成效？

曾文生——我先講管理產業原則，我覺得有個事情，外界可能認為政府不負責任，但我認為這是正確的做法。我們一直講產業自主管理，當時（高雄氣爆）我在（高雄市政府經發局）弄管線的時候，參考美國API（石油學會）標準，它在制定所有管線安全，不斷強調自主管理，我發現一件事情，人家講自主管理真的有道理，我們後來引用它的精神，例如高雄市府當時要（石化業者）送所有管線的管理維護報告，必須董事長、總經理簽名，所有權人跟經營者兩大代表都要簽名負責。

台塑六輕也好，每一個石化廠都好，當它發生工安事故時候，總經理、老闆多久才知道？這是最核心的事情。發生事故他們（總經理、老闆）有責任嗎？這個機制若沒建立，很多稽核工作永遠在做貓抓老鼠的事情，但機制建立好，當企業主開始要簽名負責後，差別很大。我們講自主管理，是要讓這件事情可以被課責，課責落實到具體有兩件事情，第一件事情，一般石化廠要出大事故不容易，但是它會跳機，跳機就燃燒塔開始燒，多少時間以內老闆手機會響？總經理手機會響？有沒有在通報群組內，這很關鍵。第二件事情，你們開經營會議，環保工安（部門主管）坐得上桌嗎？我們做這事情，就是要讓他們上桌，他們報告會在經營團隊報告出現，那個意義差很大。否則政府哪有這麼多兵去查？你要查到什麼時候？大企業也有它的科層組織，第一步要先抓好，影響就很大。經濟部就是push產業有這樣的sense，六輕就是其中一環，我們要讓廠商自我管理變成他們的日常，這是國際經驗。

報導者——但問題就出在台塑等業者過去沒有做好自主管理，也沒有建立課責機制，外界才會要求政府加強監督。

曾文生——應該這樣講，我講的自主管理是內部check-balance，只能完成九〇％，但還有一個外部的check-balance在，是行政部門介入。其實行政機關可以花時間集中心力，比方說環保問題，或是工安潛在風險，可能隨時間演進有新型態跑出來，政府機關要趕快建立管制方法，例如有些新的有害物質，機器查不到，國外可能有例子，我要去追新問題出來，業者自主管理，我再來抽查，否則我每天重兵壓陣不會解決問題。

報導者——六輕總體檢最新進度？至今已體檢出六輕哪些問題？

凌韻生——去年先體檢五個廠，指標先跑一次，其中台化公司芳香烴二廠、聚碳酸酯樹脂廠因違反空汙法相關規定，由環保局分別開罰新台幣二十萬元及十萬元。現在指標確定下來，就擴大到六輕全廠，今年大概就二十二個廠，總共會有五十八個廠安排進廠體檢，風險危害比較高就優先進去。

查驗方式是由總體檢團隊（指製程安全、環保及能源管理之學者專家、第三方單位、中央及地方檢查單位）、蘇治芬立委辦公室代表（蘇治芬為要求六輕二十年總體檢之立委）、環境權保障基金會代表等人進廠，查驗書面資料，實地查勘及抽驗測試各項管理之落實情形。台塑企業視製程操作性與特殊性，已規劃空汙、水汙、廢棄物以「降低單位產品汙染物排放量三%」做為目標，並提出以民國一一〇年為目標逐年進行改善，達到預期減量的成效。這不是法令規定的，是台塑要跟自己比（做得更好）。

高雄煉油廠關廠之後

報導者——五輕所在的高雄煉油廠，早已被公告為全國最大土壤汙染控制場址，高煉廠關門後，必須耗費多少經費與時間，才能完成汙染整治？五輕整廠輸出國外計畫是否已確定告終？

曾文生出示中油公司書面回覆——

一、依高市府環保局於一〇五年十二月十六日核定之土壤及地下水汙染控制計畫，中油公司已編列新台幣一一二億元預算，進行高廠地下汙染改善作業，規劃於十七年期程內進行地下環境汙染改善，並採上游處整治、中／下游處汙染阻絕與圍堵等方式，以全面性、整體性的策略來改善地下汙染環境。

二、五輕工場原規劃以整廠輸出為優先考量，但因五輕已無法達到現代輕裂工場之經濟規模要求而找不到合適買主，已改為標售案處理，以國際標、公開招標、最高標決標方式辦理。最後由馬來

率相關單位受訪的曾文生，斬釘截鐵確定未來石化管線不再經過高雄市區。（攝影：余志偉）

西亞的一家廠商得標。目前遭遇之瓶頸為五輕設備尚待主管機關釐清是否具有文化資產價值而須保留，於釐清前本案先保留決標。

曾文生補充說明——五輕拆除案正由文化部文資局審議會評估中，因為五輕正好就是在高煉廠第一期整治範圍內，若它不整治後面也無法整治，整個整治期程會卡到，我們也希望能找出好的解決方法。

報導者——針對高雄煉油廠未來用途，後勁居民及學者倡議轉型為生態公園，新任高雄市長韓國瑜則表示將研議成為賽馬場，請問經濟部與中油的規劃方向？未來如何與後勁居民、高雄市長溝通高煉廠用途？

曾文生——臺灣生產石化、金屬等材料的核心聚落在高雄，高雄氣爆後，我在高雄市經發局長任內主張把材料產業聚落重整，也就是讓石化業的管線遠離市區，將高耗能的材料產業移到新園區做好循環再利用，所以規劃大林蒲遷村。未來材料產業聚落不能只做末端生產，希望提高附加價值，所以研發很重要，就想說能否在中油高雄煉油廠那塊地方做「循環技術暨材料創新研發專區」。

高雄煉油廠聯結國際容易，附近有機場、高鐵，它還有文化景觀保留區，在對面宿舍區，國際學人有地方住，規劃之後國際學生也很容易來，一個基地還有兩個捷運站能合理開發，希望以後可以聯結國際重要材料有關的開發中心。這原本是高雄市府在倡議，現在經濟部變成正式計畫，已經努力超過兩年，目前「循環經濟推動方案」已經報院核定，成為既定政策。

與居民溝通則是動態過程。有的時候倡議主張是希望有更好結果，你說它（「循環技術暨材料創新研發專區」）若能帶動地方發展，合理的規劃，對環境影響小的，人民會不會接受？我認為反對比例不會很高啦。我覺得還是從產業發展角度看，但環境影響相對變少。它要使用空間也不是大規模使用，怎樣有效在那地方建立新的、帶動地方發展的新火車頭，這是我們的構想。

經濟部沒有正式評估過賽馬場的經濟效益，但回頭從土地面積效益來看，現在規劃的方式可能會好一些。

中油公司書面回覆——高雄煉油廠現階段業務區都市計畫方案中，已劃設一定比例之公園綠地銜接廠區內半屏山綠地，未來工場區亦整體構思銜接半屏山自然公園，規劃生態池及生態公園系統，串聯業務區之公園綠地，未來若配合土水整治期程，融合生物多樣性與歷史氛圍的生態公園期望將逐步實現。未來在進入正式都市計畫變更階段前，將召開座談會進行說明溝通並廣蒐民眾意見，納入規劃討論評估。

大社工業區的遷廠承諾

報導者——一九九三年經濟部給大社鄉公所的公文，承諾大社石化工業區隨五輕遷廠，如今大社工業區卻從關廠改為「降編」無煙囪的乙種工業區，經濟部及廠商則爭取降編為甲種工業區即可。請問經濟部當年的公文是否有效？大社工業區未來有無汰舊換新機制？

曾文生——我的理解是這件事很特別。它（大社工業區內的業者）是土地賣斷的私人企業，當時經濟部有無權承諾（大社工業區遷廠）？從法規來看，我們遇到難題是這樣，我可以答應把你家賣給別人嗎？這不代表我們否認大社工業區主張的合理性，但我遇到最核心題目是行政機關要有法律依據。

報導者——但對大社在地居民來說，經濟部就是代表政府承諾，政府要想辦法解決問題？

曾文生——如何合理解決，是很重要的事情，但現在是僵局。當時經濟部有這個承諾，於是高雄市府用都市計畫手段，要讓狀況有所變更，才會提降編這事情。也就是「你現在存在我尊重，但你不能夠用新的方式或新的設備在這邊繼續存在」，這是降編的邏輯。大社工業區的正式員工有二千六百人，輻射出去間接員工快十萬人口，當時經濟部有這個估計，急遽即刻關廠衝擊很大，變成乙種工業區就是讓你凍住現況。事實上大社產業類型是甲種工業區，當初不知道怎麼被劃為特種工業區，特種是原子能、煉製、爆裂物，所以經濟部在去年有提議，是否先變更為甲種工業區，這樣才準確，先解決歷史的問題。[1]

1 在大社居民積極爭取下，高雄市都市計畫委員會於二〇一九年三月二十二日決議，將大社工業區由石化特種工業區降編為乙種工業區，排除高汙染產業，納入一般民生工業，解決當地汙染問題。但此變更案必須再提報內政部都市計畫委員會進行審議，仍有變數。

大林蒲的命運與國道七號

報導者——無論如何，未來石化管線不會再經過高雄市區？

曾文生——對，斬釘截鐵確定。我認為在高雄空間上，中央跟地方政府要一起努力，市民也要有共識，要有空間移轉，盡量不要讓管線經過市區。

我講我親身經驗，高雄氣爆時，日本交流協會願意幫忙，很神奇，日本專家來看到臺灣狀況傻了，他們回去努力找類似案例，日本有個城市有一條丙烯管線經過市區十公里，除此之外日本管線都沒進去市區，理由很簡單，他們石化業幾乎都在海埔新生地上，這些石化產業都沒離開岸邊。臺灣（石化）產業空間應該調整，設計一個聚落，對城市安全影響降到最低。我們要挪出空間來，這是政府責任，業界也要配合。

報導者——二〇一四年高雄氣爆後，政府曾構想在大林蒲外海填海造陸成「大南星計畫」，將仁大工業區遷廠於此。如大林蒲能順利遷村，有一說要規劃大林蒲原聚落加上臨海工業區變成「循環經濟園區」。在空汙法明訂高雄空汙總量管制後，請問若完成填海造陸並順利遷村，將石化廠大量聚集於此，高雄的環境涵容量能否承受？

曾文生——這牽扯空汙總量管制的最大可能性，既有廠商會有空汙量，你把廠關掉，交接那一段，舊廠還在排放、新廠也已運轉，這時候怎麼辦？我有把握，新廠排放就是大幅下降，像是石化廠環保單位他們都會進去查，未來高雄市環保局標準也會加嚴。至於交接期的挑戰，透過調度、規劃都能解決，不會所有廠一起來（排放）。不過，這些（排放）當然會有影響，尤其大林蒲居民，他們的抱怨，我們都無話可說，我上次晚上去溝通也是被罵。

工業局書面回覆——一、未來大林蒲遷村後將規劃設置新材料循環產業園區，其即期望能夠結合鄰近的臨海工業區，進一步提高能源資源循環再利用，優先將廠商在製程中所產生的廢熱、廢水或廢棄物轉而提供予其他相關廠商再利用。可減少能源及原物料物資的耗用，強化產業發展對環境良善發展。二、此外，未來園區將加強要求進駐廠商的排放循環使用，俾減少末端汙染排放。即依照總量管制的規定，以避免影響高雄地區的環境容受能力。

報導者——國道七號的起點為仁大工業區，終點為大林蒲。當地居民認為這是一條「石化國道」，除了以地下石化管線輸送，將來也可能以化學槽車利用這條石化國道輸送，請問國道七號的建造是否有其必要性？其功能又是否為石化業服務？

曾文生——我跟你說，石化不要靠車送，能有管線一定不要靠車送。當年高雄煉油廠怎麼跑到半屏山兩邊？一個是為了左營，另外為了防空，當年選擇是這樣，那現在選擇絕對不是。國道七號絕對不會拿來送石化原料，不然你限制槽車上去，影響真的沒那麼大。石化最核心有效的設計就是用管線，只要不經過人口密度高的地方，安全係數絕對比槽車好多了。

工業局書面回覆——目前小港前鎮地區的大量貨櫃車必須行經市區道路，才能接上國道一號，從而往來全臺各地；待高雄港洲際貨櫃中心二期及三期陸續完工後，車流量便會大幅上漲，必須及早設置國道七號來因應新開闢的港區帶來的車流量。若是國道七號不興建，將衝擊高雄未來都市交通，並造成高雄港區與臺灣整體經濟發展延宕。

（本文作者：何榮幸；採訪整理：林雨佑；共同採訪：房慧真、葉瑜娟）

國內外石化業發展建議參考資料

1 二〇一七年碳揭露計畫全球化學業評比。https://km.twenergy.org.tw/KnowledgeFree/knowledge_more?id=3257

2 針對未來石化業轉型，二〇一八年底國際能源總署的報告當中，有關於在排碳、海廢的壓力之下，石化業的轉型方向。
https://webstore.iea.org/download/summary/2310?fileName=Chinese-Future-Petrochemicals-ES.pdf

3 國際NGO組織網絡中，二〇一四年歐洲氣候基金會的報告足資參考。
https://europeanclimate.org/europes-low-carbon-transition-understanding-the-chemicals-sector/

4 二〇一七年國立臺灣大學社會科學院風險社會與政策研究中心研究文章參考。
http://rsprc.ntu.edu.tw/zh-tw/m01-3/en-trans/847-1061211-energy-consu-ind.html

第11章 沙地上的怪獸電力公司

濁水溪南岸，盤據著一頭石化大怪獸，四百根煙囪日夜吞雲吐霧，乘著南風，往一水之隔的彰化台西村飄降。空汙飄來，二十年後，空屋無數。廢棄的三合院，荒煙蔓草任其蔓生，罹癌的屋主走了，後代棲留外鄉，不再回返。不是空屋的，住在裡頭的都是獨居老人，如凜冬樹枝上殘存的幾片樹葉，一陣疾風吹來，就要掉落。

強者愈強，弱者益弱，控訴到了頭，除了悲情還能有什麼？家鄉子弟許震唐，回鄉辦影像館，還有一個大夢，他要在沙地上蓋一座怪獸電力公司，隔著濁水溪，與對面那頭大怪獸相望，不能輸。

打電話到獨居的許玉蘭家中，始終沒人接，許震唐終於沉不住氣，決定親自走一趟。濁水溪出海口，日落西沉的彰化大城鄉台西村，東北季風益加猛烈，把下午還在廟前聊天的老人們都吹進屋內，街巷顯得更加寂寥。村中空屋多，常見廢棄的三合院，扇扇窗都是暗的，像緊閉的眼。少數睜開的眼、亮著的窗，晚餐時分，經過時也沒從窗沿傳來什麼鍋鏟聲、飯菜香。

敲開許玉蘭的門，她的灶亦冰涼，桌上一盤冷菜，葉菜擱久了就發黑，看起來黑糊糊的。七十七歲的許玉蘭自己料理三餐，在家附近的空地簡單種點蔬菜，煮一頓吃兩餐。

大城鄉流行病學調查，許玉蘭抽血結果，血液中有九種重金屬超標。她還時常因高血壓頭暈沒有力氣，兒女都不在身邊，照理講要請個外勞照顧較妥當。許玉蘭一個月僅靠七千塊的老農年金過活，兒女在台北生存不易也無餘錢，不敢妄想外勞，不舒服的時候頂多去診所吊點滴。

台西村常住居民約四百三十人，超過六十五歲以上的大約三百人，人口老化嚴重，其中又有八成的老人獨居。二〇一三年紀實攝影集《南風》出版後，許震唐持續記錄後南風的容顏。他慣常週末返鄉，揹著相機到處走逛，遇到田裡的農人問收成、厝內的老人問健康。學電機的他偶爾還幫獨居老人修電器，噓寒問暖的時候多，真正舉起相機的時間反而少了。許震唐的探訪，讓愁容滿面

許震唐時常揹著相機到處走逛，向老人家們噓寒問暖。（攝影：余志偉）

的許玉蘭說出心底話：「你媽還可以靠你爸，我沒人靠了。」許玉蘭丈夫李文羌的照片，收進《南風》，不是癌末臨終的形容枯槁，而是猶然康健的時候，在堤防邊耕作的精神樣子。許震唐要幫許玉蘭拍張照，許玉蘭挺了挺平時佝僂的身，在鏡頭前揚起嘴角勉強笑著，卻像哭著。

鰥寡孤獨，凋零群像，封凍進銀鹽底片。許震唐說起夜半救護車的聲音，總覺得特別心驚，「喔伊喔伊把人載出去，救護車再回來如果靜悄悄地就不妙了，是載回屋裡等斷氣。」

攝影要怎麼介入社會？許震唐問自己這個問題，始終沒有答案。答案以迂迴的方式到來。《南風》出版後，台西村以「癌症村」樣貌進入人們視野，

許震唐辭去電信業的穩定工作，回鄉蓋了台西村影像館，帶動社區活化與盼望。（攝影：許震唐）

國內流行病學首屈一指的專家，臺大公衛學院院長詹長權來了，幫大城鄉居民做流行病學調查。詹長權的六輕流行病學研究橫跨十年，也跨越雲林、彰化兩個地域，詹長權看到六輕回饋金將麥寮層層綑綁，不免感慨，對許震唐、許立儀兄妹說：「人家領六百塊，你們要讓自己有尊嚴（指凡設籍於麥寮鄉的居民，每人每月可領電費補助六百元，是六輕回饋金的一部分），要想辦法翻轉這個村子的宿命。」

如何翻轉？詹長權提出台西綠能村的想法，建議由政府在風頭水尾的台西村設置大型風機，以風力發電，台西村自用之餘，還可售電給台電，售電收入補助台西村民，彌補六輕所造成的傷害。許震唐很清楚，造價上億元的大型風機，不可能專為台西村而設：「台西村不是唯一的例子，林園、大林蒲也是空汙的環境難民！」

由政府出資建大型風機的方法不可行，但「綠能村」、「再生能源」從此植入許家兄妹腦海。二〇一七年八月，許立儀受綠色和平之邀，到德國參訪再生能源。許立儀因故無法成行，便把名額讓給哥哥許震唐，十天的行程，從南邊慕尼黑的太陽能，一路參訪到北邊漢堡的風力發電。許震唐說：「與其說是觀摩技術，不如說是一場社會學習之旅。德國從一九八八年前蘇聯的車諾比事件後，就開始推行環境永續教育。二〇一一年福島核災發生時，德國距離福島那麼遠，卻比距離近的臺灣還緊張，將它們的再生能源占比再提高。德國花三十年教育，讓再生能源成為全民共識，台西村的阿公、阿嬤很多都不識字，臺灣在拚經濟的空洞口號下又凡事只問利益，要怎麼推？怎麼取得共識？」

從德國回來後，許震唐把在電信業的穩定工作辭了，回鄉積極奔走游說，三個月後，爭取到台西村三分之一人數（一百三十二人）的連署支持，再由三十六位核心成員，在二〇一七年十一月向彰化縣政府申請成立「台西村綠能社區促進會」，由村長許讓出擔任理事長，許震唐是總幹事。

許震唐左手忙綠能促進會，右手延續《南風》的影像計畫，寫計畫案向彰化縣文化局申請社造經費，不夠的再自掏腰包，將村中廢棄的空屋改建成「台西村影像館」，在二〇一八年七月開幕。影像館的成立，是曾經來台西村蹲點的差事劇團團長鍾喬的建議，「鍾喬說與其讓《南風》的照片在美術館四處巡迴，不如讓流浪在外的照片回鄉，讓村民看見。」

開幕後不久，我來到影像館，入口處是一排防風耐旱的木麻黃，旁邊有台西村的種瓜達人許萬順帶著高中生營隊用竹子搭建的西瓜寮。台西村的西瓜田原本荒廢多年，許萬順復種已三年，在田邊搭建西瓜寮，夜宿看顧田裡一瞑大一寸的瓜，長大的瓜比足月的嬰兒還重，抱起來沉甸甸，是許萬順甜蜜的負荷。

手巧心熱的許萬順，在影像館籌備期間，把展場當成自己的瓜田一樣，常來巡田水：調整燈光角度，端詳照片擺得正不正。開幕當天，門口要掛起一張大海報，許震唐弄了半天海報一直掉下來，許萬順拿來一根竹子就解決了，「這是常民的智慧，許萬順說我沒路用，讀電機又讀企管，還去讀工業管理博士班，卻輸給他一個種西瓜的，笑我讀書不知道讀到哪裡去！」

一群村民圍著一張農曆七月半，台西村民用扁擔挑著供品，到溪邊拜溪王的舊時照片，七嘴八舌議論「這我大姊啦」、「最前面這個好像是二舅」，沒有人談論構圖、明暗、主題、刺點，每一張照片都是一個時光隧道，和他們血脈相連。

高中時許震唐想讀美術，但媽媽想要他讀電子或機械，為了說服他，媽媽說要送他一臺相機做交換條件。彼時出國的人還不多，難得大姑媽去歐洲考察，越洋電話回來問有沒有要帶什麼？媽媽說，「幫阿唐帶一臺相機回來。」

一開始他拍家人，拉著妹妹許立儀到田裡拍當時流行的沙龍藝術照。除了家人，許震唐也拿村人來當成練習的題材。一舉起鏡頭，種田的阿婆就躲，直嚷著：「你麥擱拍啦，歸庄頭攏細你拍照害ㄟ，害歸庄頭甲辛苦一直種田，翻不了身。」在傳統鄉村，村人覺得勞動

台西村影像館希望把掌鏡的權力還給村民（攝影：許震唐）

的身影一旦被攝下，就從此定格，生死疲勞成為無法改變的宿命。

台西村影像展的第一檔展覽，以許震唐的《南風》照片打頭陣，接下來的檔期，要交給這些鏡頭前割菜餵鴨捕鰻苗的勞動身影，讓村民換個位置，變成觀景窗後面的人。許震唐買來二十三臺即可拍相機，每臺有二十七張底片，交給村民，「我完全不介入，也不會事先幫他們上課，純粹就是讓他們自己去玩。題材就是村民的日常，孫子吃飯、討海風景、疏通水圳、節慶祭拜……許萬順拿一臺去拍不過癮，最後總共拍了三臺。」

辦攝影展、放紀錄片、把掌鏡的權力還給村民，前幾年喪女的許萬順，鬱結的眉眼終於舒展開來，那原本定格的宿命顯影，再度流動，終被釋放。

許震唐說：「在鄉下辦活動很現實，要讓人來就要發些鍋碗瓢盆略施小惠，而且還不能一開始發，要結束才給。影像館的活動像是暖身的過程，讓村民習慣來參加社區的活動，一開始是文化的軟性活動，緩慢漸進到公民電廠的討論。」

以文化暖身，重頭戲還在後頭。

政府為了推動民間發展再生能源，二〇一八年五月，經濟部能源局公告「推動民間團體於偏遠地區設置綠能發電設備示範補助作業要點」。補助分兩階段，第一階段補助二百萬，工作項目包括綠能發電設置潛力盤查、當地民眾提供設置場址意願調查等等。第二階段將從第一階段補助案從優擇定五案落實綠能發電設置，每案補助額度不超過總設備經費的一半，並以一千萬元為上限。

第一階段的補助結果在二〇一九年一月公告，「台西村綠能社區促進會」等十九個偏鄉團體各獲得二百萬補助。對總幹事許震唐而言，一切都要動起來了。

許震唐腦海裡已經構畫出一幅遠景，電廠的盈餘可在台西村發展出長照2.0，除了讓偏鄉老人可以去大醫院做一次完整的健康檢查，原本在電信公司工作的許震唐還想到用4G的傳輸發展遠距醫療，讓在外鄉打拚的子女可以隨時上網，看到獨居老人的心跳、血壓、血糖是否有異常。應用方面，老人年邁體衰，很多連腳踏車都騎不動了，可以提供電動車，電力就從自家電廠而來。對青壯年而言，電廠的維修管理都需要專業人才，可培養地方技術人員，改善偏鄉人口外流情況。電廠經濟的挹注還可滾動地方社造，文化館、影像館都需要經費，如果電廠的盈餘可支付，就不用老是寫計畫案跟政府請錢。

鰥寡孤獨皆有所養的大同世界，一座地方電廠，就發電效率以及賣電利潤而言，完全比不上雄厚資本的大型能源公司，但可讓幾乎快凋零的窮鄉復甦，不必靠政府社會福利救濟，也毋須仰賴汙染者台塑的施捨。

對許震唐而言，要達到美好的遠景，不是一到十，而是一到一百的遙遠路途。長期在業界打滾，許震唐並不是一個天真的浪漫主義者，他格外注重地方電廠的商業營運模式，「經濟部要民眾投資太陽光電的說法，說投資報酬率比定存還好，那太樂觀了。我實際算過在台西村，要十年才能回收，十三年以後才能回饋社區。要村民拿五萬塊出來投資太陽能，看起來不多，但對他們是一筆大錢，可能辛苦了一年，一分地的西瓜才賣五萬塊。投資可回收至少在十年後，要怎麼說服他們？到時候這些老人可能都不在了！」

促進會的下一步是集資成立公司，許震唐開玩笑說，「就叫它怪獸電力公司好了！」他心知肚明，促進會的三十六個會員已經是村裡面情意相挺，擁有共同理念的核心成員，但這三十六個成員裡，能輕鬆拿出五萬塊的不到一半。在許震唐的設想裡，怪獸電力公司的資本額預計五百萬，如果通過經濟部綠能補助的第二階段，就可由政府補助一半二百五十萬，他希望村民的出資至少要達到三成，促進會經濟條件尚可的大約有十五人，如果每個人拿出五萬或更多，籌措出一百五十萬，還剩下一百萬，許震唐再去尋求外界能源公司的合作。如果順利集資五百萬，在台西村除了在屋頂及空地裝設太陽能板，還考慮架設一座小型風機。

在集資成立電力公司之前，許震唐在二〇一九年底要先完成第一階段的研究調查工作，包括架設小型風機所需要的平均風速調查，村裡能夠架設太陽能板的土地、屋頂面積調查，屋頂設置意願以及投資意願調查。除了資源調查，還要舉辦五場說明會，邀請專家學者來台西村演講。

萬事起頭難，許震唐光是調查台西村能夠裝置太陽能板的屋頂與土地，就困難重重。只要地目登記為農地，儘管休耕、廢耕，都無法變更地目做其他用途，農地中僅有被認定為「不利耕作區」（例如沿海地層下陷鹽化的土地），才能拿來設置太陽能板。許震唐說：「詹（長權）老師很為台西村抱不平，他說這裡明明空氣汙染下酸雨，怎麼不算是不利耕作區呢？」在屋頂方面，老舊三合院的瓦片屋頂並不適合裝置太陽能板，村中有些屋子登記為農舍，則隸屬於

上｜二〇一六年十一月十九日，首座由廠商捐贈宮廟的太陽光電，點燃台西村顯榮宮約六百盞的光明燈。希望透過社區的信仰，讓再生能源的永續循環在此萌芽茁壯。然而，再生能源並不會因為社區規模小就容易取得共識。所幸透過廠商及村里耆老的奔走，最終才得保留下來。再生能源能不能創造出在地意識以及與社區聯結的意義，是公民電廠成功與否的關鍵因素。（圖文：許震唐）

下｜年邁的台西村民許爽，已無法在面積一分多的土地上進行耕種。為不讓在村子中心的土地拋荒、難看，仍僱工整平土地向政府申請休耕，領取微薄補助。若能有條件放寬或修正，提供社區公民電廠再生能源的運用，除了有助偏鄉社區發展，也提供了老農對於土地依賴的生活經濟。（圖文：許震唐）

上｜拋荒的土地因未有效管理及使用，久而久之形成水塘，荒蕪一片。有些土地與政府多年來仍存在租賃契約關係，未能耕種的租賃人若不願意放棄權利，在政府欲取回的狀況下，須付出可觀的違約金。即便轉讓承租，承租人亦須負擔違約金，這對土地的有效利用產生困難與限制。社區公民電廠可屬於社區的福祉而存在，更可經營成以計畫經濟為導向的社會企業。過去因計畫經濟而發展的土地，是否可透過另一個計畫經濟條件的移轉，而延長土地效用，社區公民電廠或可成為再生能源計畫經濟的實踐。（圖文：許震唐）

下｜康橫的房子。康橫原本住村子裡的老宅，後在村子外蓋了房舍，老宅便空在那裡。康橫在大學教書的兒子康有評，每隔一段時間就會回鄉打掃房舍。康有評希望把父親的老宅發展成小型偏鄉再生能源環境永續教育園區。他認為公民電廠不應只有地方創生的功能，更應肩負教育與社區凝聚的使命。（圖文：許震唐）

國有財產局，村民只是付租金使用，不能將屋頂另做他用。

前方道途險阻，許震唐先把腳步踏穩，一步一步來。二〇一七年辭掉工作後，他給自己三年無收入吃老本的時間，「如果二〇一九年底做不起來，我就先去找別的工作養活自己，但還是在這條路上，也許申請獎學金去讀社會學博士班，論文題目我想好了：計畫經濟與公民電廠意義的聯結。」

這是一趟長途馬拉松，許震唐說：「如果台西村的怪獸電力公司做起來，成為一種模型，其他偏鄉可以複製的模式，我可以去當諮詢、顧問，讓它遍地開花。這份『工作』我可以一直做下去，只要太陽不退休，太陽能也不會有退休年限。」

太陽除了不會退休，對於許震唐而言，也有「公平」的意義，太陽遍照眾生，照在富人身上，也照在偏鄉窮人身上。

許震唐帶我來到濁水溪南岸的大型沙丘，沙丘的成因當然是中游的集集攔河堰。引水工程鋪設一條工業用水專用管路，直達雲林離島工業區，中游截斷水流，母親之河下游幾近乾枯，冬季東北季風呼嘯，乾砂由北往南吹化為塵暴，也在南岸堆積成壯觀的沙丘。

許震唐最欣賞的攝影師是植田正治，植田的家鄉鳥取也有一大片沙丘，沙丘上穿西裝戴禮帽拿傘的男人、騎單車的少年、捧花的小女孩……日常的風景，擺在沙丘上就有種超現實感。

《南風》的編輯莊瑞琳為台西村影像館開幕寫了一篇文章，其中一段文字是：「我們議論遠方的事，卻不知時間讓一粒沙在家鄉堆成了沙漠。」

攀上沙丘的這天是無風的夏季，塵沙暫不造次，剛剛下過一陣雨，在沙丘上形成暫時的湖泊，水鳥紛紛飛落。沙上時有開著淡紫色小花的馬鞍藤點綴，許震唐說，中秋過後這裡將是一片蒹葭，在水一方，白羽紛飛。夕照餘暉，金色沙丘凹凸有致，像女人的蜜色裸體。如果不擡頭看頂上那朵四百根煙囪煉成的「六輕雲」，只覺得生態豐美、歲月靜好。許震唐往出海口走去，路地的盡頭，退潮時仍有沙洲繼續延伸出去，一旦漲潮又被海水收回。遠方有幾位黝黑的老婦彎著腰，用耙子在海沙裡篩出蛤仔。許震唐說：「這裡在地圖上沒有標記，我們其實已經身在海裡。」

（本文作者：房慧真）

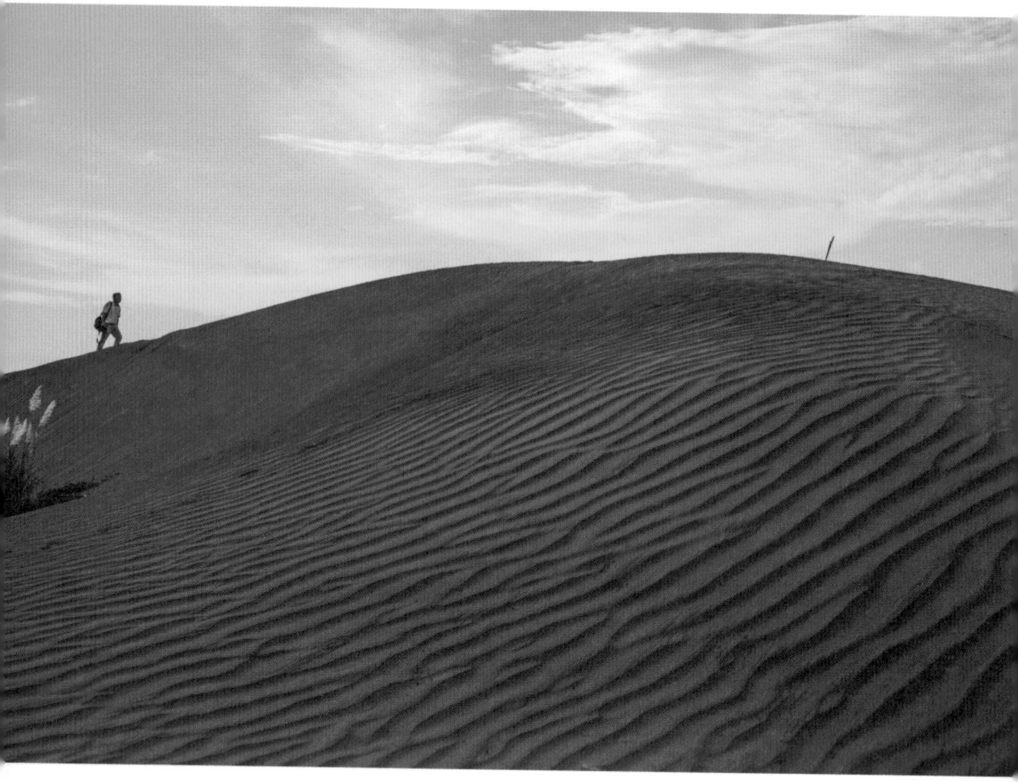

沙丘上的許震唐（攝影：余志偉）

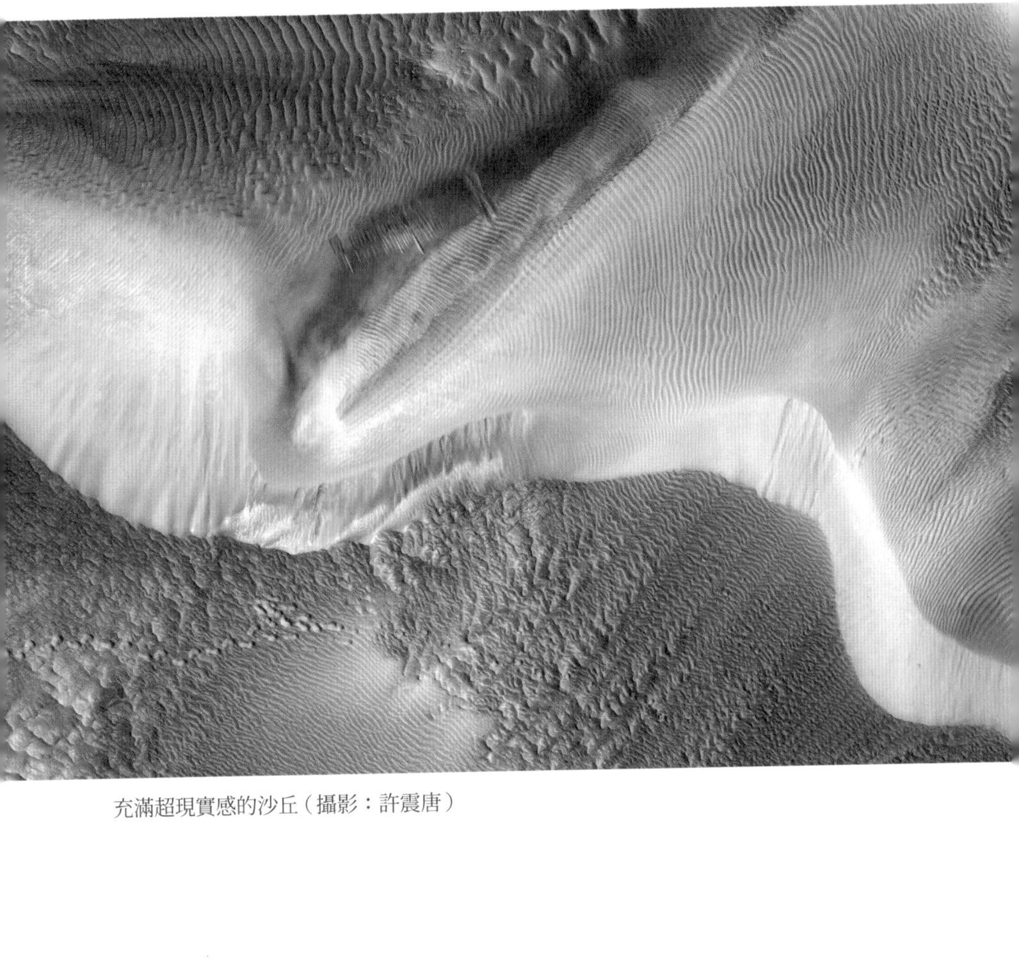

充滿超現實感的沙丘（攝影：許震唐）

後記　科技下的風險失明症

德國社會學家烏爾里希．貝克（Ulrich Beck）出版於一九八六年的《風險社會：新的現代性之路》首次提出「風險社會」概念。貝克認為，風險社會是工業時代的特徵，然而，風險卻不是現代的發明，在前現代，哥倫布揚帆出海，探索新大陸，無疑也須擔負風險，但那是個人性的，不是如核災、地球暖化、化學工廠毒氣外洩這類全體人類共同面臨的全球性危險，「危險本身是隨現代性而產生並擴大的。其中的內在動力不是惡意，而是市場、競爭和分工。」

進入工業文明時代，人們自覺掌握「科學理性」，能夠計算出災害可能發生的機率。為了提高工業的生產力，有些次風險是可忽略的，兩權相害取其輕，將災害控制在允許的範圍內，這個範圍稱為「極限值」。

空氣、水和食品中「允許」的微量汙染物和有毒物……極限值允許有限制地排放毒物，並使之合法化。誰為汙染設定限制，誰就是在贊成汙染。不管危害有多大，社會總是有機會定義「無害。」極限值固然阻止了最壞狀況的發生，但同時它也是一種開脫證明，以便稍稍毒害自然與人類。「稍稍」是多少成了這裡的關鍵。動植物和人類是否可以稍稍承受一丁點份額或稍大份額的毒物，這裡的「稍稍」是多大，「承受」指什麼。……

規定的主旨不是阻止毒害，而是在允許的範圍內加以毒害。[1]

「在允許的範圍內加以毒害」，充斥在臺灣隨著工業開發而來的健康風險評估，以中油三輕擴建案為例，二〇〇八年環評有條件通過，附帶條件是政府必須幫在地的林園人補做健康風險評估，二〇一二年結果出爐，林園人的致癌風險在10^{-4}（萬分之一，指一萬人當中，將可能有一人因為排放有害物質而致癌）到10^{-5}（十萬分之一）之間，遠高於健康技術風險規範的10^{-6}（百萬分之一）。

為了不要阻撓二〇一三年新三輕的投產上路，經濟部工業區召開專家學者的閉門會議，結論是萬分之一到十萬分之一的致癌風險是「可接受範圍」。中油的主管機關經濟部工業局認為，致癌風險在百萬分之一以下是「可忽略」風險，新三輕的致癌風險雖然大於百萬分之一，但還在「可接受」的合理範圍內，工廠製程可採取最佳可行控制技術（BACT），從源頭控制汙染，以此補強。一位林園人說：「可接受聽起來很好聽，在我看來根本已經有癌症疑慮了。癌症這種東西就YES或NO，還有在可接受？不可接受？裝肖耶！我們去看醫生，難道還問醫生這個病情還可以接受嗎？」

可接受風險，實則令當地人不可承受。那麼如果做出來的健康風險，符合百萬分之一（10^{-6}）的健康風險規範，就可以安枕無憂了嗎？杜文苓在《環境風險與公共治理：探索臺灣環境民主實踐之道》書中，探討從美國引入的健康風險技術規範，美國的標準制定，是從實驗室裡的白老鼠而來，硬生生套入臺灣，缺乏本土參數（風向、水質、生態、既有汙染）的修正，空有外殼，卻缺少靈魂。

一位曾參與風險評估的學者說：「你想想看在六輕那邊你聽到你阿姨什麼你……得到癌症，你的印象絕對不是一萬個人裡一輩子才一個（10^{-4}），你可能是一萬人每年一個可能都還嫌少，對不對？……二十個親戚裡面就聽到誰得癌症了，絕對是percent等級的，絕對不是萬分之一的……我想講的是，專家有一個很大的問題，如果按照技術規範來button-up，你再怎麼算都是萬分之一、百萬分之一，這跟民眾的認知差很大……」[2]

六輕北邊的彰化大城鄉，和南邊的雲林台西鄉，在地居民不約而同用了同樣的疾病修辭方式：「村子裡得癌症好像感冒一樣普遍。」因為汙染所以人口不斷外流，村子裡原本有七家雜貨店關到一家都不剩，取而代之的是如雨後春筍不斷冒出的葬儀社。民眾實際的感知、病痛、死亡，和技術規範數字之間，有著光年般的遙遠距離。

工業文明的風險社會中，貝克認為，實驗室外的一場持久的人體實驗，正在進行。這場實驗有著高門檻、顛倒的舉證責任，人們只能自己去找答案，蒐集他們自身所累積的中毒症狀。但對於實驗室裡從白老鼠算出極限值的科學家而言，對「人體實驗」的非理性說法毋須理會。貝克說：「科技理性眼中只有生產力優勢，因而患上了受系統制約的風險失明症。」

科學技術官僚的風險失明症，造就了日本學者高橋哲哉所說的「犧牲的體系」。高橋哲

1 烏爾里希．貝克著，張文杰、何博聞譯，《風險社會：新的現代性之路》（南京市：譯林出版社，二〇一八），頁六九。

2 杜文苓，《環境風險與公共治理：探索臺灣環境民主實踐之道》（臺北：五南出版，二〇一五），頁一一四。

哉在福島出生，而後到東京求學、生活。二〇一一年福島核災事件，讓高橋回頭檢視犧牲的體系。福島核電廠隸屬於東京電力公司，偏鄉核電廠的發電，提供給東京新宿六本木二十四小時霓虹不滅、燈火通明的繁華生活。核災之後，從福島撤退的人被貼上標籤，受到歧視，留在原地冒著高輻射危險善後的「敢死隊」，都不是東電的正式員工，而是派遣的非正規員工，其中有八成是福島當地居民，讓高橋感嘆：「核能事故的災民，竟然要自己擔任收拾善後的殘酷基層勞動。」

> 在犧牲的體系中，某些人的利益是從犧牲他者的生活（生命、健康、日常、財產、尊嚴、希望）之中產生並維持下去的。沒有被犧牲者的犧牲，要求犧牲的那方不可能產生利益。但這個犧牲的體系通常不是被隱蔽起來，就是做為一個共同體（國家、國民、社會、企業）的「尊貴之犧牲」而被美化。[3]

被犧牲的那方在遠離政經中心的窮困偏鄉被隱蔽起來（雲林麥寮的六輕），或者在國家經濟發展的大旗下「尊貴的被犧牲」（一九七〇年代十大建設的大社、林園石化工業區）。在臺灣石化業的發展脈絡中，發號施令、制定政策的在臺北，而被鑲嵌進犧牲體系中的環境難民，位於臺灣的中、南部。貝克認為，風險似乎不是廢除而是鞏固了階級社會，「財富在頂層積聚，而風險在底層積聚……就連應對、規避或補償風險的機會和能力也會因收入、教育的分層差異而分配不均。」[4]

風險並且有全球化的趨勢，莎士奇亞．薩森（Saskia Sassen）的《大驅離》[5]書中提到「榨取的地理」（geography of extraction），全球化貿易擴展了人們榨取的能力，全球北方發達國家的菁英階層，掠奪南方未開發國家的豐富天然資源，留給當地居民大片的死土和死水。

八〇年代臺灣的環境公害運動者，時常提到印度的一個例子，促使他們起身保衛自己的家鄉，那是發生在一九八四年，印度博帕爾的毒氣洩漏事件。美國石化大廠聯合碳化物公司設在博帕爾的一家殺蟲劑工廠逸散了四十五噸的氰化物毒氣，化工廠設在人口密集的貧民窟旁，釀成史上最嚴重的工業災害，有三千八百人於睡夢中被毒死，傷害久遠綿長，日後導致了博帕爾數目奇高的畸形兒。

輕裂廠、化工廠這樣的嫌惡設施，從已開發國家驅離到開發中、未開發國家，在冷戰下依賴美援的臺灣，也曾被迫接受美國不要的化工廠。如今，臺灣也晉身為驅離者，在臺灣擋下的國光石化（八輕）投資案，曾有一度考慮到馬來西亞設廠。二〇一五年底五輕關廠，中油曾考慮將已運轉二十五年的五輕設備賣給印尼，後來因故作罷，但中油更進一步，在二〇一八年十月與印尼政府簽署MOU（合作意向書），中油將與印尼共同投資六十五億美元，合

3 高橋哲哉著，李依真譯，《犧牲的體系：福島、沖繩》（臺北：聯經出版，二〇一四），頁二〇。
4 烏爾里希．貝克著，張文杰、何博聞譯，《風險社會：新的現代性之路》（南京市：譯林出版社，二〇一八），頁二六。
5 莎士奇亞．薩森著，謝孟宗譯，《大驅離：揭露二十一世紀全球經濟的殘酷真相》（臺北：商周出版，二〇一五）。

建年產乙烯一百萬噸的輕裂廠。

嫌惡設施先是隱蔽於偏鄉，繼而隔離於海外，正代表臺灣也走向發達國家的步途，這是終能置身事外的可喜之事嗎？

貝克提醒我們風險的「迴旋鏢效應」，富有國家用產業轉移國外來擺脫風險，但同時又從窮國進口廉價的食品，殺蟲劑附著在水果、茶葉和可可豆上，返回了它高度工業化的老家。風險的急劇增長使得世界收縮成「危險共同體」，無論是富國、窮國；富人、窮人皆無法豁免。

（本文作者：房慧真）

春山之聲　003

煙囪之島 我們與石化共存的兩萬個日子

A Smoking Island

Petrochemical Industry, Our Dangerous Companion more than Fifty Years

作　　者　房慧真、何榮幸、林雨佑、蔣宜婷
攝　　影　余志偉、許震唐、林聰勝、吳逸驊
總 編 輯　莊瑞琳
責任編輯　王　梵
行銷企畫　甘彩蓉
封面設計　陳永忻
內文排版　黃暐鵬
出　　版　春山出版有限公司
地址：11670臺北市文山區羅斯福路六段297號10樓
電話：（02）2931-8171　傳真：（02）8663-8233
總 經 銷　時報文化出版企業股份有限公司
電話：(02)23066842
地址：桃園市龜山區萬壽路2段351號
製　　版　瑞豐電腦製版印刷股份有限公司
初版一刷　2019年4月1日
初版三刷　2020年7月15日
定　　價　499元

Email　SpringHillPublishing@gmail.com
Facebook　www.facebook.com/springhillpublishing/

填寫線上回函

國家圖書館預行編目資料

煙囪之島：我們與石化共存的兩萬個日子／房慧真等著
－初版．－臺北市：春山出版，2019.04
面；　公分．－（春山之聲；3）
ISBN　978-986-97359-2-6（平裝）
1.環境社會學 2.石油化學業
501.64　　108003267

All Voices from the Island

島嶼湧現的聲音